高等职业教育职业核心能力系列教材

大学生职业生涯导航与就创业指导

主　编　张庆华　徐　伟
副主编　王兴亚　苏琼瑶
编　委　钱　冲　丁银辉　叶春燕　曹　建

中国轻工业出版社

图书在版编目（CIP）数据

大学生职业生涯导航与就创业指导 / 张庆华，徐伟主编. —北京：中国轻工业出版社，2022.8

高等职业教育职业核心能力系列教材

ISBN 978-7-5184-3043-7

Ⅰ.①大… Ⅱ.①张… ②徐… Ⅲ.①大学生－职业选择－高等职业教育－教材 Ⅳ.①G717.38

中国版本图书馆CIP数据核字（2020）第108980号

责任编辑：张文佳　　　责任终审：李建华

整体设计：锋尚设计　　责任校对：燕　杰　　责任监印：张　可

出版发行：中国轻工业出版社（北京东长安街6号，邮编：100740）

印　　刷：河北鑫兆源印刷有限公司

经　　销：各地新华书店

版　　次：2022年8月第1版第5次印刷

开　　本：787×1092　1/16　印张：14.25

字　　数：350千字

书　　号：ISBN 978-7-5184-3043-7　定价：48.00元

邮购电话：010-65241695

发行电话：010-85119835　传真：85113293

网　　址：http://www.chlip.com.cn

Email：club@chlip.com.cn

如发现图书残缺请与我社邮购联系调换

221174J2C105ZBW

职业能力包括三个方面，即职业特定能力、职业通用能力和职业核心能力。

职业特定能力是指从事某种具体的职业、工种或岗位，所需对应的技能要求，主要用于学生求职时所需的一技之长。职业通用能力是一组特征和属性相同或者相近的职业群（行业）所体现出来的共性技能，主要用于积淀学生在某一行业未来发展的潜力。职业核心能力是适用于各种岗位、职业、行业，在人的职业生涯乃至日常生活中都必须具备的基本能力，是伴随人终身成长的可持续发展能力，主要用于提升学生职业发展的迁移能力。

亚马逊贝索斯经常被问到一个问题“未来十年，会有什么样的变化?”但贝索斯很少被问到“未来十年，什么是不变的?”贝索斯认为第二个问题比第一个问题更重要，因为你需要将你的战略建立在不变的事物上。

随着知识经济时代的发展，职业结构也在发生相应的变化，社会财富创造的动力正由依靠体力劳动向依靠体力和脑力劳动相结合的方向转变，处于职业结构金字塔底端的非技术工人和中间的半技术工人随着生产技术的进步，其比例将严重下降，而最受欢迎的将是具备多方面能力和广泛适应性的高素质技术人员。调查显示：企业最关注的学生素养因素排名前十位依次为：工作兴趣和积极性、责任心、职业道德、承担困难和努力工作、自我激励、诚实守信、主动、奉献、守法、创造性。这些核心素养，比一般人所看重的专业技能更为重要，是一个企业长足发展的内在不竭动力。

因此，职业教育中必须有“核心素养”的一席之地来帮助传递关键能力，如应对不确定性、适应性、创造力、对话、尊重、自信、情商、责任感和系统思维。

为此，昆山登云科技职业学院在广泛调研和借鉴国内外高职教育的经验基础上，在校级层面开设四类职业核心能力课程：专业能力，方法能力，社会能力，生活能力。

（一）专业能力（基础的技术技能知识能力）

1. 统计大数据与生活

在终极的分析中，一切知识都是历史：我们现在拥有的知识都是对过去发现的事物的归纳总结以及衍生；在抽象的意义下，一切科学都是数学：所有的知识都可以归纳为对数学的推理和运算。在大数据时代下，一切都离不开数据，而所有数据都离不开统计学，在统计学作用下，大数据才能发挥出巨大威力，具有实实在在的说服力。

2. 用Python玩转数据

数据蕴涵价值。大数据时代，选择合适的工具进行数据分析与数据挖掘显得尤为重要。Python语言简洁、功能强大，使得各类人员都能快速学习与应用。同时，其开源性为解决实际问题和开发提供强大支持。Python俘获了大批的“粉丝”，成为数据分析与挖掘领域首选工具。

3. 向阳而生，心花自开——大学生心理健康教育

保罗·瓦勒里说：心理学的目的是让我们对自以为了然于胸的事情，有截然不同的见解。拥有“心理学”这双眼睛，才能得到小至亲密关系、大到人生意义的终极答案。进入心理学的世界，让你看见自己，读懂他人，建立积极的社会关系，活出丰盈蓬勃的人生。

4. 审美：慧眼洞见美好

吴冠中说：“现在的文盲不多了，但美盲很多。”木心说：“没有审美力是绝症，知识也解救不了。”现在很多人穷的不是物质，也不是文化，而是审美。没有恰当的审美，生活暴露出最务实最粗俗的一面，越来越追求实用化的背后，生活越来越无趣、越来越枯萎。审美力是对生活世界的深入感觉，俗话说：世界上不乏美的事物，只缺乏那双洞察一切美的眼睛。一个人审美水平的高低，决定了他的竞争力水平，因为审美不仅代表着整体思维，也代表着细节思维。

（二）方法能力（自我学习、处理和解决问题的能力）

1. 成为Office专家

学习Office，学到的不只是Office。职场办公，需要的不仅是技能，更需要

解决问题的能力。会，只是基础；用，才是乐趣。成为Office专家，通过研究和解决所遇到的Office问题，体会协作成功之乐趣。

2. 信息素养：吾将上下而求索

会搜索是一种解决问题的能力。快速便捷地搜索全网海量信息资源的方法，最新最好看的电影、爱豆视频任你选；学霸养成路上的“垫脚石”，论文、笔记、大纲、前人经验大放送；购物小技能，淘宝、京东不多花你一分钱；人脉搜索的凶猛大招，优秀校友、企业精英、电竞大神带你飞；还可以来一次说走就走的旅行等。让我们成为一名智慧信息的使用者。

3. Learning How to Learn学会如何学习：从认知自我到高效学习

学会如何学习是终极生存技能。为什么学？学什么？如何学？一直是学习者关注的话题。掌握正确的学习方法，是改变学习效果的关键，也是改变人生的关键。只要找到了适合自己的学习方法，学习就会变得有意思，你也会变得更有自信，你的世界也会变得更加多元……

4. 思维力训练：用框架解决问题

你能解决多高难度的问题，决定了你值多少钱。思维能力强大的人，能够随时从众人当中脱颖而出，形成鹤立鸡群的格局，从而源源不断地为自己创造机会。这是一套教你如何用【思维框架】快速提升能力，有套路的解决问题的课程。

（三）社会能力（与人交往、合作，组织与责任意识能力）

1. 职场礼仪

我国素享“礼仪之邦”之美誉，礼仪文化源远流长、博大精深。“礼”表达的是敬人的美意，“仪”是这种美意的外显，礼仪乃是“律己之规”与“敬人之道”的和谐统一。礼仪是社交之门的金钥匙，是人际交往的润滑剂，是事业成功的法宝。不学礼，无以立。

2. 成功走向职场——大学生的24项修炼

透过技能示范、角色扮演、大组和小组讨论、教学游戏、个人总结等体验式教学法，帮助青年人加强个人能力如沟通、自信、决策和目标设定；帮助青年人发现并分析自己关于一些人生常见话题的价值观；帮助青年人形成良好的自我与社会定位，能够用符合社会认知并且理性的方式解决问题和冲突；帮助青年人构建学以致用的职场技能，提高青年的学习生活与工作效率，让自己更加接近成功。

（四）生活能力（审美、理财与创业能力）

1. 昆曲艺术

昆曲，又名昆山腔、昆剧，是“百戏之祖”，属于“阳春白雪”的高雅艺术。诞生于元末江苏昆山千墩，盛行于明清年间，迄今已有600多年历史。昆曲是集文学、历史、音乐、舞蹈、美学等于一体的综合艺术。2001年，昆曲被联合国教科文组织授予“人类口述和非物质遗产代表作”称号。

2. 投资与理财

投资理财并不只帮助我们达到某个财务目标，它还可以帮助我们建立一种未来感，强制我们把目光放得更长远，实现人生目标。课程通过为你介绍投资理财的基础理论知识来武装大脑，通过介绍常见的投资理财工具来铸就投资理财利器。

3. 大学生就业指导与创业

当你对自己的梦想产生怀疑时，生涯规划会为你点亮通往梦想的那盏明灯；当你带着梦想飞翔到陌生的职业世界，却不知如何职业选择时，科学的探索方法将成为你职业发展道路上的“魔杖”；当你在求职路上迷茫时，就业指导带给你一份新的求职心经，陪伴你在求职路上升级打怪；当你的目光投向创业却不知什么是创业如何创业时，我们将为你递上一张创业名片。让我们沿着规划，一路向前，走上属于自己的职业发展之路。

4. 学生全程关怀手册

不论是课业疑惑、住宿问题、情感困扰、生活协助或就业压力，我们提供最周详的辅导、服务资讯，协助同学在就学的过程中快速解决各类困难与疑惑。

丛书以成果导向为理念指导编著，力求将可迁移的通用能力分解为具体可操作实现的一个个阶段学习目标，相信在这些学习目标的引导下，学习者将构建形成适应当前社会经济发展需要的职业核心能力。

前言

大学教育对大学生的成长成才至关重要。有的大学生经过大学生活的洗礼，实现了自己的理想和职业目标，而有的大学生始终迷茫，直到离校的那一天还不知道路在何方。究其原因，很多是不懂得合理规划自己的大学生涯，不能有针对性地提升自己的综合素质与能力。为有效指导在校大学生科学规划职业生涯，从容做好就业准备，顺利走上工作岗位，我们编写了本教材。

本教材是以高职学校学生学习现状为基础编写的教材，体现了以就业为导向，全过程就业指导的宗旨；能较好地满足学生的兴趣和需求，提高学生的核心就业能力，符合当前国家和社会需要；还可以提高教师的业务能力，促进学校就业指导教师整体教学水平的提高。

本教材分为三个篇章，生涯规划篇、就业指导篇和职场发展篇。三个篇章共7个模块，包括开启生涯探索之旅、职业理想的匹配、交出你的第一份职业规划书、亮出你的“身份证”、职场双赢、职业博览会、创业名片。各模块彼此独立，其间又相互关联。建议学生按照模块顺序进行阅读和练习，可以体会自身发展问题逐步解决与深入的过程。

每个章节的版块设计包含名人名言、学习目标、大学生的困惑与迷茫、实践活动、知识链接、与你分享等，力求贴近学生实际，突出系统性、实用性和有效性。让学生在乐趣与付出中提升就业力。

最后，衷心祝愿每一位学子能够科学规划自己的职业生涯，自如运用就创业指导，进而拥有一个灿烂的未来。

编者

目录

生涯规划篇

就业指导篇

职场发展篇

生涯规划篇

模块一　开启生涯探索之旅

不去掌控你的生涯规划，就是让你的存在成为一种偶然。

——欧文·亚隆《当尼采哭泣》

学习目标

1. 掌握职业、职业规划等相关概念
2. 认识职业生涯规划对自身发展的重要意义
3. 学会绘制个人职业生涯彩虹

大学生的困惑与迷茫

裴倩是大学新生，刚入学没多久就觉得自己的大学生活很灰色。自己没什么爱好，每天除了学习还是学习，她觉得90分的考试成绩和60分没有什么区别，所以学习没什么动力。偶尔想起未来的发展，她有些迷茫和焦虑，但又觉得那应该是毕业时考虑的事情。

一开学，林雅该上大学二年级了。随着对大学的新鲜感逐渐淡去，她成了校园里的“老生”，天天都很忙，上课、听讲座、参加社团活动、和同学逛街……但她又不知道自己在忙什么。有时觉得很累，但想到要为毕业后的工作打个基础，又觉得这些付出也许是值得的吧。可有时又很茫然，甚至有点沮丧，因为忙得无头绪，不知道这样的付出对未来的发展有没有作用。

林伟是大学三年级的学生。刚进入大学的时候，他对自己三年后的目标就很明确——专转本。这主要来自父母的意见：“在大学扩招的背景下，大学毕业生每年以几十万的速度增长，一个专科生怎么能找到好工作？”林伟开始还挺认同，但随着大学生活的深入，他参加了很多学校社团活动，乐在其中并小有成绩。渐渐地林伟觉得大专毕业找个工作也不错。可是大专毕业生能否找到好工作呢？

同学们，当你们背着行囊从祖国的四面八方走进陌生的大学校门，便开始了人生中新的里程，那么，进入大学后，你心目中的大学与现实中的大学是否一致？你是否像案例中的三位同学一样迷茫、困惑、逃避？

在大学生活中，有的同学对自己的未来想得很清楚，一步一个脚印地往前走。但是更多的同学要么对未来没有想法，希望所有的问题在毕业时再解决；要么整天忙忙碌碌，却如无头苍蝇，不知该往何处用力；还有一些同学看似对未来发展有想法，但对这些想法又不确定，甚至缺乏达成目标的信心。总结以上情况，同学们的困惑主要有两个方面：我要去哪里？如何去？要解决这两个问题，请跟随本模块一起开启我们的生涯探索之旅。

第一节　职业生涯规划意识的觉醒

生涯目标

1. 掌握职业生涯规划的概念
2. 树立职业生涯规划意识

生涯活动

畅想20年——新闻发布会

1. 活动目标

通过畅想20年后的你，初步思考你的职业生涯，了解职业生涯的内涵。

2. 规则与程序

（1）你对20年后自己的生活有憧憬吗？是否仔细想过20年后的你是怎样的？大家来畅想一下20年以后的自己吧。

（2）4～6人一组，选择一个共同关心的主题，想想20年后的自己处于人生的什么位置？你是怎样达到这个程度的？假如你畅想的是20年后成为某集团的人力资源总监，需要具备什么素质、什么能力？小组成员共同搜集信息，保证畅想内容的合理性。

（3）同一小组的同学不但要搜集自己所畅想的内容，还要集思广益，设想记者团可能会提出的问题，以便做好准备，接受记者团的提问。

（4）每一小组成员针对其他各组的主题设想3～5个问题，选出3个问题对其他组发言进行提问。

（5）每一小组中选出1名同学作为新闻发言人、2名同学作为记者，新闻发言人根据本小组的畅想情况进行发言，记者负责收集小组成员对其他小组发言提出的问题。

新闻发言人的职责：用5分钟来讲述“20年后的畅想”，然后用5分钟的时间接受记者的采访，回答记者的提问。

记者的职责：根据新闻发言人的主题提问，可以由小组成员共同提出问题，也可以根据新闻发言人的内容现场提出你认为重要的问题。

3. 讨论

（1）在畅想活动中，你看到的20年后的景象是什么？

（2）你的理想与现实之间主要的差距有哪些？

（3）怎样才能实现你的理想？

4. 总结

通过对自己的理想职业生涯状态的畅想，能了解自己期待的职业生涯愿景，初步觉察自己的职业生涯状态，树立职业生涯规划意识。

知识链接

一、生涯的概念与特点

（一）生涯概述

“生涯”一词很早就在我国古代文献中出现了，庄子的《庄子·养生篇》就有对“生涯”的描述：“吾生也有涯，而学也无涯。”其本意是指生命有边际、限度，后来衍生为生命和人生。

生涯的英文单词是“career”，在词源中，“career”这个词有“疯狂”之义，因此，西方人认为“生涯”隐含未知、冒险等精神。随着时代的发展，生涯理念被应用到职业领域，生涯意味着从事职业的过程，一个人终生追求的事业贯穿职业生涯过程，并非局限于具体的某种职业。

目前，大多数学者所接受的生涯定义是美国著名生涯教育专家舒伯（Super）提出的。舒伯认为生涯是一个人生活中各种事件的演进方向和历程，统合个人一生中各个职业和生活的角色，并由此表现出个人独特的自我发展形态。

从上面的界定中可以看出，生涯的内容比较宽泛，它不局限于单独的一份职业或者工作，还包括个人的人生经历。

生涯具有方向性、时间性、空间性、独特性、现象性、主动性等特点。

（二）生涯意识与培养

生涯意识就是认识到职业不仅是个人谋生的手段，也是寻求尊重、归属甚至自我实现的方式，是对人的更广领域和更高层次需求的关注、思考。生涯意识的内容包含意义、快乐、成就、传承等方面，在自我、家庭、工作和社会各个领域里的具体体现。生涯意识的培养一般要经历生涯觉醒、生涯探索和生涯规划3个阶段。

第一阶段是生涯觉醒，包括从感受到被他人接受开始，到个体对自我职业角色、工作的社会角色、社会行为及自身应承担的责任等方面有初步的认识，这是个体生涯意识的觉醒；第二阶段是生涯探索，包括从对生涯的初步认知与幻想中逐渐转向对生涯发展的试探与尝试，进行生涯思考和探索，进行初步或阶段性的生涯规划；第三阶段是生涯规划，即在进一步了解相关信息的基础上初步明确生涯发展目标，制订切实可行的计划，并在实施过程中不断调整修正，最终通过相关课程的研修与学习实施该计划。

生涯意识的培养涵盖生命意识、发展意识、职业意识和规划意识等，其中职业意识和规划意识的培养对于创造健康、积极、充实和快乐的人生尤为关键。

二、职业生涯

职业生涯是有关一个人工作经历的过程或结果，包括一个人从职业学习开始到职业劳动的最后结束，即个体职业发展的历程。它有狭义和广义之分：狭义的职业生涯限定于直接从事职业工作的这段时间；广义的职业生涯是从职业能力的获得、职业兴趣的培养、选择职业、就业，直到最后完全退出职业劳动的职业发展过程。

一般而言，职业生涯可分为4个阶段：第一阶段是生涯认知阶段。这一阶段的任务是培养日常生活中所需的基础能力素养和对工作世界的认知。生涯认知主要是在小学阶段完成的。第二阶段是职业探索阶段。这一阶段的任务是培养一个有素养的人所需的能力，个人通过更加具体的经验探索符合自己气质、兴趣、性格、价值观、能力的职业。职业探索主要在中学阶段完成。第三阶段是生涯规划及准备阶段。这一阶段的任务是个人从探索的职业中选出最适合自己的职业，开发从事该职业的能力，规划并准备就业相关的事务。生涯规划及准备主要在高中、大学以及各种职业培训、就业实践中完成。第四阶段是生涯维持与改善阶段。这一阶段的任务是在工作岗位上提高业务能力，有的人会做好换工作和离职准备，以及为了充实老年的业余生活接受相关教育。也就是说这一阶段不仅包含职场生活、家庭生活、社会生活，而且还包含终身学习的成人期及老年期教育。

三、职业生涯规划

（一）职业生涯规划的内涵

职业生涯规划是指组织或者个人把个人发展与组织发展相结合，对决定个人职业生涯的个人因素、组织因素和社会因素等进行分析，制定有关个人一生中在事业发展上的战略设想与计划安排。职业生活规划既是生涯规划的重点部分，也是大学生生涯规划最困惑的一部分。因为大学生缺乏职业的实践锻炼，对变幻莫测的职业世界充满着幻想、好奇和恐惧，面对毕业后的选择，心中充满困惑。根据职业生涯规划的定义，职业生涯规划首先要对个人特点进行分析，再对所在组织环境和社会环境进行分析，然后根据分析结果制定一个人的事业奋斗目标，选择实现这一事业目标的职业，编制相应的工作、教育和培训的行动计划，并对每一步骤的时间、顺序和方向做出合理的安排。

（二）职业生涯规划的意义

职业生涯规划能够帮助大学生定位、定向、定点、定心，定志，明确自我职业生涯发展，认清前进途中的障碍，有勇气、有能力克服这些障碍，指导大学生发挥潜能，实现成功就业、创业。

1. 定位

职业生涯规划就是协助大学生群体探索自我和就业市场，让他们了解自己的兴趣、能力、价值观和性格特征等，逐步澄清自己想要做什么、擅长做什么。让他们熟悉就业市场的状况和职场生存的酸甜苦辣，逐步明确行业发展的前景。只有这样，才能帮助大学生就业前做好知己知彼的准备。

2. 定向

职业规划最主要的作用就是指导大学生选择适合自己的职业发展方向，其中包括毕业后第一份就业工作的选择。大学期间的学生很清楚目标对自身的影响力，他们往往苦于没有长期目标的引导而无所事事、浪费时间或者胡子眉毛一把抓，一阵忙乱之后错失了时机。生涯规划能帮助学生明确职业发展方向，有了远期目标和近期目标，才有可能有的放矢，做好就业入职前的准备。

3. 定点

职业生涯规划最实效的作用在于帮助大学生制定一系列循序渐进的行动计划方案，让大学生在职业生涯途中不仅有目标引导，更有行动方案依托，不至于茫然、无从行动而退缩。例如，大学生的第一次就业可以在高校就业中心的指导下依据时间进程逐项展开，从收集招聘信息、投递简历到参加面试等，为就业做出实际努力。

4. 定心

职业生涯规划的过程是一个不断帮助大学生了解心理的过程，使得他们了解性格无好坏之说，只有倾向之分；明白五指长短各有作用，关键在于如何找到适合的地方发挥自己的优势；明白外在的环境并非人为控制，无须自寻烦恼，要学会自我积累，在困境中求生存。大学生在就业的时候需要始终保持平和的心态，积极应对，这才有助于个人的职业发展。

5. 定志

每件事情的成功都不是一蹴而就的，成功者无不经历风雨。职业生涯规划的最后实现也需要有坚强的意志和持之以恒的行动付出。大学生就业第一次涉足职业世界，同样会遇到各种意想不到的挫折和痛苦，必须具有坚韧不拔的意志，人的意志只有在不断的锻炼中才会越来越强大。

四、生涯行动——我的生命线

（一）活动目标

帮助你认识生涯的概念，了解过去生活中重要事件对你的影响。

（二）规则和程序

（1）请每个同学在白纸上画一条直线，这条直线的长度代表了你生命的长度。思考一下，你期待自己活到多少岁？将直线的一端视为你生命的开始，另一端写上你期待可以活到的年龄。

（2）在这条生命线中找到你现在的年龄点，并标记出来，写下你现在的年龄。

（3）回顾你过往生命历程中发生的重大事件，在直线上方写出2～3件对你有积极影响的事件，并在直线相应位置上标明年龄和关键词；在直线下方写出2～3件对你有消极影响的事件，并在直线相应位置上标明年龄（图1-1）。

图 1-1 我的生命线

（三）讨论

思考一下这些事件对你的影响，它们是如何使你成为今天的你的。

0～12岁

影响我的积极事件有：

影响我的消极事件有：

我的收获与经验是：

13～18岁

影响我的积极事件有：

影响我的消极事件有：

我的收获与经验是：

19～22岁

影响我的积极事件有：

影响我的消极事件有：

我的收获与经验是：

（四）总结

生涯规划相伴我们的一生。它不是一个静止的点，而是一个动态的过程，不只发生在人生的某一个阶段，而是相伴我们一生。

知识拓展

吃苹果的四只毛毛虫

毛毛虫都喜欢吃苹果，有四只要好的毛毛虫相约好一起去森林里找苹果吃。

第一只毛毛虫

第一只毛毛虫跋山涉水，终于来到一棵苹果树下。它根本就不知道这是一棵苹果树，也不知道上面长满了红红的可口的苹果。当它看到其他的毛毛虫往上爬时，就稀里糊涂地跟着往上爬，没有目的，不知终点，更不知自己到底想要哪一颗苹果，也没想过怎样去摘取苹果。它的最后结局呢？也许找到了一颗大苹果，幸福地生活着，也可能在树叶中迷了路，过着悲惨的生活!不过可以确定的是，大部分的毛毛虫都是这样活着的，没想过什么是生命的意义，以及为什么而活着。

第二只毛毛虫

第二只毛毛虫也爬到了苹果树下。它知道这是一棵苹果树，也确定它的“虫”生目标就是找到一颗大苹果。问题是它并不知道大苹果会长在什么地方？但它猜想：大苹果应该长在大枝叶上吧！于是它就慢慢往上爬，遇到分枝的时候就选择较粗的树枝继续爬。它就按这个标准一直往上爬，最后终于找到了一颗大苹果。这只毛毛虫刚想高兴地扑上去大吃一口，但是放眼一看，它发现这颗大苹果是全树上最小的一个，上面还有许多更大的苹果。更令它泄气的是，要是它上一次选择另外一个分枝，它就能得到一个大得多的苹果。

第三只毛毛虫

第三只毛毛虫也到了一棵苹果树下。这只毛毛虫知道自己想要的就是大苹果，并且研制了一副望远镜，还没有开始爬时就先利用望远镜搜寻了一番，找到了一棵很大的苹果。同时，它发现当从下往上找路时，会遇到很多分支，有各种不同的爬法；但若从上往下找路时，却只有一种爬法。它很细心的从苹果的位置，由上往下反推至目前所处的位置，记下这条确定的路径。于是，它开始往上爬，当遇到分枝时，它一点也不慌张，因为它知道该往哪条路走，而不必跟着一大堆虫去挤破头。比如说，如果它的目标是一颗名叫“教授”的苹果，那应该爬深造这条路；如果目标是“老板”，那应该爬“创业”这条路。最后，这只毛毛虫有个很好的结局，因为它已经有自己的计划。但是，真实的情况往往是，因为毛毛虫爬行的相当缓慢，当它抵达时，苹果不是被别的虫捷足先登，就是苹果已熟透而烂掉了。

第四只毛毛虫

第四只毛毛虫可不是一只普通的虫，做事有自己的规划。它知道自己要什么苹果，也知道苹果将怎么长大。因此当它带着望远镜观察苹果时，它的目标并不是一颗大苹果，而是一朵含苞待放的苹果花。它计算着自己的行程，估计当它到达的时候，这朵花正好长成一个成熟的大苹果，它就能得到自己满意的苹果。结果它如愿以偿，得到了一个又大又甜的苹果，从此过着幸福快乐的日子。

点评：其实，我们的人生就是毛毛虫，而苹果就是我们的人生目标——职业成功。爬树的过程就是我们职业生涯的道路。毕业后，我们都得爬上这棵苹果树去寻找未来，完全没有规划的职业生涯注定是要失败的。

思考：

1．你对目前的大学生活状态是否满意？如果不满意，为什么？

2．你加入各类社团的真正目的是什么？你的目的达到了吗？

3．你的课余生活做些什么？这些事情是你想做的吗？

4．你在大学里最想收获的是什么？

第二节　职业生涯彩虹的绘制

生涯目标

1. 掌握职业生涯彩虹的理论知识
2. 熟练绘制“我的生涯”彩虹图

生涯活动

1. 实施过程

制定小目标

请闭上眼睛想一想，目前有哪些事情是你关心的、困扰你的或者是你想要做的。例如：如何与宿舍同学相处、未来的职业方向是什么、如何提高英语口语能力、如何提升自信心、如何了解专业、如何安排自己的休闲生活等，尽量写下每一件你所想到的事情。

最不满意的为1，最满意的为10，请你为目前自己在某方面达到的满意程度打分，尝试写下可以做出的改变。

表1-1　目标规划表

目前关心的、想要做的事	当下的分值	本学期理想达到的分值	本周拟采取的行动

2. 总结

从身边小事入手，使自己迈出改变的第一步，树立规划方向。

知识链接

一、生涯彩虹

生命有两个端点，一个是出生，一个是死亡。“生涯”这两个字在词义上即暗示了生命的这两个端点。那么，我们如何充实这两个端点之间的生活呢？舒伯的生涯发展理论用一道瑰丽的彩虹来代表人一生的丰富多彩。生涯发展和天上的彩虹有什么关联呢？下面通过图1–2来了解一下生涯彩虹图。

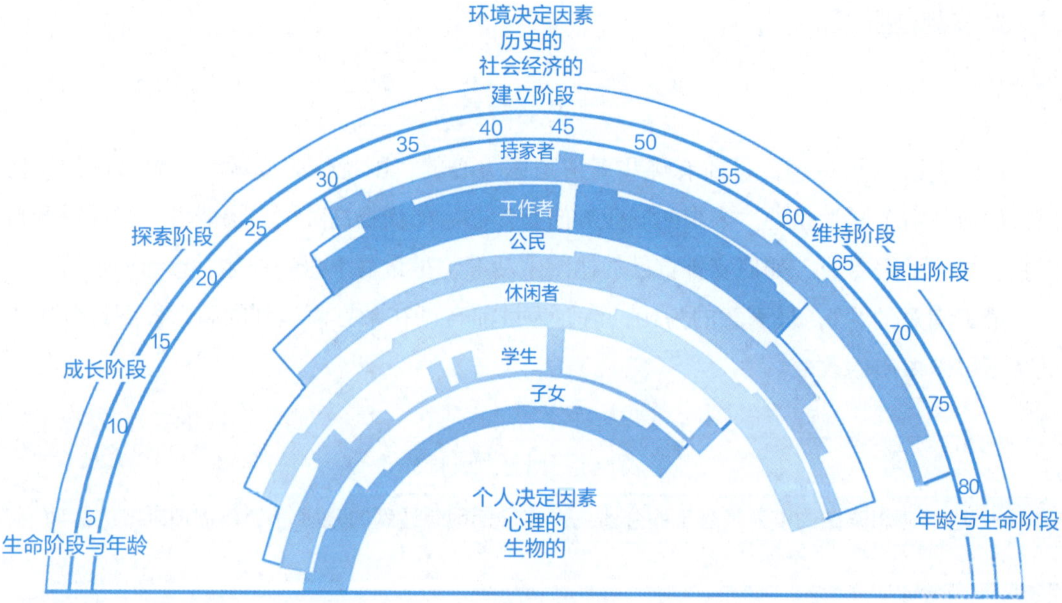

图1–2　某人的生涯彩虹图

（注：该图未将“退休者”列入；配偶、家务者、父母亲等角色并入“持家者”中）

（一）横贯一生的彩虹：生涯广度

在生涯彩虹图中，第一层面代表的是横跨一生的生涯广度，彰显了生涯的长度。彩虹图的外层显示人生主要的发展阶段和大致估算的年龄：成长阶段、探索阶段、建立阶段、维持阶段、退出阶段。每个阶段都会有一些主要的生涯发展任务需要完成。

1. 第一阶段：成长阶段，相当于儿童期，年龄跨度为出生至14岁

在人生的第一个阶段，我们首先从家庭、学校环境和重要他人的认同中发展出“职业印象”，这时期的小朋友热衷于在游戏和幻想中扮演职业角色，同时在扮演中发展出自我概念。幼儿园里每天早上的选择游戏、社会上开设的职业体验馆，都是进行早期“职业偏

好试验”的好方式。随着学习行为的出现，孩子们的兴趣与能力也逐渐得到发展。美国每年的4月22日、加拿大每年的11月7日都是法定的“带孩子上班日”，我们国家也有很多企业会举办这样的活动。通过带孩子上班，不仅让孩子们了解了父母的实际工作状况，也让孩子了解到职业的基本常识和概念。这一阶段有两个最重要的任务：发展对于自我的图像和发展对工作世界的正确态度。

2. 第二阶段：探索阶段，相当于青春期，年龄为15～24岁

该阶段的青少年通过学习、课外活动、打零工等活动，进行自我探索与职业探索，对自己的能力、兴趣、方向等有了初步的认识，例如“我对音乐很有兴趣，我想以后读音乐系，将来能够去当歌唱家”“我很喜欢玩电脑，我希望能整天坐在电脑面前工作”。而这一阶段青少年也逐渐进入大学学习的阶段，通过各种社团活动、社会实践、实习、兼职等有了一些直接的职业体验，也在此过程中逐步确认兴趣、能力、价值观等，试验某些职业长期发展的可能性，例如“成为音乐家，开个人演唱会，自己真的喜欢吗?”“把电脑行业当成职业，而不只是玩电脑游戏，但凭自己的能力能够胜任吗?”通过这些问题不断地评估之前的期望是否符合现实。22～24岁进入职场，对职业选择有了初步的承诺。如果选择的行业、职业是适合的，则会进入下一个阶段，但如果不是，职业试探则需要重新开始，时间将会延长。

3. 第三阶段：建立阶段，相当于成人前期，年龄跨度为25～44岁

在这一阶段，人们一般确定了适当的职业领域，逐步建立了稳固的地位，能确定在整个职业生涯中属于自己的“位置”，并随着经验的积累逐渐获得专精的地位，力求在工作中升迁和晋升，且大部分人处于最具创意时期。

4. 第四阶段：维持阶段，相当于中年期，年龄大致为45～65岁

这一阶段的人们一般在事业上比较稳固，在某个领域逐步成为专家或管理者。丰富的人生经验可以让自己更加明白想要什么，懂得自己的人生使命。个体仍希望继续维持属于他的工作“位子”，同时会面对新人员的挑战。这一阶段发展的任务是维持既有成就与地位。当然，也有一些人会发展出新的角色，找到新的方向。

5. 第五阶段：退出阶段，约相当于老年期，年龄为65岁以后

人在这阶段身心状态逐渐衰退，需要从原有工作岗位上退隐。当然，也有的人能够发展出新的角色，寻求不同的满足方式以弥补退休的失落。

在未来社会，人口老龄化是一种趋势，65岁以后的老人仍处于工作状态可能是一件很正常的事情。因此，如何在从维持阶段到退出阶段的过渡阶段发展出新的技能、适应新时代的变化，是老年生涯需要考虑的重要事情。对于一些成功人士来说，在这个阶段需要考虑的可能是如何使自己的事业得到传承、如何培养“接班人”。当然，还有更多的人会将精力转移到义工或休闲活动中，做做以前一直想做的事，放飞自我，将老年生活过得丰富多彩。

从职业生涯发展阶段可以看出，大学生正处在职业生涯探索和确立阶段的转换期，主要任务是通过职业生涯探索，增进生涯意识，并逐渐理清自己的发展方向，完成具体的生涯计划和准备。在这两个时期，大学生的能力迅速提高，职业兴趣趋于稳定，逐步形成了对未来职业生涯的预期。

（二）纵贯上下的彩虹：生活空间

在生涯彩虹图中，第二个层面代表的是纵贯上下的生活空间，由一组职位和角色组成。

1. 生命角色

“角色”一词的本意是面具，“穿什么戏服，做什么戏”，角色赋予了人物身份、期待和要求，戏台上的红脸是夜读春秋的忠义关公，白脸是挟天子以令诸侯的奸雄曹操，黑脸是率直张飞……

人生就是舞台，我们一辈子都在做人做事，也一辈子都在扮演各种角色。

舒伯将不同的生涯角色归纳为儿童（子女）、学生、休闲者、公民、工作者、配偶、家务者、父母亲和退休者9种。有些时期我们只有单一的角色，有些时期则可能同时拥有多种角色，生涯便是在这9种生命角色之间铺陈、转换、递进的过程。

以角色的观点来说，我们要完成某些自己认定或他人期许的事情，其实也就是要去扮演和这些事情有关的角色。例如学生要用功读书、母亲要哺育抚养子女等。

生涯与人整体的生活有关，因而应该与全部的生活角色有关，它具有“全人”的色彩，而不应只有单一角色或狭窄的目标。所以在生涯规划的过程中，生涯角色的选择、调配与权衡是首先要面对的课题。

2. 角色人生的规划

在一生中，我们会对扮演各种角色所要付出的精力以及实施的时间顺序做一个规划。具体来讲，需要规划3个问题：其一，终其一生会扮演哪些角色。人生有些角色是传承的、必须担当的，如子女，而更多的角色是可以选择的，如职业角色甚至父母的角色。其二，在生涯的哪个时段扮演哪种角色。有人选择20岁出头就当了父亲或母亲，而有人可能在30多岁再扮演这样的角色。其三，每种角色要达到何种目标，投入精力多少、延续时间长短。这3个问题可以借助舒伯的生涯彩虹图来说明，各道彩虹的颜色深浅表明了在该角色上投入的时间、精力多少。

3. 子女角色

在人生的头几年，父母、原生家庭构成了子女全部的生活世界，因此子女角色是我们身上唯一的角色。随着年龄的增长，我们逐渐从家庭进入学校和社会，伴随着求学的轨迹和学生角色的累积，在时间和精力的分配上，我们与父母的相处减少，子女角色的比重开始降低。随着开始工作、建立自己的家庭，我们在子女角色的投入上降到最低。直至人到中年，因为父母逐渐衰老及受到疾病困扰，要更多地关注、照顾父母，子女角色的比重又会上升。

4. 学生角色

学生角色会在几个集中性的求学阶段达到高峰。从学校毕业之后走上工作岗位，最初几年人们会面临着对工作的适应，对学生角色的投入会降到低点。随着适应工作中新要求的需要，又希望进步学习和深造以更新知识和工作技能，这时会将部分或全部精力投入到在职或脱产学习中，学生角色的比重会再次达到高峰。学生与工作者角色的起起落落构成了我们大部分职业生涯的主要发展状态。退休以后，许多人选择参加老年大学或以多种形式丰富退休生活，学生角色的比重还会再一次上升。

大学阶段的我们是处于该角色浓墨重彩的阶段，你有没有思考过：自己为什么要上大学？怎样上大学？有的人只有升学目标，没有求学目标。只有升学目标的人把考研究生、读博士、拿证书当成目标，而有求学目标的人会问问自己为什么考研、为什么读博，其心中是有一幅较为清晰的蓝图与求学动机的，因此，他们会清晰地找到自己的方向，学习更多的知识，获得更强的能力，不仅从时间和精力上对学生角色投入更多，而且从目标上也对学生角色认同较深。

5. 休闲者角色

“知乎”作家张佳玮除了其作家身份外，还身兼数职，包括美食专栏作家、篮球评论员、翻译者，他在一个月中的每一天都有不同的身份，如1号负责给团队买盒饭，顺便写饮食专栏；2号负责看篮球……按照这个序号，一直可以编到30号。随着越来越多的人身兼数职，有人提出目前已经进入了一个“自由职业态”的时代，即每个人都可以从生活爱好、休闲中发展出一种职业身份。

所谓休闲，是指在闲暇时间内以“玩”的方式获得身心的调节与放松，达到生命保障、体能恢复、身心愉悦的一种业余生活，是工作之余的自我发展。从舒伯的生涯彩虹图可以看出，休闲者是伴随人一生的角色，对其投入的多少与个人的价值观、生活方式有关。

从休闲者与工作者的关系来看，休闲者既可以作为工作者角色的有益调剂，也可以作为其重要补充。当我们与职业比较协调时，休闲会成为我们工作之余的调剂，生涯彩虹会更加平衡、丰富；当我们与职业不太协调甚至有冲突的时候，我们就会把休闲作为工作的重要补充，甚至从中逐渐发展出工作的部分。非职业、非专业的事情做长了、做久了，就有可能变成职业和专业。休闲生活的质量直接决定了职业生涯的质量。

6. 工作者角色

工作者角色可能不需要贯穿人的一生，但它是所有角色中在单位时间内需要投入精力最多的一个。在人的一生中，从20岁到60岁，一周5天、每天至少8小时，人们最美好、精力最充沛的时间都是在工作中度过的，除去吃喝拉撒的时间，人在工作中投入的时间占到人清醒时可自由支配时间的一半以上，工作者角色是人生的主体，在所有角色中居于核心地位，因此，工作质量的高低、工作者角色完成的好坏直接决定了人生的质量。

对于我们而言，工作不仅意味着养家糊口、满足温饱，而且是形成社会联系的平台和纽带。若干年未见面的同学、好友见面后互相关心的第一个问题可能就是问对方在做什么工作。可见，职业是我们的一个身份，是我们在社会中的一个“位置”，是我们方便被社会所了解，也方便表达自己的“标签”。通过这个“标签”，我们能快速地判断个人的学识、涵养、经济收入、人际圈子、生活状态等。而除了满足个人的生活需要、社交需要，实现“安身”的功能外，职业还有一个很重要的功能，就是“立命”，这使得职业慢慢成为实现人生意义和价值的重要载体。

7. 持家者角色

夫妻、父母及家长角色是我们成年之后随着家庭关系的变化逐渐被赋予的角色，也是自成年之后会持续一生的角色。夫妻/伴侣角色是要跟另一个人建立起亲密的、愿意承诺相互扶持走完一生的关系；持家者是指愿意承担起一个家庭的社会功能，如赚钱养家、买房置业、赡养父母、善待兄弟姐妹等；父母则是指愿意生育孩子，并用心去爱他、去教育他。你喜欢这些角色吗？你了解这些角色的要求吗？你希望自己何时承担这些角色，又如何承担呢？

大学是人生中重要角色的承接与铺垫阶段，在大学阶段学生、子女、休闲者的角色占据了主要的部分，但同时也在为未来的工作者、持家者角色做着铺垫与准备，大学阶段是否掌握足够的“软”“硬”实力、是否与他人建立了良好的情感关系、是否进行了足够的生涯探索与实践，直接关系到我们今后在各方面的平衡发展。

从舒伯的生涯彩虹图可以看出，人生是一个平衡各个角色的过程，随着年龄的增长、角色的增加，平衡的任务越来越迫切。从当下这个阶段去看人生的旅程也许觉得较为遥远，但心中有了这个愿望，就会对生涯的大蓝图有了轮廓概念，也会预先对生涯的起承转合有了更充分的准备。在人生的什么阶段开启什么角色，对于各阶段角色之间重心的分配，对于每个角色在人生长河中的起伏错落，你是否心中有了一些念想呢？可以试着画一画自己的彩虹图。

二、生涯行动——绘制职业生涯彩虹图

我们在自己的生命历程中正在或者即将扮演很多角色。每一重角色构成了一道风景线，多重的角色整合起来就构成了我们的生涯彩虹。下面，我们一起动手，画出自己的生涯彩虹图，要求如下：

想象你期待的未来职业生涯，写出你未来的理想工作形态和生活方式。

请你在彩虹图（图1–3）上绘出你的人生彩虹，彩虹的长度代表时间的长短，彩虹的

宽度代表你投入精力的大小。把自己已经扮演或者正在扮演的角色年龄段用实线描下来；根据自己已经有的感受和对未来的期望，给相应的扇形格涂色。幸福感、成就感越高的，用越暖的颜色，如红色、黄色等；反之用冷色，如紫色、蓝色等。

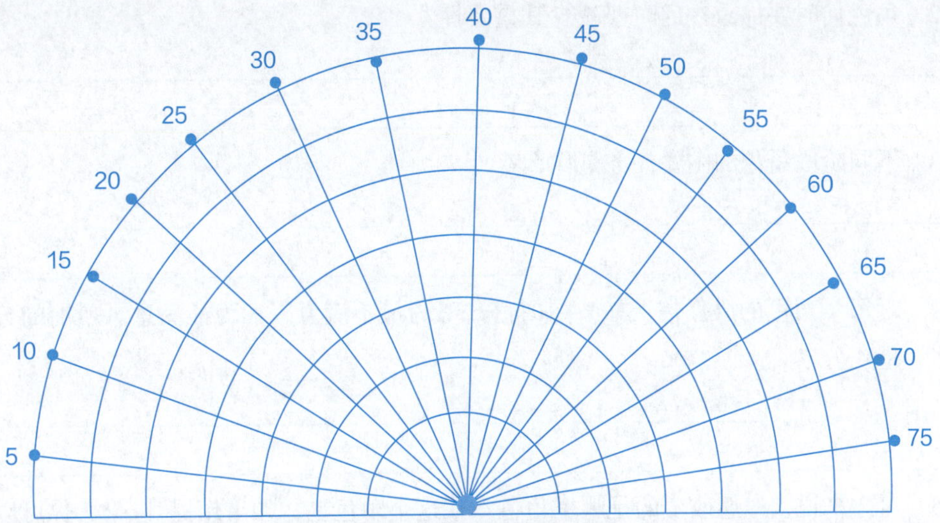

图 1-3 我的生涯彩虹图

绘出你的生涯彩虹图后，构想一下未来10年的人生。先想想自己10年后在不同的角色上要完成事情的目标是什么？你会面临哪些事情？周围的环境如何？思考你要完成的事情和目标并写在下面。

预估未来10年，我可能面临的事情：
在未来10年中，我必须面对的生涯发展课题：
在不同角色中，我想要完成的事情和目标：
学生：
工作者：
休闲者：
公民：
持家者：
子女：

思考：

1. 各个角色的起讫点如何？对你的意义是什么？

2. 角色何时要加重？何时要减少其重要性？

3. 不同阶段角色的主要任务是什么？

4. 对每个角色的胜任情况按1～10打分，1为最不满意，10为最满意。目前的分数各是几分？

5. 对你来说，最想改变的是哪个角色？在这个角色上，如果想提升1分，你可以做哪些不同的改变？

知识拓展

职业生涯七问

第一个问题：我喜欢做什么？

从事一项自己喜欢的工作时，工作本身就能给你一种满足感。因为兴趣是最好的老师，是成功之母。调查表明：兴趣与成功概率有着明显的正相关性。在设计自己的职业生涯时，要考虑自己的特点，不要压抑自己的兴趣，选择自己喜欢的职业。一个热爱工作的人往往比不热爱工作的人愿意多付出一些额外的努力，也因此往往表现得更为卓越。

第二个问题：我擅长做什么？

任何职业都要求从业者掌握一定的技能，具备一定的能力条件，而一个人一生中不能将所有技能全部掌握。每个人最大的成长空间在于其最终的优势领域。你可以把自己已经证明的能力和自认为还可以开发出来的潜能一一列出来，在进行职业选择时择己所长。

同时还要分析自己讨厌的事情是什么、自己的弱点是什么。当工作使你感到压抑、不愉快，并且成绩平平时，你干这些事的能力便是你的弱点。管理学大师彼得·德鲁克博士在1999年3~4月的《哈佛商业评论》中发表了一篇名为《管理自己》的文章，强调充分发挥自己长处的重要性，指出这是成为杰出人士的必由之路。对于集体而言，需要克服的是“短板定理”，个人不应想着努力去补齐短板，而是应该去发挥自己的长处。

第三个问题：环境支持或允许我做什么？

回答这个问题前要分析周边的环境，包括本单位、本市、本省、本国甚至国际环境，分析内外环境给自己职业生涯的机遇和阻碍，只要是自己有可能借助的环境，都应在考虑范畴之内。分析在这些环境中自己可能获得什么支持和允许，还要分析目前自己所处的行业、企业和职位有哪些威胁，任何地方的机会和威胁都是相互依存，并可互相转化的。

第四个问题：社会需要什么？

社会的需求不断演化着，旧的需求不断消失，新的需求不断产生。昨天的抢手货或许今天就变得无人问津，所以在设计职业生涯时，一定要分析社会需求趋势。

第五个问题：我要什么？

也就是确定自己的人生目标：我为什么而活？在自己的理想的框架内制定职业生涯目标，并将它分解成阶段目标。

职业是个人谋生的手段，其目的在于追求个人幸福，在择业时，首先考虑的应是自己的预期收益最大化。选择个人收益最大化的职业取向，从社会角度和个人意向中取舍，从而在由收入、社会地位等变量组成的函数中找出一个最大值，这就是在选择职业生涯中的收益最大化原则。

第六个问题：怎样设计职业生涯规划？

根据设定的目标，制定整体的职业生涯规划，作为纲领性的长期规划；制定一个3~5年的职业规划，作为一种发展的中期规划；制定一个1年的职业生涯规划，作为一个可操作性强、变化较小的短期规划。

职业生涯策略是指为实现职业生涯目标制订的行动计划，一般较为具体，有很强的可行性，如构建人际关系网、参加组织培训计划、跳槽等。职业生涯策略还包含一些前瞻性的准备，包括读进修班，掌握一些额外的技能或专业知识（如获得幼儿教师资格证、攻读工商管理学位）等。

第七个问题：干得怎么样，再应怎么干？

每过一段时间，要审视内在和外在环境的变化，获得反馈，并且及时调整自己既定的职业生涯规划。

第三节　高职学生的生涯规划

生涯目标

1. 了解高职教育的特点
2. 了解高职大学生的优势并建立自信
3. 高职生规划职业生涯的步骤

生涯活动

1. 分享。与同桌相互介绍自己并且交流上高职学校的5个理由以及进入高职学校后的愿望、梦想、期待或者追求，以及大学阶段必须完成的任务，并记录在下面。

2. 感受。当你告诉同学你上大学的理由时，你有什么感想？倾听完同学的理由后，对你有什么影响？请记录在下面。

3. 总结。综合同学上大学的理由，你看到自己追求的是什么了吗？为了这份追求，你准备怎么做？

知识链接

一、高等职业教育

我国高等教育发展迅速，已经从精英教育进入大众教育阶段。高等职业教育是高等教育的重要组成部分。

（一）高等职业教育的内涵

高等职业教育简称高职教育，是指以就业为导向，面向经济社会发展需要，以培养生产、建设、管理、服务一线的高等技术应用性人才为根本任务的教育类型。自20世纪80年代初我国建立第一所职业大学至今，我国的高等职业教育经历了不平凡的发展历程，已经成为我国高等教育的重要组成部分。截至2017年年底，教育部公布的具有高校招生资格的高职（专科）院校共有1 388所，截至2016年4月，在省级教育行政部门备案的高职专业共708个，专业点有50 512个。目前，接受高职教育的在校学生数有1 000多万人，高职教育的院校数、在校生数已经占我国高等教育的半壁江山。

（二）高等职业教育的作用

高等职业教育的快速发展满足了我国人民群众接受高等教育的强烈需求，丰富了我国高等教育的类型，完善了职业教育的层次结构，为我国在21世纪初实现高等教育大众化的历史性跨越发挥了重要作用。高等职业教育为国家培养了一大批高素质技术技能型人才，为国民经济建设和社会发展做出了积极的贡献，在我国建设人力资源强国和高等教育强国的伟大进程中发挥着不可替代的作用。以培养技术技能型人才为目标、与区域经济社会紧密联系的高职教育，是打造“中国教育升级版”的重要推动力量，在区域转型和产业提升的历史契机面前，高等职业教育正被赋予新的使命和要求。“就业好”是高等职业院校的一张名片，高等职业院校毕业生不仅要将自己推销出去，找到适合自己的工作，更要凭借自己的素质和能力迅速融入职场，得到单位领导和同事的认可。

（三）高等职业教育的特点

我国的高等职业教育正在形成“专科教育—本科教育—专业学位研究生教育”的人才培养体系。高等职业教育主要有以下特点。

1. 突出职业能力培养

通常，高等职业院校会积极与行业企业合作开发课程，根据技术领域和职业岗位（群）的任职要求，参照相关职业资格标准改革教学内容，关注提高学生的实践能力、创造能力、就业能力和创业能力，培养德、智、体、美、劳全面发展的社会主义建设者和接班人。

2. 紧贴行业需要，服务社会需求

高等职业教育主动适应国家加快经济发展方式转变、产业结构调整和优化升级、主体功能区定位的要求，坚持以服务为宗旨、以就业为导向，立足区域办学校，围绕行业办专业，结合所在地区的经济社会发展情况和行业岗位需求开设专业，服务经济社会发展。

3. 实行“工学结合”和“校企合作”

高等职业教育以培养学生的技术应用能力为实践教学目标，在专业技术技能课教学中，讲练结合，理实一体，实行“工学结合”，将课堂搬到模拟实训室、车间等工作环境中，实行“现场教学”，使学生的动手能力和应用技能得到较大的提升。高等职业院校通过“产学合作”与用人单位联合实施灵活开放的“订单式”人才培养模式，实现了人才培养有目标、就业去向有保证的“校企合作”的良性循环。

4. 以“社会化”和“市场化”的评价体系为标准

高等职业教育面向社会办学、面向就业市场培养人才，其教育效果的优劣主要由社会和用人单位来评价和判断。其中，最重要的评价指标包括毕业生的就业率，毕业生从事岗位工作的社会认可度等。

二、高职大学生的职业生涯规划

1. 大学生涯对职业发展的影响

（1）大学生涯是职业发展的前提和基础。当今世界，最激烈的竞争是人才的竞争。在这样的形势下，高职生必须要重视自己的学业，有一定的文凭才能为职业发展铺平道路。通过大学阶段的学习，高职生在专业能力、职业素养、身心健康等方面都获得了全面的发展，具备了一定从事某项职业的能力，也为职业发展做好了准备。

（2）职业发展是大学生涯的导向。高职生要根据自己的职业发展目标制定相应的大学生涯规划。随着就业形势的变化和科技的进步，社会对人才的要求越来越高。高职生要提高自己的就业能力，就要尽早做好规划，努力完善自己。

（3）大学生涯为职业发展做准备。在求职过程中，文化知识素质占有举足轻重的地位，扎实的基础知识、广博的专业知识和熟练的技术知识对成功就业有很大的影响，因此构建合理的知识结构是十分必要的。知识和能力是相辅相成的，高职生应通过勤奋学习、积极参与、发展兴趣、勇于实践等多种途径培养自己的表达能力、管理能力、动手能力、适应能力、交际能力，为职业发展进行积极的准备。

2. 大学生涯规划的准备

大学生涯通常都是从学业规划开始的。高职生应根据自身情况分析现有条件和制约因素，通过解决学什么、怎么学、什么时候学等问题，确保自己顺利完成学业，为成功实现就业打好基础。对刚入校的新生来说，只有及早制定自己的学业规划，明确努力方向，全面提高自身素质，将来才能在激烈的竞争中把握住机会、获得成功。高职生在进行生涯规划时，应正确处理以下4种关系：

（1）学业与专业的关系。重视自己的学业，努力培养自己的专业兴趣，将自己的爱好和国家的需要以及社会发展的要求有机地统一起来，掌握专业知识、专业技能和相关能力，培养自己的专业素质。

（2）专业与职业的关系。在学习期间应注重学以致用，自觉地学好职业知识、培养职业素质，锻炼职业能力。注意收集职业信息，以期在将来的职业竞争中立于不败之地。

（3）专业与事业的关系。将自己现在的专业与将来从事的事业联系起来，在学习的过程中，要充分认识所学专业在国家建设和社会发展中的意义、作用和发展前景，立志献身其中，在工作中充分实现自己的人生价值。

（4）学业与就业的关系。就业与学业存在着密切的关系，就业是学业的导向。学业对就业有重要影响，以就业为学业的导向，有利于高职生的专业选择、学业目标的调整、学习方式的改变、学习外延的拓展以及综合素质的提高。就业是衡量学业成就的重要标准之一。想要成功就业，就必须具备强烈的事业心、广博精深的专业知识、较强的沟通协调能力、良好的心理素质和强健的体魄以及创新精神，这些都应当在完成学业的过程中培养。

三、高职大学生职业生涯规划的制定步骤

1. 认识自我

（1）分析自己的兴趣爱好，明确自己想从事何种工作。兴趣是理想产生的基础，要认真细致地分析自己的兴趣与爱好，有助于选择适合自己的专业方向和研究领域，发挥所长。

（2）分析自己的能力、特长，明确自己能干什么。能力既是人的综合素质在现实行动中的表现，又是成就人生价值的一种主导性力量，任何职业都要求从业者掌握一定的技能，所以高职学生要在认定自己想干什么的基础上，明确自己已经具备的能力和需要培养的能力。

（3）分析未来，把握社会需求。同学们要着眼将来，关注社会不断发展变化的趋势，立足未来的需求，不盲目跟风，选择社会需要又最适合发挥自身优势的专业方向和研究领域才是最好的。找出自己想干什么、能干什么与社会要求自己干什么的结合点，这正是大学生涯规划的关键所在。

2. 确定目标

大学生涯目标有短期目标和总目标之分。短期目标是指在一定时间内要达到的目标，总目标则要兼顾职业生涯的发展，是未来职业发展的方向。当大学期间的总目标确定后，需要逐步分解学习目标。一般情况下可遵循以下思路进行分解：三年的总目标—年目标—学期目标—月目标—周目标—天目标，通过这个方法，有利于把总的规划落实到大学生活的每一天，确保每一位大学生能有条不紊地实现自身的目标。

3. 制定实施策略

在制定大学生涯规划时，大学生要多与父母、老师、同学交流，听取他们的建议和意见，取得他们的支持和帮助。许多同学认为，规划容易实施难，诺里斯的契约学习法值得

大家学习借鉴。诺里斯认为，做出学习的决定只是学习过程中的第一步，困难在于如何将这种决定和计划付诸实践。契约学习法的步骤如下：

（1）确定学习的需要。需要是你的现状和期望之间的差距。

（2）确立学习的目标。从结果的角度看，详细说明你想要学的内容。

（3）寻找资源。这是你达到目标所需要的一切因素，包括人、书本、时间等。

（4）制订学习计划。选择什么计划或方案。

（5）规定进程标准。标准能指引你及时评估计划实现的进度。

（6）找一位导师与你共同规划。导师的作用如同健身教练一般，能客观评估你的现状，指导和鼓励你实施行动。

由于现实环境中存在多种不确定因素，因此规划要具有一定的弹性，要写明评估与反馈，分析存在的问题，及时修正目标，变更实施措施。

四、生涯行动一——认识我的大学

（一）活动目标

（1）认识高等教育尤其是高等职业教育的价值。

（2）明确国家对高职毕业生的具体需求。

（3）明确为了实现目标自己所要付出的努力。

（二）活动时间

第1项15分钟，第2项30分钟。

（三）活动准备

彩色卡纸、A4纸、红笔、黑笔、磁扣、白板/黑板。

（四）活动步骤

1. 课堂讨论（表1–2）

表1–2 “认识我的大学”实施步骤

步骤	具体要求	注意事项
步骤一	教师阐明高职教育的内涵，强调高职人才对国家发展的重要性	鼓励学生增强自信
步骤二	将学生分成若干小组，每组6～8人，采用头脑风暴法进行讨论	鼓励学生开阔思路

续表

<table>
<tr><th>步骤</th><th>具体要求</th><th>注意事项</th></tr>
<tr><td>步骤三</td><td>小组讨论，按照专业知识技能、自我管理技能和可迁移技能对讨论结果进行分类</td><td>教师合理掌握归类标准</td></tr>
<tr><td>步骤四</td><td>请每个学生对照教师归纳的结果，用红笔标出自己已经具备的能力，用黑笔标出自己尚不具备的能力</td><td rowspan="3">学生可以根据自身特点寻找可行的途径和方法</td></tr>
<tr><td>步骤五</td><td>小组讨论在校期间适合不同个体的可以提升能力的途径和方法</td></tr>
<tr><td>步骤六</td><td>教师点评</td></tr>
</table>

2. 写出大学一年级的目标（表1-3）

表1-3 “我的大学一年级”目标制定表

时间	目标内容	为实现目标所需付出的努力（请详细列出）
一年后		1. 2. 3.
半年后		1. 2. 3.
5个月后		1. 2. 3.
4个月后		1. 2. 3.
3个月后		1. 2. 3.
本月		1. 2. 3.
本周		1. 2. 3.

五、生涯行动二——签订生涯目标行动协议书

甲方（老师）：

乙方（伙伴）：

驶向“＿＿＿＿＿＿”这一目标的旅游车已经启程喽，为了让这辆载满梦想的旅游车始终充满动力继续前进，特与甲方签订以下行动协议。

甲方（老师）的权利与义务：

（1）给予技术指导；

（2）课后不定时交谈5~10分钟；

（3）认真阅读报告。

乙方（伙伴）的权利与义务：

（1）我的大学目标是：＿＿＿＿＿＿＿＿＿＿＿＿＿＿＿＿＿＿

（2）我本学期的行动目标是：＿＿＿＿＿＿＿＿＿＿＿＿＿＿＿＿

（3）我要做的一件事（细化学期行动目标的事，如读20本书籍）：＿＿＿＿＿＿

＿＿＿＿＿＿＿＿＿＿＿＿＿＿＿＿＿＿＿＿＿＿＿＿＿＿＿＿

（4）每天坚持做①＿＿＿＿＿＿＿＿＿＿；②＿＿＿＿＿＿＿＿＿＿；③＿＿＿＿＿＿＿＿＿＿（有挑战的三件事），并写下记录与感受。

（5）学期末准时上交行动作业报告。

本协议一式两份，签字生效。

甲方（签名）：　　　　　　　　乙方（签名）：

联系方式：　　　　　　　　　　联系方式：

年　月　日　　　　　　　　　　年　月　日

模块二　理想职业的匹配

> 在你最感兴趣的领域，隐藏着你人生的秘密。
>
> ——比尔·盖茨

学习目标

1. 了解并学会运用工具来探索自己的职业兴趣
2. 学会职业价值观测评，进行价值观澄清，明确自己的职业定位
3. 了解意向职业的技能要求，明确自己需要发展和培养的技能

大学生的困惑与迷茫

孙一瀛像许多大学生一样，在高考填报志愿选择专业的时候是懵懵懂懂的，不知道该选什么专业好。别人告诉她“选你自己喜欢的”，她却发现并不了解自己真正喜欢什么。她听从家长的意见，选了“女孩子比较适合”的会计专业。她对自己所学的专业谈不上非常喜欢，但也不是特别讨厌。她很在意别人的看法，如她所学的专业是否有前途、其他专业怎样好等。每当这时候，她都会陷入困惑和迷茫，疑惑所学的专业究竟是否适合自己，不知道什么样的职业才是自己最喜欢的。

赵子明为他的兴趣太多而苦恼。他的兴趣十分广泛：从小到大，他学过武术、绘画、唱歌、打乒乓球，收集过邮票，研究过昆虫、兵器乃至鞋子……在某些方面还得过奖。可就是没常性，过不了多久就扔一边儿了。面对职业选择时，他想知道：到底什么才是自己真正的兴趣呀？

王雨婷是一名计算机专业的学生。想到大学毕业后的前途，她觉得很迷茫。一方面，她觉得计算机专业也许挺适合自己，另一方面，她又不满足于只给别人打工，希望能有自己的天地。从小她的心气儿就比较高，好强的性格促使她想去拼搏一番。不过，她又觉得3年的学习很没底，自己将来究竟能做到什么程度呢？能实现自己的价值吗？她很困惑。

匡胜对自己在专业方面的能力不是很自信，也不打算以后从事本专业的工作。但对非本专业的领域，他又没有足够的信心能做得比人家专业出身的更好。况且，如果浪费3年的专业学习，也会觉得可惜，甚至很有挫折感。

上述4位学生的经历在当今的大学生中并不少见，有的人对自己的职业兴趣很模糊，有的人不知道如何发现、培养和表现自己的能力，还有的人找不到自己努力的价值。他们都对此感到苦恼，想要知道怎样才能将自己的兴趣与未来的职业结合起来，使自己的未来更富有活力？怎样正确地认识自己，了解自己的兴趣、能力，并将它与自己的专业和职业结合，这是当代大学生普遍面临的问题。

第一节　职业兴趣的探索

学习目标

1. 通过自我兴趣探索，了解自己感兴趣的职业，认知职业类型

2. 了解霍兰德兴趣类型，通过霍兰德职业测评活动，寻找自己的霍兰德职业代码，探索感兴趣的职业类型

生涯活动

我感兴趣的职业

步骤1. 每个人都有家庭、家族、邻居和朋友，他们的言行会影响我们做人和做事的态度。他们从事的职业一般也是你比较容易接触到的，因此，在众多的职业中，你是比较容易对周围人的职业产生了解和准确认识的。而对某一职业感兴趣，通常要建立在对它准确认识的基础上。想了解自己感兴趣的职业就从这里开始吧。确认家庭、家族、邻居、朋友们的职业，把其中你所感兴趣的5种职业写下来并交流。

你感兴趣的职业 ______________________ 吸引你的原因是 ______________________

你感兴趣的职业 ______________________ 吸引你的原因是 ______________________

你感兴趣的职业 ______________________ 吸引你的原因是 ______________________

你感兴趣的职业 ______________________ 吸引你的原因是 ______________________

你感兴趣的职业 ______________________ 吸引你的原因是 ______________________

步骤2. 以上职业能否分类？找出其共同点，总结其特征。

特征 ____________________、____________________、____________________

在众多职业中，寻找具备这类特征的职业 ______________________________

通过以上活动，了解自己感兴趣的职业，并能总结归纳这类职业的特征，初步了解自己感兴趣的职业特点。

知识链接

一、兴趣是人生幸福感的来源

美国芝加哥大学心理学教授米哈利花了30多年的时间对几百位各行各业的人进行了访谈，研究是什么真正令人们感到幸福和满足。他发现，和人们通常想象的不同，不是在人们很放松、什么事也不做（比如看电视）的时候，而是当人们专心致志地从事某种活动甚至忘我地完全沉浸在这种活动中的时候，他们感到最为愉快和满足。因为这时候人们的体验好像被一股潮流往前推动，一切都很平稳而自然地发生。在这种状态下，人们没有考虑到做这件事情可能带来什么样的回报或担心自己的表现如何，只是整个人都忘情地投入其中，享受从事这个活动的过程本身带来的快乐。

显然，如果我们所从事的事情是自己所喜欢的，那我们的工作和生活会愉快得多，多半也会对这样的工作更有激情，更有可能在这样的工作中获得满足感。希望每一位同学都能找到自己真正感兴趣的职业，尽可能地去做自己喜欢的事。

然而，现实和理想总是有差距的，在“你的兴趣在哪里？你到底想干什么？”这2个问题上总是有些不太令人满意的回答。有的同学说：感觉自己好像没什么兴趣，也不知道自己到底想干什么。有的则说：自己的兴趣太多，不知道选择哪个好，而且对以后它们真的能成为自己要从事的职业存疑。还有的同学可能处于更大的困惑中：以前喜欢这个专业，但是当真正接近它的时候才发现它原来并不是自己想要的，不知道自己真正想干的事情到底是什么。兴趣这东西到底靠谱吗？基于上面种种困惑，我们在回答“你到底想干什么”这个问题上要多下些功夫，这就牵涉对职业兴趣的探索问题。

二、自我兴趣探索

活动：兴趣岛

恭喜你！你获得了一次免费度假游的机会，有机会去下面6个岛屿中的一个。唯一的要求是你必须在这个岛上待满至少半年的时间。请不要考虑其他因素，仅凭自己的兴趣按从一到三的顺序挑出你最想前往的3个岛屿。

岛屿R：自然原始的岛屿。岛上保留有原始森林，自然生态保持得很好，有各种各样的野生动物。岛上居民生活状态还相当原始，他们以手工见长，自己种植花果蔬菜、修缮房屋、打造器物、制作工具，喜欢户外运动。

岛屿I：深思冥想的岛屿。岛上人迹较少，建筑物多僻处一隅，平畴绿野，适合夜观星象。岛上有多处天文馆、科技博览馆以及科学图书馆等。岛上居民喜好观察、学习、探究、分析，崇尚和追求真知，常有机会和来自各地的哲学家、科学家、心理学家等交换心得。

岛屿A：美丽浪漫的岛屿。岛上充满了美术馆、音乐厅、街头雕塑和街边艺人，弥漫着浓厚的艺术文化气息。当地的居民很有艺术、创新和直觉等方面的能力，他们保留着传统的舞蹈音乐与绘画，许多文艺界的朋友都喜欢来这里找寻灵感。

岛屿S：友善亲切的岛屿。岛上居民个性温和、十分友善、乐于助人，社区均自成一个个密切互动的服务网络，人们重视互助合作，重视教育，关怀他人，充满人文气息。

岛屿E：显赫富庶的岛屿。岛上的居民善于企业经营和贸易，能言善道，以口才见长。岛上的经济高度发展，处处是高级饭店、俱乐部、高尔夫球场。来往者多是企业家、经理人、政治家、律师等，曾数次在这里召开财富论坛和其他行业巅峰会议。

岛屿C：现代、有序的岛屿。岛上建筑十分现代化，是进步的都市形态，以完善的户政管理、地政管理、金融管理见长。岛民个性冷静保守，处事有条不紊，善于组织规划，细心高效。

如果是在团体内做这个活动，可以将教室分为6个区域，分别代表上述6个岛屿。请同学们按自己第一选择的岛屿就座。如果同一小组的人数太多，可分为两组。

同一岛屿的人交流一下自己为什么选择这个岛屿，看看大家有什么共同的兴趣爱好，将其归纳为关键词。根据大家的交流给自己的小组命名，并选取一个标志物（Logo），在白纸上制作一张本小组的宣传图。每个小组请一位代表用2分钟时间展示自己小组的宣传图，并在全班分享自己小组成员共同的特点。

（1）我最想前往的三个岛屿：________、________、________。

（2）我们的岛屿名称：________________。

（3）岛屿标志物及其含义：________________。

（4）岛屿关键词：________________。

提示：这6个岛屿实际上代表着美国约翰·霍普金斯大学心理学教授、著名的职业指导专家霍兰德（Holland）提出的6种职业兴趣类型。做完这个活动后，你应当得出自己最有兴趣的前三个类型，即你的霍兰德代码。霍兰德理论比较复杂，初学者对霍兰德类型掌握得并不深入，再加上受社会期望影响和缺乏自我认识等原因，个人不易准确地判断自己的职业兴趣类型。兴趣岛的活动只是对你兴趣类型有一个初步判断。

三、找出你的霍兰德代码

有的同学可能要问：人的兴趣有很多，是不是每种兴趣都可以转化为职业兴趣？是不是每种兴趣都可以找到与之相联系的职业和专业？一个人的所有兴趣是否又都应该或能够在自己的职业中得到满足？

实际生活中，兴趣和职业往往是交织在一起的，虽然人们常常将兴趣划分为职业兴趣和非职业兴趣，但如果注意一下那些非职业兴趣，就会发现几乎所有的非职业兴趣都与一个人的职业生涯有一定的关系。例如，爬山的兴趣可以演变为与登山或户外运动相关的工作；逛商场、购物的兴趣也可以演变为采购或着装指导的工作；甚至玩电脑游戏也可以演变为游戏设计方面的工作等。

当然，由于受到兴趣的广泛性和很多现实情况的影响，并不是所有的兴趣都应该或能够在自己的职业中得到满足，兴趣也可以通过兼职、志愿活动、参加社团、业余爱好等多种方式来实现。但大量的研究表明，兴趣和工作满意度、职业稳定性和职业成就感之间存在着明显的关联，因此在选择职业的时候有必要将兴趣作为一项重要的因素考虑进去。兴趣或职业兴趣在人的职业选择和整个生涯发展中虽然不占决定作用，但做到工作和个人兴趣适度统一仍然是十分必要的。

区分职业兴趣需要通过专业的测评系统，这里我们向大家介绍的是霍兰德职业兴趣类型。

美国著名的生涯辅导理论家霍兰德自20世纪70年代以来提出了一系列的研究假设。他认为人的人格类型、兴趣与职业密切相关：某一类型的职业通常会吸引具有相同人格特质的人，而具有相同人格特质的人对许多生活事件的反应模式也是相似的。他们创造了具有某一特色的生活环境，其中也包括工作环境。在这种思想的基础上，霍兰德归纳出人的6种人格类型，即实用型（realistic type，简称R）、研究型（investigative type，简称I）、艺术型（artistic type，简称A）、社会型（social type，简称S）、企业型（enterprising type，简称E）和事务型（conventional type，简称C）。

个人的职业兴趣往往是多方面的，很少只是集中在某一种类型上。大家可能或多或少地具备所有6种兴趣，只是偏好程度不同。因此，为了比较全面地描绘个人的职业兴趣，通常用最强的三种兴趣的字母代码来表示一个人的兴趣，这个代码就称为“霍兰德代码”（Holland Code）。三个字母间的顺序表示了兴趣的强弱程度的不同，第一个是主要兴趣，第二、第三个是辅助兴趣。比如，SAI和AIS的人具有相似的兴趣，但他们对同一类型事务的兴趣强弱程度是不同的。

结合兴趣岛活动和表2-1霍兰德职业兴趣类型倾向，在喜欢的活动、重视、职业环境要求中符合自己情况的语句下面画线，并思考自己日常生活中哪些与之相符的事例使自己做出这样的判断。按一、二、三的顺序选出你认为符合自己情况的3种类型。这就是你的霍兰德代码。

表2-1　霍兰德职业兴趣类型倾向

类型	喜欢的活动	重视	职业环境要求	典型职业
实用型R（realistic）	用手、工具、机器制造或修理东西。愿意从事实物性的工作、体力活动，喜欢户外活动或操作机器，而不喜欢在办公室工作	具体实际的事物，诚实，有常识	使用手工或机械技能对物体、工具、机器、动物等进行操作，与“事物”工作的能力比与“人”打交道的能力更为重要	园艺师、木匠、汽车修理工、工程师、军官、兽医、足球教练员
研究型I（investigative）	喜欢探索和理解事物，喜欢学习研究那些需要分析、思考的抽象问题，喜欢阅读和讨论有关科学性的论题，喜欢独立工作，对未知问题的挑战充满兴趣	知识，学习，成就，独立	分析研究问题、运用复杂和抽象的思考创造性地解决问题的能力，谨慎缜密，能运用智慧独立地工作，一定的写作能力	实验室工作人员、生物学家、化学家、心理学家、工程设计师、大学教授
艺术型A（artistic）	喜欢自我表达，喜欢文学、音乐、艺术和表演等具有创造性、变化性的工作，重视作品的原创性和创意	有创意的想法，自我表达，自由，美	创造力，对情感的表现能力，以非传统的方式来表现自己；相当自由、开放	作家、编辑、音乐家、摄影师、厨师、漫画家、导演、室内装潢设计
社会型S（social）	喜欢与人合作，热情关心他人的幸福，愿意帮助别人成长或解决困难、为他人提供服务	服务社会与他人，公正，理解，平等，理想	人际交往能力，教导、医治、帮助他人等方面的技能，对他人表现出精神上的关爱，愿意担负社会责任	教师、社会工作者、牧师、心理咨询师、护士
企业型E（enterprising）	喜欢领导和支配别人，通过领导、劝说他人或推销自己的观念、产品而达到个人或组织的目标，希望成就一番事业	经济和社会地位上的成功，忠诚，冒险精神，责任	说服他人或支配他人的能力，敢于承担风险，目标导向	律师、政治运动领袖、营销商、市场部经理、电视制片人、保险代理
事务型C（conventional）	喜欢固定的、有秩序的工作或活动，希望确切地知道工作的要求和标准，愿意在一个大的机构中处于从属地位，对文字、数据和事物进行细致有序的系统处理以达到特定的标准	准确、有条理、节俭、盈利	文书技巧，组织能力，听取并遵从指示的能力，能够按时完成工作并达到严格的标准，有组织，有计划	文字编辑、会计师、银行家、簿记员、办事员、税务员、计算机操作员

兴趣类型对应有很多适合的职业，查一查你的兴趣适合哪种职业。

R（实用型）：计算机程序员、工程师、医疗技师、飞机机械师、鱼类和野生动物专家、自动化技师、机械工（车工、钳工等）、无线电报务员、机械制图员、电器师、雕刻师、钟表维修员、救生员、勘察员、测量员、职业运动员等。

I（研究型）：气象学者、生物学者、天文学者、药剂师、动物学者、化学家、科学报刊编辑、地质学者、植物学者、物理学者、数学家、实验员、科研人员、科技作者、营养学家、心理学家、化验员等。

A（艺术型）：室内装饰专家、摄影师、音乐教师、演员、记者、诗人、作曲家、编剧、雕刻家、漫画家、舞者等。

S（社会型）：老师、社会学者、导游、福利机构工作者、心理咨询师、社会工作者、学校领导、护士等。

E（企业型）：销售人员、旅馆经理、饭店经理、广告宣传员、调度员、律师、政治家、零售商、审计员、保险人员、企事业单位中高层管理者、人事专员等。

C（事务型）：记账员、会计、银行出纳、法庭速记员、成本估算员、税务员、核算员、打字员、校对员、办公室职员、统计员、计算机操作员、秘书、行政人员等。

1. 根据职业兴趣测试找出自己的霍兰德代码：

____

____

2. 职业兴趣测评结果推荐的与该兴趣类型相关的职业有：

____

____

3. 你认为可以实现的职业有：

____

____

除了霍兰德代码以外，还有其他各种职业兴趣的测量方法，但这些众多的兴趣测评的结果，严格地讲，并不能被解释为“哪种职业适合我”，只能说根据测评的常模样本，拥有某类型兴趣特征的人通常会更多选择某些类型的职业，并且在这样的职业中会感觉比较愉快、满足。做兴趣测试的目的是帮助你增进对自我及工作环境的认识，拓宽你在职业前景上的思路、为未来发展提供方向性的指导，而不是限定自己。因此，不要局限于测试结果所建议的职业，也不要简单地用某些类型给自己贴标签、限制自己。不要将兴趣测评的结果作为结论，而应当将其作为对以往学习经验的总结和对未来发展的指导，以此为依据，帮助个人进行更多的探索和学习。

四、当代大学生职业兴趣的特点

大学生应树立这样一种观念：做职业兴趣测评，重要的不是得出某个确定的职业结果，而是以兴趣类型作为自己探索和定位的参考依据。普遍来看，大学生职业兴趣偏企业型、艺术型、社会型。企业型特点的人通常精力充沛，自负、热情、自信，富有冒险精神；艺术型特点的人通常善于表达，直觉力强，创造力和想象力丰富；社会型特点的人则喜欢那些需要与人建立关系、与群体合作、与人相处及通过谈话来解决问题和困难的工作环境。在校学生这三个方面的倾向表现得较为明显，这表明大学生具有想象、冲动、直觉、理想化、有创意、不重实际、不善于事务性的工作的特点。他们不喜欢从事现实的、常规的和研究性的工作，内心较为浮躁，想法不切实际。

同样，大学生职业兴趣也容易受其他因素的影响，多元价值观和纷杂的消极信息会冲击他们的择业倾向，甚至连个人的职业兴趣这种比较接近本性的心理特征也受到冲击，表现出与本性的不符。现代社会竞争激烈，由于高校毕业生逐渐增多，巨大的就业压力造成大学生择业的悲观情绪，他们渴求工作的心理很强，但对自己的职业兴趣顾及得并不多。学生对自身能力、市场需求等的认识不足是造成他们信心不足的主观原因。在兴趣结构上，许多大学生没有体现出层次感，有的学生各方面的兴趣程度都差不多，或重心易出现偏移，没有形成较为稳定的中心职业兴趣。有些大学生对职业兴趣关注较少，对自己在职业上的喜好和倾向知之甚少或模糊不清。这是一个普遍存在的问题，对他们以后的发展都会有影响。大学期间大学生仍然处于生涯发展的“探索期”，重要的不是得出某些确定的职业结果，而是以兴趣类型作为自己探索和定位的参考依据。

知识拓展

刘欢的音乐奇缘

说到刘欢，恐怕没有人会对他感到陌生。他上学时，是个学习成绩中等但对音乐比较痴迷的学生。他一直是学校的文艺骨干，经常在学校里组织演出，那时他常常夜里在楼道弹吉他、唱歌，同屋的朋友都无法忍受。当年，学法语的刘欢曾参加过一次由法国大使馆举办的法语歌曲大赛，刘欢的一曲法国民歌《奥维涅人之歌》赢得了大家的掌声，于是刘欢得到了到法国旅游半个月的机会。那时候大家出国多带回香水和时装，而刘欢却整日待在法国小镇的酒馆里，带回了一段属于自己的灵感，他创作的《阿尔卑斯山的小雨》就是其在法国的灵感结晶。为《雪城》《便衣警察》等电视剧演唱歌曲时，制作方邀请刘欢唱歌也总是抱着让这个年轻人来试试的态度，那时，身为国际关系学院团委老师的刘欢不断地穿梭于北京的各大录音棚，为的不是成名，也不是得利，仅仅是因为他喜欢音乐、喜欢唱歌。正是迷恋音乐的强烈兴趣最终造就了刘欢的音乐成就。

感悟：

兴趣是人们选择职业的重要影响因素，很多人都是因为自己的兴趣选择了相关的职业，并且取得了很大的成就。一份自己感兴趣的工作能够给人带来愉悦感和满足感，也是推动人们去寻求知识和从事活动的巨大内在动力。

讨论：

1. 对照前文中的“霍兰德职业索引”，找出与自己兴趣类型相符合的其他职业。

2. 明确自己的职业兴趣类型，查找相关的网站，尝试了解这类职业。通过网站搜集的资料，你学到了什么？

第二节　职业价值观的构建

学习目标

1. 区分价值观与职业价值观，通过活动探究你最珍视的职业价值观
2. 通过职业价值观测评，进行价值观澄清，明确自己的职业定位

价值观活动

畅想工作

进行有关“工作”的1分钟联想。

请在1分钟的时间内尽可能地写下头脑中所联想到的任何短语。

我希望工作______________________________

____

____

思考：

你在工作中寻找的是什么？判断工作好坏的标准是什么？请将自己所写的内容和思考与同学一起分享。

____

____

下面是一些大学生写的例子：

能激发我的灵感，具有创造性；有较大成就感，不要总是重复、单调（多样性）；可以发挥自己的才能和潜质；能够从中学习到很多东西；受人尊重，有一定的社会地位；机会多。

有挑战性，不沉闷单调；是我所热爱的，可以成为生活的乐趣。有发展前途。不要太累，让我有足够的自由支配时间，能够劳逸结合。可以让我快乐，有成就感。

在一个和谐的氛围中，没有人发号施令，没有人以自己的身份压制别人的想法，人们之间互相尊重，互相欣赏，所有人平等，都自愿协作，为最终要完成的工作尽一份力。结果或许都不重要，每个人在工作过程中都能感到自己被需要，自己有价值。

清闲，离家近，赚钱多，时间短，环境优越，单位领导正直，单位同事心地善良，工作稳定。

请大家注意横线标注的词语，它们反映出个人在工作中所寻找的是什么、需要什么，

它们描述的就是我们的职业价值观。

通过活动的体验与感悟，我们应该知道自己所追求的是什么，自己想要的工作是什么。追求的工作内容往往决定了一个人一生是否幸福。

有人追求名誉，市级、省级，官方、民间、国际的奖牌、证书可以用小车装，可是并没有获得他所期望的名人效应、社会效果，他觉得自己很有名，可解释了半天人家也许并不知道他究竟是谁。

有人追求职称学位，通过不断考试，获得了技术员、助理经济师、经济师、高级经济师职称，学士、硕士、博士学位……该有的都印在名片上，唯独缺少真才实学，缺少能力，成为典型的高分低能族。

有人追求地位，把此视为成功的象征、能力的展示、生命的价值，唯此唯大，毕生奋斗，可因为不择手段触犯法纪，身陷囹圄，度日如年。有的沽名钓誉者虽然平安无事，但因动机不纯，口碑不好，积怨甚多，退休以后无人理睬，晚景凄凉，沦为孤家寡人。

更有人追求物质，当今社会物欲横流、诱惑遍地，这类人不在少数，巨款、豪宅、名车、洋犬、文物，该有的都有了，但他们内心深处却时常感到空荡荡的，被一种莫名的哀愁所萦绕。

以上追求都是个人选择，未尝不可，但要有度、有格、有限，否则难免步入误区、失去方向。应当看到，人类应当还有更重要的追求，就是对精神生活的追求。有了对精神生活的追求，人们的生活才会充满阳光。

追求是由价值观所决定的，而职业中的追求是由职业价值观来决定的，价值观又对个人职业生涯规划起着决定性的作用。通过前面的活动，同学们已经对价值观与职业价值观有所了解，下面将具体阐述价值观和职业价值观，以及自己的职业价值观对职业生涯规划的意义。

一、价值观和职业价值观

无论任何人正在做任何事，其最终目标都是追求人生的成功、快乐。人生怎样才是成功、快乐的呢？其实每个人生活的每一天、每一刻，都有一些他很在乎、认为很重要、很想得到的东西，这些便被称为价值观。价值观是一种内心尺度，它凌驾于整个人性当中，支配着人的行为、态度、观察、信念、理解等，支配着人认识世界、明白事物对自己的意义和自我了解、自我定向、自我设计等活动。在就业指导中，我们经常对有就业决策困惑的同学问同样的问题："你在工作中最想得到什么？最在乎什么？"回答多种多样，如收入、稳定、学习和培训机会、别人对自己的肯定、环境好等。不同的人有不同的价值观，这些在工作中对自己来说很重要或是很想要的东西就是自己的职业价值观，也称工作价值观或择业观。人们在很多时候要在得与失中做出选择，而左右选择的就是价值观。

俗话说：“人各有志。”这个“志”表现在职业选择上就是职业价值观，探索自身的职业价值观是职业生涯规划的基础，这一研究有助于我们回答以下问题：“我是谁？我适合做什么工作？我的生命意义为何？”以职业价值观为基础选择的职业，才能让我们在职业生活中找到自己的价值，使工作有目的、有意义，通过工作实现自我，从而感到满足。

二、探究职业价值观

每个人希望从工作中获得的、追求的、重视的东西都不同，请同学们按照以下步骤，选出你心中的重要的职业价值观。职业价值观大概有以下几条：

◎ 声望：受到大家的尊重与礼遇。

◎ 独立自主：能够自己作决定。

◎ 助人：能够协助或教导别人。

◎ 多变化：工作的内容不单调，有挑战，需创新。

◎ 领导：工作时能够督导他人、分配工作。

◎ 兴趣：符合自己的喜好。

◎ 待遇：薪水高、利润多。

◎ 休闲：自己拥有较长的休闲时间。

◎ 福利：工作的地方能够提供良好的福利。

◎ 前景：这个职业将来会有很好的发展。

◎ 安定：收入稳定，不受环境景气程度的影响。

◎ 升迁：有明确的升迁制度和机会。

◎ 有意义：对人、社会或世界的贡献比较大。

◎ 环境：工作环境舒适。

◎ 人际：同事修养好，人际关系和谐。

步骤一：从上面15项价值观中选出对自己较重要的8个。

步骤二：在8个选项中删除3个（不是选出5个，而是删除3个。注意：假如你删除了“待遇”“福利”，则意味着你永远无法在这个选项上感到满意了；可以反复体验这种感受）。

步骤三：继续删除1个选项，留下4个。

步骤四：再删除1个，留下3个选项。

步骤五：最后将3个选项按照重要程度排序，确定自己的职业价值观，尝试用实例说明自己对职业价值观的理解，并且对当前学习、生活或工作做出满意度评价。

1. 职业价值观排序：

2. 实例及满意度评价：

各位同学所选出的是你工作中所看重的东西，也就是你的职业价值观。与同伴分享职业价值观，分享的过程中了解别人的价值观。请给每一条你认为很重要的价值观下定义，即：这一价值观要达到什么样的水平才能使自己满意？

现在，如果不得不放弃其中的一条，你会放弃哪一条？继续下去，直到最后一条。最后留下这条是否是你无论如何也不愿放弃的？

1. 放弃的价值观：

2. 留下的价值观：

3. 保留理由：

讨论：

1. 通过这个活动，你对自己的职业价值观有了哪些了解？

2. 价值观会对职业选择和人生产生什么样的影响？

3. 其他人的价值观会对你的生活造成什么影响？

在价值观探索活动中，可能有人会发现对价值的取舍和排序是一个艰难的过程，有些人甚至做完这个活动仍然不清楚自己想要的到底是什么。这样的情况也是正常的，因为大学生还处在建立和形成个人价值观的生涯探索期，有一些混乱是必然的。重要的是对自己的职业和生活进行不断的思考和探索。价值观的澄清本身也不是一劳永逸的过程。因此，有必要进行进一步的探索和澄清，并在今后的生活中对其不断反思。

三、价值观的澄清

职业价值观往往决定了人们的职业期望，影响着人们对职业方向和职业目标的选择。当人们按照自己的价值观生活时，会得到最大程度的满足感。对自己的价值观有清楚认识的人在进行职业生涯规划时比较容易做出决策。澄清个体的价值观是有效生涯规划的重要组成部分。一个人看中什么价值事实上是一个比较难以确切回答的问题。对于“实习阶段”的人来说，收入多少不要紧，开阔眼界最重要，因为此时“可能性”正是他的核心价值。对于“职业发展前期”的人来说，“发展速度”是他的核心价值，钱多钱少也不那么重要。对于有孩子还背着房贷的中年人，“稳定的收入”也许是他最看重的。等到家庭稳定、经济宽松时，“实现自身价值，做点有意义的事”又成了一个人新的核心价值。

当我们不清楚自己要什么时，就会下意识地盯着自己最缺的东西——有了钱会和别人比兴趣，有兴趣了又和别人比稳定，稳定了又觉得别人的生活挑战多、过得更有意思……永无宁日。所以，一个自己价值观不清晰的人是一个永远无法满足的人，因为这种人的预期不是要自己变得更好，而是不能比别人差。

要了解自己的职业价值观，就需要在做出职业选择的过程中仔细觉察自己选择时所依据的内心价值观。在职业价值观上，美国施恩教授提出的概念“职业锚”是目前最有效的测试工具。这个所谓的“职业锚”就是指当一个人不得不做出选择的时候，无论如何都不会放弃职业中那种至关重要的东西或价值观，即人们选择和发展自己的职业时所围绕的中心。

四、价值观活动：你的职业锚

步骤1：职业锚自测

下面40个问题，请根据自己的实际情况，从①~⑥中选择一个数字，数字越大，表示这种描述越符合自己的情况。示范：“我梦想成为公司的总裁”可做出如下选择：

- ◎ 选“①”代表这种描述完全不符合自己的想法
- ◎ 选“②”或选“③”代表自己偶尔（或者有时）这么想
- ◎ 选“④”或选“⑤”代表自己经常（或者频繁）这么想
- ◎ 选“⑥”代表这种描述完全符合自己的日常想法

确定最符合自身情况的选项：①从不　②偶尔　③有时　④经常　⑤频繁　⑥总是

职业锚测评题目

1. 我希望做我擅长的工作，这样我的内行建议可以不断被采纳。

①从不　②偶尔　③有时　④经常　⑤频繁　⑥总是

2. 当我整合并管理其他人的工作时，我非常有成就感。

①从不　②偶尔　③有时　④经常　⑤频繁　⑥总是

3. 我希望我的工作能让我用自己的方式、按自己的计划去开展。

①从不　②偶尔　③有时　④经常　⑤频繁　⑥总是

4. 对我而言，安定与稳定比自由和自主更重要。

①从不 ②偶尔 ③有时 ④经常 ⑤频繁 ⑥总是

5. 我一直在寻找可以让我创立自己事业（公司）的创意（点子）。

①从不 ②偶尔 ③有时 ④经常 ⑤频繁 ⑥总是

6. 我认为只有对社会做出真正贡献的职业才算是成功的职业。

①从不 ②偶尔 ③有时 ④经常 ⑤频繁 ⑥总是

7. 在工作中，我希望去解决那些有挑战性的问题，并且胜出。

①从不 ②偶尔 ③有时 ④经常 ⑤频繁 ⑥总是

8. 我宁愿离开公司，也不愿从事需要个人和家庭做出一定牺牲的工作。

①从不 ②偶尔 ③有时 ④经常 ⑤频繁 ⑥总是

9. 将我的技术和专业水平发展到一个更具有竞争力的层次是成功职业的必要条件。

①从不 ②偶尔 ③有时 ④经常 ⑤频繁 ⑥总是

10. 我希望能够管理一个大公司（组织），我的决策将会影响许多人。

①从不 ②偶尔 ③有时 ④经常 ⑤频繁 ⑥总是

11. 如果职业允许自由地决定自己的工作内容、计划、过程时，我会非常满意。

①从不 ②偶尔 ③有时 ④经常 ⑤频繁 ⑥总是

12. 如果工作的结果使我丧失了自己在组织中的安全稳定感，我宁愿离开这个工作岗位。

①从不 ②偶尔 ③有时 ④经常 ⑤频繁 ⑥总是

13. 对我而言，创办自己的公司比在其他的公司中争取一个高的管理位置更有意义。

①从不 ②偶尔 ③有时 ④经常 ⑤频繁 ⑥总是

14. 我的职业满足感来自我可以用自己的才能去为他人提供服务。

①从不 ②偶尔 ③有时 ④经常 ⑤频繁 ⑥总是

15. 我认为职业的成就感来自克服自己面临的非常有挑战性的困难。

①从不 ②偶尔 ③有时 ④经常 ⑤频繁 ⑥总是

16. 我希望我的职业能够兼顾个人、家庭和工作的需要。

①从不 ②偶尔 ③有时 ④经常 ⑤频繁 ⑥总是

17. 对我而言，在我喜欢的专业领域内做资深专家比总经理更具有吸引力。

①从不 ②偶尔 ③有时 ④经常 ⑤频繁 ⑥总是

18. 只有在我成为公司的总经理后，我才认为我的职业人生是成功的。

①从不 ②偶尔 ③有时 ④经常 ⑤频繁 ⑥总是

19. 成功的职业应该允许我有完全的自主与自由。

①从不 ②偶尔 ③有时 ④经常 ⑤频繁 ⑥总是

20．我愿意在能给我安全感、稳定感的公司中工作。

①从不　②偶尔　③有时　④经常　⑤频繁　⑥总是

21．当通过自己的努力或想法完成工作时，我的工作成就感最强。

①从不　②偶尔　③有时　④经常　⑤频繁　⑥总是

22．对我而言，利用自己的才能使这个世界变得更适合生活或居住，比争取一个高的管理职位更重要。

①从不　②偶尔　③有时　④经常　⑤频繁　⑥总是

23．当我解决了看上去不可能解决的问题，或者在必输无疑的竞赛中胜出，我会非常有成就感。

①从不　②偶尔　③有时　④经常　⑤频繁　⑥总是

24．我认为只有很好地平衡了个人、家庭、职业三者的关系，生活才能算是成功的。

①从不　②偶尔　③有时　④经常　⑤频繁　⑥总是

25．我宁愿离开公司，也不愿频繁接受那些不属于我专业领域的工作。

①从不　②偶尔　③有时　④经常　⑤频繁　⑥总是

26．对我而言，做一个全面管理者比在我喜欢的专业领域内做资深专家更有吸引力。

①从不　②偶尔　③有时　④经常　⑤频繁　⑥总是

27．对我而言，用我自己的方式不受约束地完成工作，比安全、稳定更加重要。

①从不　②偶尔　③有时　④经常　⑤频繁　⑥总是

28．只有当我的收入和工作有保障时，我才会对工作感到满意。

①从不　②偶尔　③有时　④经常　⑤频繁　⑥总是

29．在我的职业生涯中，如果我能成功地创造或实现完全属于自己的产品或点子，我会感到非常成功。

①从不　②偶尔　③有时　④经常　⑤频繁　⑥总是

30．我希望从事对人类和社会真正有贡献的工作。

①从不　②偶尔　③有时　④经常　⑤频繁　⑥总是

31．我希望工作中有很多机会，可以不断挑战我解决问题的能力。

①从不　②偶尔　③有时　④经常　⑤频繁　⑥总是

32．能很好地平衡个人生活与工作，比达到一个管理职位更重要。

①从不　②偶尔　③有时　④经常　⑤频繁　⑥总是

33．如果在工作中能经常用到我特别的技巧和才能，我会感到特别满意。

①从不　②偶尔　③有时　④经常　⑤频繁　⑥总是

34．我宁愿离开公司，也不愿意接受让我离开全面管理的工作。

①从不　②偶尔　③有时　④经常　⑤频繁　⑥总是

35. 我宁愿离开公司，也不愿意接受约束我自由和自主控制权的工作。

①从不 ②偶尔 ③有时 ④经常 ⑤频繁 ⑥总是

36. 我希望有一份让我有安全感和稳定感的工作。

①从不 ②偶尔 ③有时 ④经常 ⑤频繁 ⑥总是

37. 我梦想着创造属于自己的事业。

①从不 ②偶尔 ③有时 ④经常 ⑤频繁 ⑥总是

38. 如果工作限制了我为他人提供帮助和服务，我宁愿离开公司。

①从不 ②偶尔 ③有时 ④经常 ⑤频繁 ⑥总是

39. 去解决那些几乎无法解决的难题，比获得一个高的管理职位更有意义。

①从不 ②偶尔 ③有时 ④经常 ⑤频繁 ⑥总是

40. 我一直在寻找一份能够最大程度地减少个人和家庭之间冲突的工作。

①从不 ②偶尔 ③有时 ④经常 ⑤频繁 ⑥总是

步骤2：计分方法

在40题中挑出3个得分最高的项目，如果得分相同，则挑出最感兴趣的项目，在这3个项目的得分上再加4分。例如，第40题得了6分，则该题应当加4分，变为10分。将每一题的分数填入表2-2中，然后按照“列”进行分数累加，得到每列总分，将每列总分除以5得到每列平均分，并填入表中。记住：在计算前，不要忘记将最符合自己日常想法的3项额外加4分。

表2-2 计分表

类型	TF技术/职能型	GM管理型	AU自主/独立型	SE安全/稳定型	EC创造/创业型	SV服务/奉献型	CH挑战型	LS生活型
加分项	1（ ）	2（ ）	3（ ）	4（ ）	5（ ）	6（ ）	7（ ）	8（ ）
	9（ ）	10（ ）	11（ ）	12（ ）	13（ ）	14（ ）	15（ ）	16（ ）
	17（ ）	18（ ）	19（ ）	20（ ）	21（ ）	22（ ）	23（ ）	24（ ）
	25（ ）	26（ ）	27（ ）	28（ ）	29（ ）	30（ ）	31（ ）	32（ ）
	33（ ）	34（ ）	35（ ）	36（ ）	37（ ）	38（ ）	39（ ）	40（ ）
总分								
平均分								

通过以上表格得出的最终平均分就是你的自我评价结果，最高分所在列总结出最符合你的职业锚类型是：________________。

注意：职业价值观测评只是给出一个解释的可能、一个参照的途径，并不代表一定要严格按照它的解释去执行。

国外许多大公司均将职业锚作为员工职业发展、职业生涯规划的主要参考点。自1992年以后，麻省理工学院将职业锚拓展为8种锚位，说明如下。

1. TF型（技术/职能型）

技术/职能型的人追求技术/职能领域的成长和技能的不断提高以及应用这种技术/职能的机会。他们对自己的认可来自专业水平，喜欢面对来自专业领域的挑战。他们不喜欢从事一般的管理工作，因为那样意味着他们将放弃在技术/职能领域的成就。

2. GM型（管理型）

管理型的人致力于工作晋升，倾心于全面管理，当独自负责一个部分时可以跨部门整合其他人的努力成果，他们想去承担整体的责任，并将公司的成功与否看成自己的工作。具体的技术/功能工作仅仅被看作是通向更高、更全面管理层的必经之路。

3. AU型（独立/自主型）

自主/独立型的人希望随心所欲地安排自己的工作方式、工作习惯和生活方式。追求能施展个人能力的工作环境，最大限度地摆脱组织的限制和制约。他们宁愿放弃提升或工作发展机会，也不愿意放弃自由与独立。

4. SE型（安全/稳定型）

安全/稳定型的人追求工作中的安全与稳定感。他们为可以预测将来的成功而感到放松。他们关心财务安全，如退休金和退休计划。稳定感包括诚实、忠诚及完成老板交代的工作。尽管有时可以达到一个较高的职位，但他们并不关心具体的职位和具体的工作内容。

5. EC型（创造/创业型）

创造/创业型的人始终不肯放弃凭借自己的能力和冒险愿望去扫除障碍，创立属于自己的公司或组织。他们希望向世界证明自己有能力创建一家企业。现在他们可能在某一组织中为别人工作，但同时他们会学习并评估未来的机会，一旦认为时机成熟就会尽快开始自己的创业历程。他们希望自己的企业有非常高的现金收入，以证明他们的能力。

6. SV型（服务/奉献型）

服务/奉献型的人指那些一直追求他们认可的核心价值，例如帮助他人、改善人们的安全、通过新的产品消除疾病等。他们一直追寻这些机会，这意味着他们即使换公司也不会接受不允许他们实现这种价值的工作变换或工作提升。

7. CH型（挑战型）

挑战型的人喜欢解决看上去无法解决的问题，战胜强硬的对手，克服无法克服的困难障碍等。对他们而言，参加工作或职业的原因是工作允许他们去战胜各种不可能。新奇、变化和困难是他们的终极目标。如果事情非常容易，就会马上变得非常令他们厌烦。

8. LS型（生活型）

生活型的人希望将生活的各个主要方面整合为一个整体，喜欢平衡个人的、家庭的和职业的需要，因此，他们需要一个能够提供“足够弹性”的工作环境来实现这一目标。生活型的人甚至可以牺牲职业的一些方面——如放弃职位的提升来换取三者的平衡。他们将成功定义得比职业成功更广泛。相对于具体的工作环境、工作内容，生活型的人更关注自己如何生活、在哪里居住、如何处理家庭事业及怎样自我提升等。

正如许多分类一样，以上的分类也无好坏之分，之所以将其提出是为了帮助大家更好地认识自己，并据此重新思考自己的职业生涯，设定切实可行的目标。一个人的所有工作经历、兴趣、资质等集合成为他的“职业锚”。它告诉此人，到底什么才是自己认为最重要的。在人生的进程中，梳理自己的职业经历，明确自己的职业定位，可以让自己少走弯路，大步迈向成功。关键是要找准自己的定位，过想要过的生活，而不是盲从别人的做法。

温馨提醒:

不同的企业有着不同的价值观，也就是通常所说的企业文化，它反映出一个企业所追求的目标与重视的价值。选择工作时，同样需要考虑到个人价值观与企业文化的匹配。因为即使是同一行业的机构，彼此之间所重视的价值也可能有很大的不同，例如，一家公司可能会非常重视员工的独立与创新，而另一家公司却更提倡合作与互助，那么一位野心勃勃、独立进取的销售人员也许更适合在第一家公司的环境中工作。入职之前，可以通过公司的网站、文字介绍及人物访谈等方式了解组织机构的价值观。

知识拓展

成为优秀者，让人生有意义

卓越的技能源于长时间的持续刻意练习。但在一个多诱惑和机会的时代，是什么让我们苦苦坚守于一个领域并做到极致？兴趣可以让我们选择一种职业，但选择职业后长期驱动我们的却是价值观，也就是说职业价值观清晰的人更容易成功。

人生不可能依靠“激情”来推动，激情如瀑布，是憋屈久了的释放，不是常态。人生应该靠热情推动，如大河奔流。价值观就是人生的万有引力。曾经的“中国烟草大王”褚时健75岁时才开始种橙子，驱动他的是他朴素的价值观——活着，干事；干事，干好。同样，比尔·盖茨隐退微软帝国投身慈善，松下幸之助晚年创立松下政经塾——都是受价值观所驱动。

褚时健是云南红塔集团有限公司和玉溪红塔烟草（集团）有限责任公司原董事长，褚橙品牌的创始人，先后两次成功创业，被誉为“中国烟草大王”“中国橙王”。

1979—1994年，他成功将红塔山打造成中国名牌香烟，使玉溪卷烟厂成为亚洲第一、世界前列的现代化大型烟草企业。1994年，褚时健当选全国“十大改革风云人物”，成为“中国烟草大王”。1999年1月9日，71岁的褚时健因经济问题被判处无期徒刑、剥夺政治权利终身。2001年5月15日，他因为严重的糖尿病获批保外就医，回到家中居住养病，活动范围限制在老家一带。2002年保外就医后，与妻子在玉溪市新平县哀牢山承包荒山种植橙子，开始第二次创业。2004年获假释，后减刑为有期徒刑17年，2008年减刑至有期徒刑12年，最终2011年刑满释放。2012年11月，85岁的褚时健种植的“褚橙”通过电商渠道售卖。“褚橙”品质优良，常上架即被抢购一空，褚时健成为“中国橙王”。2012年褚时健当选云南省民族商会名誉理事长。2014年12月18日，褚时健荣获由人民网主办的第九届人民企业社会责任奖特别致敬人物奖。

感悟：

在职业发展的道路上我们没有必要去羡慕别人，关键是你得到的正好是你想要的；而失去的你并不介意。归根结底，我们想要找的是能够带给我们想要的生活的工作。如果你的工作能够使你得到满足，那么工作就是有意义的、快乐的，反之就是无意义的和乏味的。因此，我们每个人都要在职业生涯中清楚自己的价值观，做职业生涯规划之前，一定要弄清楚你究竟想要的是怎样的生活，认识到个人思想中最根深蒂固的价值，理解工作具有哪些特征才能满足自己的需要。

讨论：

1. 通过价值观活动，你对自己的价值观有什么样的了解和想法？

____

____

2. 你的价值观对你的职业选择和人生会产生什么样的影响？

____

____

第三节 职业胜任能力测评

学习目标

1. 了解自己的个人技能，能够从自己以往的经验中总结出自己擅长的技能，发现自己欠缺的技能，或许还能发现一些曾被忽略的技能

2. 要学会以己之长补己之短，利用自己的优势或通过发展其他能力来弥补自身的不足。了解自己的能力才能对自己更有信心，使自我效能感得到提高

3. 学会使用相关的资源和方法来了解意向职业的技能要求，根据职业的技能要求培养和发展个人技能，明确自己需要发展和培养哪些技能才能胜任心仪的工作

职业能力活动

认识你的能力

活动1：自己眼中的“我”

活动目标：帮助学生了解自己的能力，更多地发现自己的优势。

活动流程：请同学们在横线上按照给定的格式填写相应的内容。给定格式为：

我可以＿＿＿＿＿＿＿＿＿＿＿＿＿＿，因为我有＿＿＿＿＿＿＿＿＿＿＿＿＿＿能力。

我可以＿＿＿＿＿＿＿＿＿＿＿＿＿＿，因为我有＿＿＿＿＿＿＿＿＿＿＿＿＿＿能力。

我可以＿＿＿＿＿＿＿＿＿＿＿＿＿＿，因为我有＿＿＿＿＿＿＿＿＿＿＿＿＿＿能力。

项目说明：在横线上写下自己能做的事情并解释了为什么能够做好这件事情之后，应该说大家对自己的能力都有了一个简单的了解。那么在找工作的时候，我们应该尽量选择自己能力范围所擅长的工作，这样才能发挥自己最大的能量。

活动2：别人眼中的“你”

活动目标：了解自己在别人眼中具备什么样的能力，对自我能力有更为客观的觉察与认识。

活动流程：老师随机点名2位同学，被点名同学相互说出对方擅长的能力或缺乏的能力。交流的时间为1分钟左右。

你可以＿＿＿＿＿＿＿＿＿＿＿＿＿＿，因为你有＿＿＿＿＿＿＿＿＿＿＿＿＿＿能力。

你可以＿＿＿＿＿＿＿＿＿＿＿＿＿＿，因为你有＿＿＿＿＿＿＿＿＿＿＿＿＿＿能力。

你可以＿＿＿＿＿＿＿＿＿＿＿＿＿＿，因为你有＿＿＿＿＿＿＿＿＿＿＿＿＿＿能力。

引导讨论：大家对活动的感受是怎样的？别人对你的了解和你心中的自己一致吗？有没有发现被你忽略的能力呢？

项目说明：别人对自己的评价往往更为客观和公正，同时也是了解自我的一个很好的方式。同学们所说的能力符合你对自己的评价吗？有没有自己以前没有注意到的呢？哪些是你的优势？哪些是你的劣势？只有清晰地了解自己的能力、发现自己能力的不足，才能在未来的学习生活中发挥优势，补足劣势。

你的优势有：______________________________

____

____

你的劣势有：______________________________

____

____

知识链接

一、自我认识 自我欣赏

（一）能力倾向与技能

除了自己的兴趣之外，对人生选择同样具有影响力的就是“能力”了。能力和兴趣是两个截然不同、相互独立的概念，兴趣表明喜欢某事，表达了偏好，而能力表明能做某事，表明是否可以胜任。一般来说，人要顺利完成一件事必须具备某种本领，这种本领就是通常所说的能力。能力是指一个人顺利完成某种活动所必须具备的心理特征。人与人之间存在着能力的类型或水平的差异，这些差异表现在个体能力发展方向的差异、发展早晚的差异等。多数事业有成者都是具有良好能力的人。能力水平影响一个人进行某种职业活动的速度与难易程度，并直接影响工作的成效。

有时，能力不足会令人裹足不前，没有勇气去做自己喜欢的事。例如，你也许喜欢整天坐在电脑前玩游戏，但可能并不具备电脑游戏的程序设计能力，因而无法成为软件工程师；你也可能梦想成为众人羡慕追逐的明星，却遗憾于缺少天赋或没有较好的形象。当你有能力完成一些想做的事时，会对自己更有信心，此时令人困惑的问题经常是你是否具备了喜欢的工作所要求的能力，或者要如何培养自己才能具备所需要的能力。因此，每个人只有努力发现和积极培养自己的能力，才能为自己今后从事的职业活动做好准备。

在现实生活中，能力按照其获得的方式（先天具有与后天培养），可以分为“能力倾向”和“技能”两大类。

“天资”“潜能”和“才能”这几个词经常被用来代表个人在某一知识领域先天具有的

能力或能力倾向。比如，一个人会说自己具有音乐方面的能力倾向。“能力倾向”意味着学习的能力，就好像说“我现在还不具备这项技能，但我有潜力去掌握它”。能力倾向指的是一个人的潜在能力，是上天赋予每个人的特殊才能，它是与生俱来的，不过也有可能因为未被开发而荒废。因此，能力倾向是一种潜能，即其能力的发展前景及未来可能的潜在成就，对此种潜能予以训练后，容易使个人获得某种知识或技能。人的能力是有限的，但可挖掘的潜力却是无限的。心理学研究表明，大多数人一生中只用了十分之一的潜能。如果每个人都能科学地开发出潜能，那么，世界将减少许多碌碌无为的遗恨，而增加更多有所建树的英才。

技能则是经过后天学习和练习培养而形成的能力，如阅读能力、人际交往能力、表达能力等。在个人的成长过程中，从什么都不会的小婴儿到一个能够自理生活的普通成年人，其实我们每个人都学会了无数的技能。

（二）能力与职业适宜性

能力对职业生涯的重要性是不言而喻的，每个人的各种能力的发展是不平衡的，常常是在某些方面比较突出。因此，在职业选择时应主要考虑自己的优势能力，选择最有利于发挥自己优势能力的职业。请参照表2–3和表2–4，找到自己的职业能力类型。

表2–3　职业能力类型与职业适宜性对照表

职业能力类型	特点	适宜的职业类型
操作型职业能力	以操作能力为主，是运用专业知识或经验，掌握特定技术或工艺，并形成相应的职业技能与技巧的能力	打字、驾驶汽车、种植、操纵机床、控制仪表等
艺术型职业能力	以想象力为核心，是运用艺术手段来再现现实生活和塑造某种艺术形象的能力	写作、绘画、演艺、美工等
教育型职业能力	是运用各种教育手段传授知识和思想或组织受教育者进行知识与态度学习的能力	教育、宣传、思想政治工作等
科研型职业能力	以创造性思维为核心，是通过实验研究、社会调查和资料检索等手段进行新的综合、发明与发现的能力	研究、技术革新与发明、理论研究等
服务型职业能力	以敏锐的社会知觉能力和人际关系的协调能力为主，是借助人际交往或直接沟通使顾客获得心理满足的能力	商业、旅游业、服务业等
经营型或管理型职业能力	以决策能力为核心，是能够广泛地获得信息并以此独立地做出应变、决策或形成谋略的能力	经理、厂长等管理领域及各行业负责人
社交型职业能力	以人际关系协调能力为核心，是指深谙人情世故，能够掌握人际吸引规律，善于周旋、协调，且能够使对方通力合作的能力	联络、洽谈、调解、采购等

表2-4　特殊能力与职业适宜性对照表

特殊能力类型	特点	适宜的职业类型
语言表达能力	指对词的理解和使用能力，对词、句子、段落、篇章的理解能力，以及善于清楚而准确地表达自己的观点和向别人介绍信息的能力，包括语言文字的理解能力和口头表达能力	教师、营业员、服务员、护士等
算术能力	指迅速而准确地运算的能力	会计、出纳、统计、建筑师、药剂师等
空间判断能力	指能看懂几何图形、识别物体在空间运动中的联系，解决几何问题的能力	医生、裁缝、电工、木工、无线电修理工、机床工等
形态知觉能力	指对物体或图像的有关细节的知觉能力，如对于图形的明暗、线的宽度和长度做出视觉的区别和比较，能看出其细微的差异	生物学家、建筑师、测量员、制图员、农业技术员、动植物技术员、兽医、药剂师、画家等
事务能力	指对文字或表格式材料细节的知觉能力、发现错字或正确地校对数字的能力	设计人员、出纳、会计、文秘等
动作协调能力	指迅速准确和协调地做出精确的动作及运动反应能力	驾驶员、飞行员、运动员、舞蹈家等
手指灵巧度	指手指迅速准确和谐地操作小物体的能力	外科医生、雕刻家、画家、纺织工等
手腕灵活度	指手灵巧而迅速活动的能力	运动员、舞蹈家、画家等

（三）技能

技能（skill）是指经过学习和练习而培养形成的能力，如表达能力、阅读能力、人际交往能力等。辛迪·梵和理查德·鲍尔斯（Sidney Fine & Richard Bolles）将技能分为3种类型：知识技能、自我管理技能和可迁移技能（通用技能）。

人们往往比较容易想到自己所具有的知识技能，但实际上后两种技能更为重要。后两种技能使人有可能在更广阔的范围内选择职业而不被所学的专业局限。它们对于每个人在竞争中胜出具有关键性的作用，并能够在工作中得以更长久地发展。雇主们对它们的重视程度往往超过了对单纯知识技能的重视。

1. 知识技能

知识技能指那些需要通过教育或者培训才能获得的特别的知识或能力，也就是个人所学的科目、所懂得的知识。它们常常与专业学习或工作内容直接相关，如是否掌握电脑编程等知识。很多大学生因为不喜欢自己所学的专业而找工作时又必须要求“专业对口”而苦恼。事实上，知识技能并非只有通过正式的专业教育才能获得。课外培训、专业会议、讲座、研讨会、资格认证考试等方式都可以帮助个人获得知识技能。

在招聘过程中，专业知识技能绝对不是用人机构所唯一重视的。当前的状况是知识技能的重要性被夸大，这样的后果导致许多大学生投身于各种各样的考证队伍中，以获得一大堆的证书来“充实”自己的简历，但往往忽视了自我管理技能和可迁移技能的培养。在2005年发布的一份名为《应对中国隐现的人才短缺》的报告中，麦肯锡咨询公司指出：“在庞大的（大学）毕业生群体中，极少有人具备从事服务业的必备技能……中国工程类职位的求职者存在的主要缺点是教育体系偏重理论……缺乏参与项目或团队协作的实际经验。实践经验和英语口语水平的欠缺，使求职者中不到10%能够满足跨国公司的要求。”从用人单位对大学生的反馈中可以看出：大学生们通常不乏知识技能，但常常缺少敬业精神、沟通能力等自我管理技能和可迁移技能。因此，大学生在校期间一定要在学好专业知识的基础上，加强对自我管理技能和可迁移技能的培养。

思考：你具备哪些知识技能？

请同学们对下面列举的经历进行分析，要尽可能全面地列出所掌握的知识技能，再从中分别挑出自己感觉比较精通的和在工作中使用或希望使用的知识技能。

◎ 在学校期间学习到的：如汽车检测维修、动漫设计、编程等。

◎ 在兼职或暑假工作中学到的：如文字编辑等。

◎ 从兴趣、爱好中学到的：如绘画、唱歌等。

◎ 通过看电视、听广播、上网阅读等方式学到的：如图片处理等。

◎ 在志愿者工作中学到的：如饲养小动物等。

除了以上技能外，你还具备的其他技能有：

通过盘点、了解了自己现有的知识技能以后，把你的思绪转向未来，想想有哪些技能是你目前还不具备但希望自己拥有的。

你尚不具备但希望拥有的知识技能有：

____

____

2. 自我管理技能

自我管理技能也被称为“适应性技能”，自我管理技能涉及个体在不同的环境下如何管理自己，对于大学生来说，在校期间培养良好的自我管理技能显得尤为重要，包括：是勇于开拓创新还是循规蹈矩，是认真还是敷衍了事，能否在压力下保持镇定，是否对工作有热情，是否有自信等。因为良好的自我管理技能能够帮助个体更好地适应周围的环境、应对工作中出现的问题。自我管理技能是成功所需要的品质、是个人最有价值的资产。

自我管理技能无论是一个人先天具有的还是后天习得的，都需要练习。它们可以从非工作（生活）领域迁移转换到工作领域。也就是说这些技能并不是通过专门的课程学习到的，而是在日常生活中随时随地培养的。

活动：我愿意与 ______________ 的人共事

请列出你愿意与之共事的人的特质，并在小组中进行讨论，看看大家最重视的特质有哪些。

____

____

思考：我是这样的人吗？我的特质符合大家所描述的理想同事吗？我的个性特征会怎样影响我的生涯发展？

____

____

你通常以什么样的态度从事工作或学习？你是怎样与人交往的？与你的同学或朋友相比较，你有何与之不同的特点？根据你对自己的了解，试着写下描述自己的形容词。

____

____

3. 可迁移技能

可迁移技能是指可迁移的通用技能。可迁移技能指的是在某一种环境中获得的，并可以有效地移用到其他不同的环境中去的技能，是个人能够持续运用和最能够依靠的技能。如某人从事保险推销员工作时练就了善于同人们沟通交往的技巧，那么他在担任公司的销售经理时也极有可能用这些技巧去同客户打交道，建立良好的关系。可迁移技能主要靠在日常生活活动中获得并不断得到提升，且在许多领域里都可以得到进一步的完善和增强。

总体上看，可迁移技能具有可迁移性、普遍性和实用性。具体包括：

（1）交流表达能力：通过口头或书面形式以及其他适当形式，准确清晰地表达主体意图，与他人进行双向（或者多项）信息传递，以达到相互了解、沟通和影响的能力。

（2）数学运算能力：运用数学工具获取、采集、理解和运算数字符号信息，以解决实际工作中的问题的能力。

（3）创新能力：在前人发现或者发明的基础上，通过自身努力，创造性地提出新的发现、发明或者改进革新方案的能力。

（4）自我提高能力：在学习和工作中自我归纳、总结，找出自己的强项和弱项，扬长避短，不断加以自我调整改进的能力。

（5）与人合作能力：与他人相互协调配合、互相帮助的能力。包括正确认识自我，尊重与关心别人，能对他人的意见、观点、做法采取正确的态度。

（6）解决问题的能力：在工作中把理想、方案、认识转化为操作或工作过程和行为，并最终解决实际问题、实现工作目标的能力。

（7）组织策划能力：计划、决策、指挥、协调、交往的能力。

（8）信息处理能力：运用计算机处理各种形式的信息资源的能力。

（9）外语应用能力：在工作和交往活动中实际运用外语的能力。

（10）学习能力：善于发现并记录，坚持不懈克服困难、继续学习的能力。

（11）管理能力：包括管理自己、信息、他人和任务的能力。

以上能力对大学生就业和获得自身发展具有重要作用，在校大学生应努力培养良好的可迁移技能。

（四）雇主们重视的技能

据调查报告显示，雇主们通常在大学毕业生身上寻求的、也是使得这些学生有资格担任某一职位的东西包括他们的教育背景、经验和态度的综合素质。有些领域需要专门的知识或证书（如程序设计、汽车维修等），但大部分职业并不要求有什么特殊的知识技能，而需要的是一些更为普遍、一般性的技能和素质（即可迁移技能和自我管理技能）。根据美国“全国大学与雇主协会”（National Association of Colleges and Employers）的调查，美国雇主们最为重视的员工技能和个人品质按顺序排列如下：

（1）沟通能力。

（2）积极主动性。

（3）团队合作精神。

（4）领导能力。

（5）学习成绩。

（6）人际交往能力。

（7）适应能力。

（8）专业技术。

（9）诚实正直。

（10）工作道德。

（11）分析和解决问题的能力。

可以看到，其中的第1、4、6、7、11属于可迁移技能，第2、3、9、10属于自我管理技能，而知识技能排在第5和第8。

美国劳工部及美国生涯咨询和发展协会（National Career Development Association）对雇主进行的另一份调查结果也显示：雇主们非常重视员工的自我管理技能和可迁移技能。具体能力排名如下：

（1）善于学习。

（2）读、写、算的能力。

（3）良好的交流能力，包括听、说能力。

（4）创造性思维和解决问题的能力。

（5）自尊、积极、有奋斗目标。

（6）有个人和事业开拓能力。

（7）交际、谈判能力及团队精神。

（8）良好的组织和领导能力。

事实上，中国雇主所看重的同样是这些能力。许多企业在招聘人才时不仅看重应聘者的学习成绩，更重视其他方面的综合能力，如良好的沟通、表达能力，较强的组织能力及领导能力，尤其是团队精神。

二、根据职业的技能要求培养和发展个人技能

仅仅对自身具备的技能有所了解仍是不够的，我们还需要了解这些技能可以在什么样的职业中得到应用，以及自己心仪的职业在技能方面有什么样的要求，从而掌握探索职业技能的途径和方法。可以通过以下步骤来寻找自己心仪的职业：

思考：

（1）你心仪的职业是：

（2）你心仪的职业的能力要求包括：

（3）目前你所具备的职业能力有：

步骤1. 参考网站

当下有很多不错的招聘网站每天都会发布大量的职位空缺信息，如智联招聘、58同城等专业招聘网站对每一种职业的岗位描述和技能要求都有详细的说明，是很好的参考资源。

浏览某招聘网站后，我所心仪的职业的技能描述包括：

步骤2. 生涯人物访谈

所谓“生涯人物访谈”，就是向实际从事某一职业的人了解该职业的技能要求。通常用这种方法可以比较详细、具体地了解特定职业不为常人所知的要求，可以有效地帮助个人在进入某一行业前做好职业方面的技能准备。例如，可以向毕业的学长学姐了解本专业从事行业的一些现实情况。

我从“生涯人物访谈”所收集到的有关职业技能要求的信息有：

步骤3. 根据职业的技能要求，我要培养和发展的个人技能有：

了解职业的技能要求具有重要的意义，因为技能是多种多样的，技能的发展和培养又需要相当的时间，而人的时间和精力是有限的，在大学生活中要将有限的时间花在什么样的活动上，在很大程度上取决于我们希望达到的职业生涯目标和它所要求的技能。只有当我们明确了目标职业需要何种技能时，我们才能够提早准备，明确自己需要重点发展哪些技能，并通过校内外的各种课程和实践活动来培养这些技能，从而有计划、有针对性地过好大学生活，到求职应聘的时候才能够做到有信心、有实力。对大学生来说，重要的是能够从技能的角度去看待职业和自己，并且在简历和面试中反映出自己与工作相关的技能。可以说，大学时代的学习绝不是局限于书本知识和应试的学习，必须是培养和发展各方面技能的广义的“学习”。

温馨提醒：

在求职中不乏这样的现象：一些大学生以为简历和面试就是拼命地表现自己，会一股脑儿地把自己取得的成绩和有什么样的能力都倒给招聘人员，但实际上你的钢琴是否过了八级可能跟你应聘的销售职位毫无关系。没有重点和针对性的技能表达只能给人以杂乱无章的感受，并且淹没了你真正重要的相关技能。恰当的做法是：在盘点个人技能和充分了解职业对技能要求的基础上进行有针对性的简历写作和面试，做到有的放矢、量体裁衣。钢琴八级的证书应当用在应聘与音乐、艺术相关的职位时；如果是应聘销售岗位，就应当重点强调与销售工作相关的人际交往、沟通、问题解决等技能。一个人的技能可能有很多，但在简历和面试中要表现哪些、详略如何，必须根据具体的职业要求来确定。总之，要让简历和面试成为桥梁，让雇主感受到你的工作技能与职位的技能要求之间紧密配合的相关性。技能是简历和面试所使用的语言，也就是说，在简历上和面试中，你都需要以技能为中心来展现自己、推销自己。需要记住的是，这里所说的“技能”，既要是你所擅长的，又须是职业所要求的。

知识拓展

职业能力与包装孰轻孰重

《伊索寓言》中有这样一则故事：有一天，鸟儿王国开会要选举一位鸟中之王，大家叽叽喳喳地争论不停，都觉得自己可以当鸟王。孔雀站出来说：“我有鸟儿中最美丽的羽毛，应该选我当鸟王。”说着，她将自己的身体展开，果然露出了其他鸟儿没有的漂亮羽毛。麻雀附和着说：“没错，只有孔雀有这么漂亮的羽毛，我们就选孔雀当鸟王吧！”这时，鹦鹉反对说：“如果让孔雀当鸟王，当有敌人来攻击我们时，她根本没有能力保护我们啊，那怎么能行呢？我们应该选一个面临危机时能保护我们的鸟做鸟王才对！”其他鸟儿都同意鹦鹉的说法，于是大家选举了鹰做鸟中之王。

感悟：

在现实生活中，有的人能画出美丽的图画，有的人能奏出动听的曲子，有的人能驾驶汽车在公路上驰骋，有的人能激扬文字、文采飞扬……这些技能都是他们赖以生存的本领，要想找到一个好的职业，人们必须具备相应的能力，这样才能人尽其才。绝大多数用人企业看重应聘者的是包括心理素质、知识面、技能、协调能力及吃苦精神等在内的整体素质。一条锁链，最脆弱的一环决定其强度；一只木桶，最短的一片决定其容量；一个人的素质特别是内在素质，最差的一面决定其发展。因此，对于一个合格的职业者而言，最重要的是掌握真才实学，在提高内在素质上下功夫，切勿舍本逐末，把心思花到金玉其外的“包装”上。

讨论：

1. 我最重要的5项自我管理技能：

2. 我最重要的5项可迁移技能：

3. 我最重要的5项专业技能：

小节活动

找准职业定位——事业人生双赢

通过本节的学习，我们已经对职业定位做好了充足的准备，我们已经明确知道了自己的兴趣和价值观，找到了内在我的需求；我们已经发现了自己的知识、技能和天赋，理清了外在我的能力。现在，我们唯一要做的就是找到自己喜欢做、擅长做和环境允许做的事情的最佳结合点。

一、任务目标

1. 找到内在我、外在我和环境的最佳结合点，明确职业定位
2. 学会生涯决策

二、任务实施

学生：对内在我、外在我、环境我进行梳理，填写职业定位分析表（表2-5）。

表2-5　职业定位分析表

内在我（喜欢做）	外在我（擅长做）	环境我（允许做）
兴趣类型： ____________ ____________ 价值观（最看重）： ____________ ____________	知识：____________ ____________ 技能：____________ ____________ 天赋：____________ ____________	适合职业领域所属的行业、产业及专业发展前景： ____________ ____________ 期望企业类型： ____________
适合职业领域： ____________	适合职业领域： ____________	适合职业领域： ____________
我的职业定位： ____________		

（1）以小组为单位，讨论各自的职业定位分析表，并给对方提出建议或意见。

建议要点：①对知识、技能和天赋的概括是否准确？

②表2-5对环境的分析是否准确、全面？你可否提供更多的相关信息？

③表2-5总结的职业领域是否恰当？如果不恰当，你的建议是：

（2）根据小组意见，修改自己的职业定位分析表。

①我收到的建议或意见是：

②我是否接纳？理由是：

③我最终的职业定位是：

模块三　交出你的第一份职业规划书

人生的道路虽然漫长，但紧要处常常只有几步，特别是当人年轻的时候。没有一个人的生活道路是笔直的，没有岔道的。有些岔道口，譬如政治上的岔道口，事业上的岔道口，个人生活上的岔道口，你走错一步，可以影响人生的一个时期，也可以影响一生。

——柳青《人生》

学习目标

1. 了解职业生涯决策的相关概念，发现自我职业决策风格
2. 了解职业决策的基本方法，并能运用方法做出决策
3. 掌握职业规划书的基本写作内容和要求，交出第一份职业规划书

大学生的困惑与迷茫

小涵从一所高职院校计算机专业毕业后工作3年多了，一直勤勤恳恳的她在工作上却没有很大突破。她一直在困惑：为什么身边的同事个个都在工作中游刃有余，好像每天都很有劲头，工作能力和职位一路“高歌猛进”，而同样认真工作了3年多的她，却是每天无精打采的状态、拿着微薄的收入？

在学校里的时候，小涵也算是个积极的学生，学校里的活动她也都积极参加，还经常进行社会实践，主动地接触社会、融入社会。毕业后，她与几个同班同学一同进入一家高科技公司做技术工作，周围的同事都是来自各个名牌高校的理工科高材生。这样的工作环境比较沉闷，小涵平时在学校里积累的活动经验根本用不到。而且，每天机械地对着电脑开发程序，对她来说这种环境比较沉闷，越往后越没有长进。非但如此，这两年有大批的本科生、硕士生加入公司。新人学习快、干劲足，他们的技术慢慢地赶上或者超过了自己；老员工也有不少跳槽去了更有发展的公司寻求更有挑战的工作。而自己在公司3年多来非但技术上没有大的突破，能力上也没怎么提高，3年的工作激情也在实验室枯燥的环境中慢慢消磨殆尽。

小涵知道自己其实并不喜欢技术工作，也不喜欢实验室的工作环境，可是工作已经3年

了，难道还要转行？自己今后的发展路线在哪里？适合往哪条路线发展？可以往哪条路线发展？

点评：同学们，当你读完小涵的故事，你有何感想？会不会觉得这是未来的自己呢？你是否想过多年之后的你也会面临相同的处境呢？如果不想将来面临这样的处境，我们现在应该做点什么呢？我们都懂这样一个道理：未来决定于现在。我们想要未来怎样，今天就需要做出相应的努力，否则理想的未来不可能掌握在自己的手中。那我们如何让今天的努力成为未来职业生涯的储备？如何做出更好的理性决策？带着这两个问题，在本章的学习中，我们将帮助你了解职业决策，教会你职业决策的基本方法，并让你尝试制作一份属于自己的职业规划书，这样你对现实的自己、未来的职业就会有更加深入的了解，将会助你做出更好的职业规划，描绘出属于自己的理想蓝图。

第一节　你的职业决策风格

学习目标

1. 掌握职业决策的概念
2. 掌握职业决策的类型
3. 了解职业决策的原则

生涯活动

我的个人决策风格

请回想当时高考或者中职报考志愿或选择专业时的情景，按以下内容给予描述：当时的目标或者情景、面临的选择、选择的过程、最后做出的选择。想一想，面对其他生活中的决策时，你通常会采用什么样的决策模式？后果如何？

我当时的目标是____________________；

我面临的选择有____________________；

由于考虑到____________________，

最后我的选择是____________________。

面对生活中的决策时，我采用的决策模式是____________________，

结果是____________________。

知识链接

一、职业决策概述

1. 决策的概念

广义的决策就是做出决定，是指人们为实现一定的目标所作的行为设计及其抉择。

狭义的决策是指社会组织在管理活动中所做的决定，是社会组织为实现一定的目标或解决面临的问题制定行动方案并加以优化选择的过程。

我们需要清醒地认识到，决策活动不能被理解成决策者拍板做决定的片刻行为，而是一个动态的行为过程，是基于已有知识和水平形成的一种判断。

2. 职业决策的内涵

管理的核心是决策，职业生涯管理的核心也是决策。职业决策也有广义、狭义之分，广义的职业决策把职业决策看成一个完整的过程。决策者对职业的确定要经过提出问题、搜集资料、确定目标、拟订方案、分析评价、最后选定等一系列环节。在方案选定之后，还要检查和监督它的执行情况，以便发现偏差并加以纠正。狭义的职业决策把决策理解为广义决策过程中的一个环节，即从几个职业备选方案中选择一个“确定的环节”。

事实上，职业决策是一个复杂的认知过程，通过此过程，决策者需要组织有关自我和职业环境的信息，仔细考虑各种可供选择的职业前景，做出职业行为的公开承诺。在此期间，个人必须在多项选择之间权衡利弊，以达成价值实现最大化。

3. 职业决策的基本内容

在做职业决策时，我们需要考虑很多方面的因素，在自身方面，个人能力、兴趣、价值观、心理需求、社会地位、满足自己的生活形态，以及自己的健康、工作环境、工作发展前景、工作内容是否有变化等一系列因素都是要考虑的内容。当然，在做职业决策的时候也要考虑一些外部因素，如家人支持、社会地位、经济收入、社会资源、是否适合目前的处境、择偶及建立家庭、与家人相处时间以及未来该职业能提供的培训机会、个人才能的发挥等都应列在考虑之中。

总之，为使职业决策更为简便可行，避免决策过程中因过分纠结而产生心理矛盾，通常，职业决策的内容主要包括以下几个方面：

（1）选择何种行业。

（2）选择行业中哪一种工作。

（3）选择所使用的策略，以获得某一特定的工作。

（4）从数个工作机会中选择其一。

（5）选择工作地点。

（6）选择生涯目标或升迁目标。

以上六方面是我们通常在做职业决策时需要考虑的基本内容，至于其中的哪一方面会成为我们考虑时的关键因素，就要看我们的职业风格了。

二、职业决策的风格

美国职业生涯专家斯科特（Scott）和布鲁斯（Bruce）指出，决策风格是在后天的学习经验中逐渐形成的，他们将决策风格划分为5种类型：理智型、直觉型、依赖型、回避型和自发型（图3-1）。

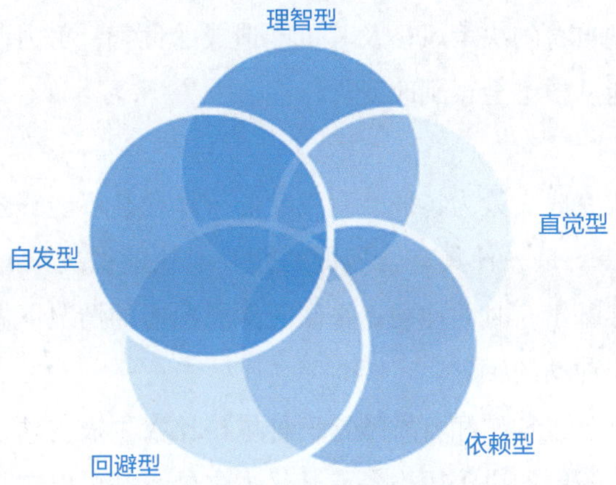

图 3-1　职业决策的五种风格

1. 理智型

这一决策风格以周全的探求，对选择的逻辑性评估为特征。理智型的决策者具备深思熟虑、分析、逻辑的特性，这类决策者会评估决策的长期效用并以事实为基础做出决策。理智型决策风格是比较受推崇的决策方式，它强调综合全面的收集信息、理智的思考和冷静的分析判断，是具有其他决策风格的个体需要培养的一种良好的思考习惯。但理智型的决策风格也并不是理想的、完美的决策方式，因为即使采用了系统的、逻辑的方式，决策者也会出现因为害怕承担决策后果而不能整合自己和他人重要观点的困扰。

2. 直觉型

这种决策风格以依赖直觉和感觉为特征，比较关注内心的感受。直觉型的决策风格以自我判断为导向，在信息有限时能够快速做出决策。当发现错误时能迅速改变决策。由于以个人直觉而不是理性分析为基础，这类决策发生错误的可能性较大，因此易造成决策的不确定性，外界容易丧失对直觉型决策者的信心。

3. 依赖型

这种风格以寻求他人的指导和建议为特征。依赖型的决策者往往不能够承担自己做决策的责任，允许他人参与决策并共同分享决策成果，有时会受到他人的正面评价，但也可能因为简单地模仿他人的行为导致负面的反应。依赖型的决策者需要理解生活中重要的人对自己的影响程度，而不能过度依赖他人。

4. 回避型

此类型以试图回避做出决策为特征。回避型的决策风格是一种拖延、不果断的方式。面对决策问题会产生焦虑的决策者往往因为害怕做出错误决策而采取这样的反应。这往往是由于决策者不能够承担做决策的责任，而倾向于不考虑未来的方向、不去做准备、不知道自己的目标也不思考，更不寻求帮助。这样的决策者很容易受到忽略。所以，有这些习惯的决策者需要意识到自身的决策风格及其可能造成的危害，努力调整，增强职业生涯规划的意识和动机，才能从根本上得到改变。

5. 自发型

以渴望即刻、尽快完成决策为特征。自发型的个体往往不能够容忍决策的不确定性以及由此带来的焦虑情绪，是一种具有强烈即时性并对快速做决策的过程有兴趣的决策风格。自发型决策者常会基于一时的冲动，在缺乏深思熟虑的情况下做出决策，此类决策者通常会给人果断或过于冲动的感觉。

总的说来，理智型、直觉型和自发型这三种风格比较积极主动，而依赖型和回避型则比较消极被动。当然，不同的决策风格各有其优劣之处，都可以在某种程度上满足决策者的需要，重要的是识别出自身的决策风格并有针对性地进行调整。

课堂测验：桃园摘桃

下面是一个小测验，来测试下你是哪种决策风格吧。

测验开始：

路边有一片桃园，假如你可以进入桃园摘桃子，但只许前进不许后退，只能摘一次，要摘一个最大的，你会怎么做？

A. 对视野内的桃子进行比较，形成一个大概的标准，再根据这个标准选择最大的桃子。

B. “我感觉这个大！就摘这个了。”

C. “先去问问看桃园的人，让他告诉我什么样的桃最大！”（或者问旁边的人什么样的最大）

D. “先别管了，走到最后再说吧。”

E. 稍微比较后迅速摘一个。

结果说明：

A是理智型。强调综合全面地收集信息、理智地思考和冷静地判断分析。

B是直觉型。以自我判断为导向，在信息有限时能够快速做出决策，发现错误时能迅速改变决策。

C是依赖型。倾向采用他人建议与支援，往往不能承担自己做决策的责任。

D是回避型。拖延、不果断，倾向于不考虑未来的方向，不知道自己的目标，不思考，也不寻求帮助。

E是自发型。不能容忍决策的不确定性以及由此带来的焦虑情绪，具有强烈的即时性，对快速做决策的过程有兴趣。

从以上的小测验，我们可以快速了解到自己属于哪一种决策风格，在学习和生活中，我们有必要针对自己的风格进行适当的调整，通过学习积累提升自己的判断能力和决策能力，使自己做出的决策更加理想。

三、职业决策的基本原则

在生活中，我们经常做出各种决策，不管做出什么样的决策，始终需要遵循决策的一些基本原则，如掌握一定的信息、遵循客观规律、树立系统的观念、借助外脑发挥集体智慧、富有远见和预见性、遵守法律法规等。

对大学生来说，职业决策是在人生关键时期的一项重要选择。在做出职业决策时，我们通常要遵循以下几项基本原则（图3-2）。

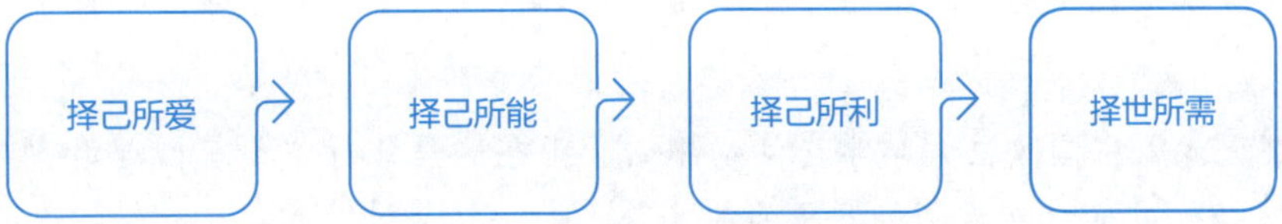

图 3-2　职业生涯决策的基本原则

1. 择己所爱

兴趣是最好的老师，兴趣是成功之母。多项大学生就业调查表明，兴趣与成功的概率有着明显的正相关性。从事一项你所喜欢的工作，你可能就会主动投入很多的时间和精力去研究，在工作的过程中也会给自身带来一种强烈的职业价值感，从而对职业有更多的发展期待，形成一种长远的职业。因此，择己所爱成为众多大学生职业决策时遵循的首要原则。

2. 择己所能

任何职业都要求从业者具备一定的职业技能，具有较强的专业知识和特长，尤其是对于我们高职院校的学生来说，过硬的技术本领是未来职业决策的重要考虑因素。因此，在做职业决策的时候，一定要清晰地认识到自己的个性特点和能力特征，寻找到与自身职业技能和性格特征相匹配的职业，最终找到适合自己的理想职业。

3. 择己所利

职业是个人生存发展的基本手段，通过职业发展寻求到更多的幸福和快乐成为众多求职者的价值追求。那么，我们做出职业决策的时候如何才能达到自己的预期效益呢？明智的做法是在由收入、社会地位、成就感和工作付出等变量组成的函数中寻找到一个最大值，或者说得到一个最大的平衡点，从而实现自己期待的职业所带来的利益。

4. 择世所需

社会处于不断变化发展中，随着互联网时代的到来，一些传统的职业逐步被淘汰，一些新型的职业正在不断生长，在选择职业时要考虑社会的需求与未来社会发展的趋势，主动顺应社会的发展需求，选择一些具有较好发展前景的行业和职业。因此，在做出职业决策时，需要主动搜集各方面的信息，既要提升自己的职业竞争力，也要关注社会发展的大势，使自己职业梦想价值的实现融入祖国社会发展的大潮中，在为国家和社会的发展做出积极贡献的过程中，更好地实现个人的职业发展和自身价值。

知识拓展

习近平总书记：青年要立志做大事，不要立志做大官

2017年5月3日，五四青年节前一天，中共中央总书记、国家主席、中央军委主席习近平来到中国政法大学昌平校区考察。这是十八大以来，习总书记在五四青年节前夕又一次走进高校。

习总书记步入中国政法大学学生活动中心，正在这里举行“不忘初心跟党走”主题团日活动的同学们以热烈掌声欢迎总书记的到来。习总书记说：“如何发挥共青团的积极作用是新的时代课题，要与时俱进、积极探索。你们正在做这样的探索，我为你们的主题团日活动点赞。”习总书记在中国政法大学民商经济法学院本科二年级2班团支部主题团日活动上，对大家树立远大的志向表示肯定。他说，立志是一切开始的前提，青年要立志做大事，不要立志做大官。

“立志做大事”是习近平总书记对青年的殷切期望。实际上，早在2011年5月9日，时任中共中央政治局常委、中央书记处书记、国家副主席的习近平在贵州考察期间就专门来到贵州大学，鼓励青年“立志做大事”。在贵州大学，习近平鼓励大学生：“不要立志做大官，而要立志做大事。梅花香自苦寒来，宝剑锋自磨砺出，大学生们不要怕吃苦、回避吃苦，而要找苦吃，这样才能得到全面的锻炼。希望大学生们积极到基层去，到国家最需

要的地方去成长成才，报效祖国。在报效祖国、服务人民的过程中，实现自己的人生价值。希望大学生们自强不息，做中华民族的脊梁。”

思考：

作为当代青年大学生的你，会做出什么样的职业决策呢？

1．你报考大学时选择哪所大学、选择什么专业是否由自己决定，为什么？

2．当不知如何做出决定时，你知道找谁寻求帮助，是吗？

3．你了解自己属于哪种决策风格，知道应如何做出调整，是吗？

4．你不会在一件事情上过于纠结，因为你相信自己的决策能力，是吗？

第二节 个人SWOT分析

学习目标

1. 熟悉职业决策的步骤
2. 掌握职业决策的基本方法及其应用
3. 了解职业决策评估的基本内容

生涯活动

请列出你曾经做过的生涯决策（如选择的专业）；谁曾经帮助你或者提供一些建议来帮助你做决策？你采取了什么样的决策行动？

知识链接

一、职业决策的步骤

职业决策发生在人生的重要转折点处，是人们根据自身的特点与社会需要而做出合理的职业方向的选择。职业决策是一个复杂的过程，它涉及个人的兴趣、性格、价值观、能力及家庭、社会环境等因素，而未来不确定的因素又太多。生涯规划不只是为了让我们找到职业方向，更重要的是让我们学会决策的技能与方法，成为生涯问题的解决者及决策者，在未来的人生旅途中克服困难，自信地迈向成功。

在我们做职业决策时，需要清醒地认识到职业决策是一个动态的过程，在这个过程中需要遵循一定的步骤，才有利于做出更为明智的决策。

一般来说，职业决策有以下步骤：

（1）探索。即根据自己的专业知识、社会经验和自身具备的各种能力，收集自己比较感兴趣的有关职业信息。

（2）成形。就是在搜集到的基础信息上进行具体的定向，主要考虑所确定的职业生涯方向的价值、目的和能够获得的价值回报等因素。

（3）分析。对每一项可选择的内容进行初步的分析、考虑，初步选择确定具体的职业目标。

（4）决定。在初步选择的基础上，从多方面、多角度进行自我质疑，也就是进行各方面因素的权衡，最终确定好具体的职业目标。

（5）职业尝试。经过以上的各环节后，我们对自己想从事的职业有了初步的判断，对心中的肯定选择做出实际行动，开始自己的职业尝试，走上工作岗位。

（6）坚定或调整。对于任何一个职业尝试，在经历过一段职业实践之后，我们会做出初步的判断，如果我们所选择的职业目标是正确的，那就坚定地走下去，在职业发展中进行摸索，争取获得更大的成就；然而，如果所选择的职业目标是部分不正确或完全错误的，自己感觉选择已经错误了或者完全不符合自己的职业期待，就应适时地进行调整，重新选择更为合适的职业目标。

（7）总结提高。任何一次职业决策，无论当初我们考虑得多全面，或者认为多理想，只有在经过实践证明之后才能得到检验。因此，不管之前的职业尝试成功与否，我们都要不断地进行自我总结，积累职场经验智慧，丰富精彩人生。

二、职业决策的基本方法及应用

（一）5W提问法

1. 职业决策中的5W

5个W分别指：

（1）Who are you？你是谁？

（2）What do you want？你想做什么？

（3）What can you do？你能做什么？

（4）What can support you？环境支持你做什么？

（5）What can you be in the end？你最终的目标是什么？

以上5个W涵盖了目标、定位、条件、距离、计划等诸多方面，在职业决策中，只要我们把握以上几个关键点并对其加以细化和精心设计，使自身因素和社会条件达到最大限度的契合，对实施过程加以控制，并能够在现实生活中趋利避害，就能使职业生涯规划更有实际意义。

2. 5W职业决策方法的应用

在思考和回答5W时，最重要的转换角色就是把“你”变成“我”，分别回答以问题：

（1）我是谁？要回答这个问题，必须对自己进行一次深刻的反思，把自己的优点和缺点一一列出来，从而形成一个比较清醒的、全面的自我认识。

（2）我想做什么？这个问题要求我们对自己的职业发展心理趋向进行检查。每个人在不同阶段的兴趣和目标并不完全一致，有时甚至是完全对立的。但随着年龄和经历的增长，个人的兴趣和目标会逐渐固定下来，并最终形成自己的终生理想。

（3）我能做什么？个人职业的定位最终以自己的能力为根本基础，而其职业发展空间的大小取决于自己的潜力。因此，必须对自己的能力与潜力进行全面总结。对自身潜力的了解可以从以下方面着手，如个人兴趣、毅力、遇事的判断力与决断力，以及知识结构是否全面、是否及时更新等。

（4）环境支持或允许我做什么？环境对于职业选择的重要影响包括两个方面：一是客观方面，如经济发展、人事政策、企业制度、职业空间等；二是人为主观方面，如家庭支持、朋友关系、同事关系、领导态度、亲戚关系等。对于涉世未深的大学生来说，人脉资源对职业规划有很大的影响；同时，职业发展也很容易受家人、朋友等人的态度影响。

（5）我的最终生涯目标是什么？明晰了前面4个问题，就能从各个方面找到对己有利的和不利的条件，那么，对于第5个问题自然就有了一个清楚明了的方向，从而发现不利条件最少的、自己想做而且又有希望实现的最终生涯目标。

（二）SWOT分析法

小调查：你有几个“不知道”？

（1）不知道自己能干什么。

（2）不知道自己想干什么。

（3）不知道自己适合干什么。

（4）不知道社会需要什么样的人。

（5）不了解自己所学专业的发展状况。

（6）不了解到哪里找工作。

（7）不知道现在该做些什么。

（8）不知是否应该深造、择业、创业。

如果以上问题你有3个“不知道”，做SWOT分析就非常必要了。

1. SWOT分析法

SWOT这4个英文字母分别代表：优势（Strength）、劣势（Weakness）、机会（Opportunity）、威胁（Threat）。所谓SWOT分析，即态势分析，就是将与研究对象密切相关的各种主要内部优势、劣势、机会和威胁等，通过调查列举出来，并依照矩阵形式排列，然后用系统分析的思想，把各种因素相互匹配起来加以分析，从中得出一系列相应的结论，这种结论通常带有一定的决策性。

运用这种方法，可以对研究对象所处的情境进行全面、系统、准确的研究，从而根据研究结果制定相应的发展战略、计划以及对策等。SWOT分析法常常被用于制定发展战略和分析竞争对手情况，在战略分析中是常用的方法之一。

2. SWOT分析法的应用

在做职业决策时运用SWOT分析方法，可以遵循以下4个步骤：

（1）评估自己的长处和短处。每个人都有自己独特的技能、天赋和能力。请参照表3-1，列出自己喜欢做的事情和长处所在（如果觉得界定自己的长处比较困难，也可以先找一些测试习题做一做，做完之后就可以发现自己的长处所在了）。同样，通过列表，可以找出自己不是很喜欢做的事情和弱势。找出短处与发现长处同等重要，因为我们可以基于自己的长处和短处做两种选择：一是努力去改正自己常犯的错误，提高技能；二是放弃那些对自己不擅长的技能要求很高的职业。列出你认为自己所具备的很重要的强项和对你的职业选择会产生影响的弱势，然后标出那些你认为对你很重要的强、弱势。

（2）找出职业中的机会和威胁。我们知道不同的行业（包括这些行业里不同的公司）面临着不同的外部机会和威胁，所以，找出这些外界因素将助力我们成功地找到一份适合自己的工作，对求职来说是非常重要的，因为这些机会和威胁会影响你的第一份工作和今后的职业发展。请列出你感兴趣的一两个行业，然后认真地评估这些行业所面临的机会和威胁。

（3）提纲式地列出今后5年内的职业目标。仔细地对自己做一个SWOT分析评估，列出你从学校毕业后5年内最想实现的4～5个职业目标。这些目标可以包括：你想从事哪一种职业，你将管理多少人，或者你希望自己拿到的薪水级别。此时很重要的一条就是你必须竭尽所能地发挥出自己的优势，使之与行业提供的工作机会完满匹配。

（4）提纲式地列出一份今后5年的职业行动计划。这一步涉及具体的内容，需要列出一份实现上述第三步列出的每一个目标的行动计划，并且详细地说明为了实现每个目标你要做的每一件事，以及何时完成这些事。如果你觉得需要一些外界帮助，还需要说明你需要何种帮助和如何获取这种帮助。

生涯行动：表3-1为某大学生做的自我SWOT分析，请参照下表列出你的SWOT分析图。

表3-1　大学生职业生涯决策SWOT分析

优势S：可利用的内在积极因素		劣势W：可以努力改善的内在消极因素
内部因素	教育背景（丰富的专业知识和技能）	学习成绩一般、专业与工作不对口
	实践经验（重要的实习工作经历）	缺乏工作经验、工作经历单薄等
	特定的综合素质能力（沟通能力、团队合作、领导能力等）	对自我和挫折的认识不足、沟通协调能力不突出等
	人格特质（自律性强、适应能力强、抗压能力强、创造性强等）	性格较为内敛、有点情绪化、容易冲动等

续表

	机会O：可利用的外在积极因素	威胁T：可以使其弱化的外部消极因素
外部因素	就业机会的增加	就业机会的减少
	继续教育提升的机会增加	具有丰富技能、经验、知识的竞争者
	专业领域急需人才或专业发展带来的机会	本专业发展前景不乐观
	自我认识不断提高，具有更强的核心职业竞争能力	缺少培训、再学习造成的职业发展障碍
	地理位置的优势	行业带来的职位薪酬不高

（三）平衡单法

面临重大决定时，如果能客观地评估各种状况，那么将来再后悔的可能性就会减少。下面一起看看一种可以权衡轻重的妙方，即平衡单法，它可以帮助你在做决定时更理性、更正确。

采用平衡单法，可以参照以下步骤：

第一步：列出面临需要选择的问题时你所考虑的因素。

第二步：把你需要选择的项目填入平衡单的选择项目中。

第三步：对你所考虑因素的重要性进行赋值（即重要性加权值），赋值越大，说明你越重视那个因素。

第四步：打分。根据每个选择方案中的要素进行打分，要素越有优势，得分越高，计分范围是1～10分。

第五步：算分。将每一项的得分乘以权数，得到加权后的得分或失分。

第六步：统计总得分。将每一个选择方案下面那一列中加权后的得分（括号里的分数）相加，得到每一个选择方案的总得分。

第七步：比较两种选择方案的得分情况，得分越高的选择方案更适合你。

以下为某大学生根据决策平衡单做出的职业决策，请参照以下步骤，尝试用平衡单法做出就业决策。

生涯实践：

小夏读大学三年级，会计专业。她个性外向、活泼、能力强、自主性高。面临毕业，父母希望她能考公务员，将来的生活比较安定；男朋友希望她可以专转本，和自己志同道合；而她自己很渴望能出国丰富人生阅历。考公务员、国内专转本、出国留学三条道路各有利弊，但鱼与熊掌不可兼得，这导致她内心很矛盾。

在老师的指导和帮助下，她采用平衡单法帮助自己做决策，具体步骤如下。

1. 列出希望所做的选择能够满足的条件

（1）适合自己的能力。

（2）适合自己的兴趣。

（3）符合自己的价值观。

（4）满足自己的自尊心。

（5）较高的社会地位。

（6）带给家人声望。

（7）符合自己理想的生活形态。

（8）优厚的经济报酬。

（9）足够的社会资源。

（10）适合个人目前处境。

（11）有利择偶以建立家庭。

（12）未来有发展性。

充分收集信息，对各选项做定性分析，包括主观和客观方面，将具体分析结果填入表3-2中。

表3-2　职业决策目标的优劣势分析

考虑方向	考公务员	专转本	出国留学
优点	满意的工作收入	不会和国内产业发展脱节	圆一个国外留学的梦
	铁饭碗	能建立与师长、同学、朋友的人际关系网	增长见识、丰富人生
	工作稳定轻松，工作压力较小	较高文凭	英文能力提高、旅游
	一劳永逸	日后工作升迁较容易	训练独立、激发潜力
缺点	铁饭碗也会生锈，容易产生厌倦	课业压力大	课业压力大
	不易升迁	没有收入	语言、文化较不适应
	不容易转行，无法想象自己会一辈子当公务员	未来就业的竞争	花费较大（一年可能需要几十万元）
	不符合自己的个性		挑战较高、没有收入
其他	爸妈支持	男朋友的期望	工作两年会有一定积蓄，但不是很够，自己还是想到国外走走

2. 根据情况给每个选项打分，每项最高分为10分（表3-3）

表3-3 职业决策目标的分值分布

考虑选择因素（加权范围1～5倍）	第一方案（考公务员）		第二方案（专转本）		第三方案（出国留学）	
	分数	加权	分数	加权	分数	加权
1. 适合自己的能力	3		5		4	
2. 适合自己的兴趣	3		4		7	
3. 符合自己的价值观	3		5		6	
4. 满足自己的自尊心	5		5		7	
5. 较高的社会地位	6		6		7	
6. 带给家人声望	6		6		6	
7. 符合理想的生活形态	3		5		6	
8. 优厚的经济报酬	6		3		2	
9. 足够的社会资源	5		6		3	
10. 适合个人目前处境	5		7		3	
11. 有利择偶以建立家庭	7		7		4	
12. 未来有发展性	4		7		5	
合计	56		66		60	

3. 决定加权系数，计算加权后得分（表3-4）

表3-4 职业决策目标的最终分值

考虑选择因素（加权系数1～5）	第一方案（考公务员）		第二方案（专转本）		第三方案（出国留学）	
	分数	加权后得分	分数	加权后得分	分数	加权后得分
1. 适合自己的能力×5	3	15	5	25	4	20
2. 适合自己的兴趣×2	3	6	4	8	7	14
3. 符合自己的价值观×4	3	12	5	20	6	24
4. 满足自己的自尊心×2	5	10	5	10	7	14
5. 较高的社会地位×3	6	18	6	18	7	21
6. 带给家人声望×2	6	12	6	12	6	12
7. 符合理想的生活形态×5	3	15	5	25	6	30

续表

考虑选择因素（加权系数1～5）	第一方案（考公务员）		第二方案（专转本）		第三方案（出国留学）	
	分数	加权后得分	分数	加权后得分	分数	加权后得分
8. 优厚的经济报酬×3	6	18	3	9	2	6
9. 足够的社会资源×2	5	10	6	12	3	6
10. 适合个人目前处境×5	5	25	7	35	3	15
11. 有利择偶以建立家庭×4	7	28	7	28	4	16
12. 未来有发展性×3	4	12	7	21	5	15
合计	56	181	66	223	60	193

4. 比较每一种方案的综合得分，做出职业决策

方案一最终得分：181分；方案二最终得分：223分；方案三最终得分：193分。根据平衡单，小夏同学做出了生涯决定——专转本，此决定就是用生涯抉择平衡单所做出的综合效用最大化的决定。

我们在做每一个选择的时候要目的性明确，并且理智地进行。喜欢的东西不一定适合，适合我们的选择才会让我们比较得心应手，我们喜欢的选择会让我们充满动力，要根据自己最在意的因素进行考量。当我们遇到两难选择的问题时可以使用平衡单法去解决，决策方法的应用范围可以延伸到我们的实际生活中。

三、职业决策的评估

对于每一个人而言，要想取得事业发展上的成功，需要采用正确的决策方法对自己的职业进行评价。评价就是对于职业决策的各个结果价值进行“评估”，“PLACE”通常是指用来梳理决策内容的参考评估指标：

（1）P：指职位或职务（Position），包括该职位的经常性任务、所需要担负的责任、工作层次等。

（2）L：指工作地点（Location），包括地理位置、环境状况、城市或乡村、室内或户外、工作地点的变化、安全性等。

（3）A：指升迁状况（Advancement），包括工作的升迁通道、升迁速度、工作稳定性、工作保障等。

（4）C：指雇用情形（Condition of Employment），包括薪水、福利、进修机会、工作时间、休假情形及特殊雇用规定等。

（5）E：指雇用条件（Entry Requirements），包括被雇用者所需要的教育程度、证书、训练、经验、能力、人格特征等条件。

在整个职业生涯决策的实施过程中，一般人感到最困难的是不知如何评估不同选择方案。在评价一个人的职业时，大多数人可能会考虑公司名声、工作地点、薪酬水平、个人岗位的适应性、工作强度、岗位发展机会（横向），以及收入水平和其他福利等。考虑这些并没有错，但仅仅考虑这些是不够的。在参照以上评估标准后，我们还需要记住以下4点：

第一，一个好的职业决策应当将工作的可发展性放在首位。

职业经理人明白，个人职业的发展性并不单纯只依靠自己的能力，它还与以下内容高度相关，如：行业前景、行业地位、公司性质、部门在公司中的地位、岗位的可发展性、公司盈利水平等。因为一个正在发展上升期的行业、一个从行业排名第20进入行业前3的公司、一个业务增加迅速的部门，对于人才的态度会更加积极，同时会毫不吝啬地提供大量发展的机会。这些行业、公司、部门更有可能提供快速发展的平台和新的工作挑战、建立新的部门、委任新的职位、增加新的项目、开拓新的市场。只要你具备相应的能力水平，你就会在较短的时期内从其中获得在其他公司3、5年都未必能争取到的机会。如果你是新人，绝不要浪费这些宝贵的发展机会，积累工作经验，以及发现自己的潜力。即便你没有打算在一家公司工作一辈子或者10年以上，仍需要有更长远的眼光。因为在任何时候，机会都是被懂得争取的人发现的。

第二，一个好的职业决策应当强化你已经被证明的才干并拓展新的能力范围。

职业生涯发展好比攀登一个网格梯子，而不是爬山。这两者最大的区别是：当你要爬另一座山的时候，你必须首先要从现在这座山峰的顶端撤退下来，直到回到山脚底部，然后你才能从另一座的山脚开始重新慢慢往上爬。而职业生涯并不需要你这么做，事实上如果你每次都回到底部，那么你再次登上顶端的速度就比别人慢了许多。最好的方法是在你向上攀登的时候就为自己搭建很多横向的通道，从这些通道中你可以很容易转移到另一条向上的道路上去。这些横向的通道就是你上一份工作中得到发展的技能和经验。因此，善加利用你已经被证明的才干，并从这里再次出发，努力攀登另一条向上的道路才是正确的做法。

第三，一个好的职业决策应当将尽量减少你的职业损耗。

任何职业转换都会带来损耗，最主要的包括人脉资源的损耗、客户合作资源的损耗、工作经验的损耗等。通常进入一个公司后，从适应工作环境、了解工作内容到掌握工作技巧、能够产出良好稳定的工作绩效都需要一定时间。因此在选择更换工作的时候要考虑这些资本被损耗的程度是如何的，以保证你可以较快证明你是胜任这份工作的。如行业的转换会涉及人脉资源和客户合作方面的损耗，岗位的转换也会涉及工作经验的损耗。如果一个人同时在两个方面进行改变，则需要谨慎考虑这份工作。

第四，谨慎做出职业决策，时时需要对工作选择进行综合衡量。

带有远见地看待工作，就不会犯低级的错误。如果一份工作无论从工作内容、职责要求、岗位技能还是部门团队人数等各方面都不能超越你的上一份工作，那么不要仅仅因为收入高了30%而去选择这家公司。因为这份工作不能为你增加更高的横向通道，因此，在这家公司工作几年后，你的价值并没有得到提高，你还是停留在原来的位置上，再出发时起点并没有更高。因此，在选择工作转换时，需要对行业发展、企业文化、岗位职责以及自身职责发展的目标等方面做全面的分析，在经过科学的评估和理性的思考之后再做出最终的决定，才能合理地利用自己的专业知识和技能优势，为将来的职业发展和薪资提升获取空间。

知识拓展

职业决策应该怎样做?

对于职场中的人来说，谁都想要钱多事少离家近的工作，如果不行，起码要做得开心吧。但事实是，一份工作往往是好的因素与坏的因素并肩而行：它可能薪水丰厚，但晋升空间小，还有个讨人厌的上司；它可能能让你快速成长，但要忍受无休止的加班和失去生活与工作的平衡；它可能是现阶段的好选择，但你不喜欢，你有自己想做的事。

我们一天24小时中至少有8小时是花在工作上的。工作已经不仅仅是经济来源，它还决定了我们生活的幸福度和未来的人生状态。可以说，20多岁的你选择了怎样的工作，决定了40多岁的你过着怎样的生活。

很多时候，选择比努力更重要。

什么是合适的工作早就不是钱所能定义的了。

哪怕是进入了心心念念的名企，你以为这就是既有发展潜力、又能满足薪资要求、自己又喜欢的工作，很可能进去之后因为能力达不到要求导致挫败感，又或者自己所认为的喜欢并非是可持续的，久而久之失去了刚开始的新鲜感，又开始怀疑起人生的方向。

无论你是初出社会在迷茫职业方向，还是已经工作了一段时间想要切换跑道，你都应该先考量以下几点：我是否清楚自己喜欢什么、擅长什么？对我而言，从工作中获取什么是最重要的？我所擅长的是否能为公司提供相应的价值，从而获取我想要的回报？

你喜欢的并且工作所能提供给你的，是你为一份工作持续投入激情的关键因素；你所擅长并且公司认可的，决定了你在工作中的发展空间和市场为你提供的机会大小。就好像找对象，女神、男神虽然是终极梦想，但要把日子过好，还是要找适合你同时你也适合他（她）的对象，才能一起成长、不断进步。

思考：

1．当你的学习生活中有一项重要决策时，你通常会采取哪些决策步骤？

2．你是否静下心来问过自己，对于职业决策的5W，自己会给出怎样的答案？

3．在选择你的第一份工作时，你要进行怎样的SWOT 分析？

4．试想一下，毕业后你会有怎样的决策？继续深造、工作或考公务员，你要怎样做出自己的选择呢？试着用SWOT分析等职业决策方法进行考量和决策。

第三节　撰写职业生涯规划书

生涯目标

1. 熟悉职业生涯规划书的基本内容
2. 掌握职业生涯规划书撰写的基本要求
3. 尝试写出自己的第一份职业生涯规划书

生涯活动

表3-5为某大学生列出的不同年级的职业规划重点和主要任务，思考并列出你在大学不同阶段的职业规划重点和主要任务，写下自己的理想规划。

表3-5　大学不同学习阶段的职业规划和学习任务

学习阶段	规划重点	主要任务
一年级	明确大学三年的专业目标和职业发展方向，科学制定生活、学习和职业发展规划	实现角色转变，思考大学与人生的关系；对自己的专业方向、职业需求进行深入了解和认识；制定学习和职业发展规划的步骤及实施计划；根据计划有目的、主动地学习知识、培养能力
二年级	进行职业定位和职业体验，积累职业人应该具备的基本职业素质和技能	制定清晰的职业方向，使学习更有目标、有动力；进行职业体验，深入了解职业。通过学习、实践等多种形式的职业体验，进一步分析和了解该职业所要求的职业技能和职业素质；进一步修订和完善之前的职业规划目标，有针对性地进行专业知识的补充和职业技能的培养和训练
三年级	深入实习、强化和提升职业核心竞争能力，准备择业面试，尽快实现职业化和社会化的转变	深入学习，通过有目的的毕业前实习，逐步完成由校园到社会的过渡，实现由学校人到职业人的过渡，优化、完善、提升职业的核心竞争能力；认真做好求职的准备，设计好自己的求职简历和求职信等，做好面试及笔试的各种准备，办理好离校前的各种手续

知识链接

一、职业生涯规划书的基本内容

职业生涯规划书是对职业生涯规划的书面化呈现，不仅能呈现学生个人的宏观职业生涯规划，还能对具体的学习和工作起到指导和鞭策的作用。一般来说，职业生涯规划书的基本内容就是职业生涯规划的基本步骤，分为自我认知、职业认知、职业定位、计划实施、评估与调整，具体内容及要点如表3–6所示。

表3–6 职业规划书的基本内容

基本内容	要点
自我认知	个人基本情况（专业、年级、年龄、家庭背景、教育背景） 职业兴趣（兴趣爱好有哪些？哪些能与职业相结合？） 职业能力（具备哪些专业知识和能力？本行还是改行？） 职业价值观（福利待遇和未来发展哪个优先？就业还是创业？就业去哪儿？创业和谁一起创业，在哪儿创业？） 职业性格（性格适合什么职业？性格中的优缺点有哪些？）
职业认知	行业前景（选择哪个行业？行业未来的发展前景怎样？） 职业前景（职业的薪资待遇、职业的替代性怎样？未来5年、10年后职业发展目标能否得到实现？）
职业定位	运用职业决策方法5W法、SWOT分析法、平衡单法等方法做出职业决策（决策中应充分考虑个人自身情况、家庭环境、学校专业背景、行业发展前景、职业目标实现等多方面的因素，运用科学的方法做出决策）
计划实施	针对目前所处的学习年级阶段，如何为职业规划做好准备工作？ 毕业时的选择（如何创造条件实现自己的职业目标？） 毕业后短期规划（毕业后1～3年的职业发展目标及措施） 毕业后中长期规划（毕业后1～3年，3～5年的职业发展目标及措施和行动计划）
评估与调整	分析职业实施过程中可能会遇到的职业实施阻碍，针对可能发生的情况，计划采取的措施有哪些？如何消除阻碍？ 如果重新选定职业目标，如何做好备选方案？列出备选方案选择的考虑因素以及可能的职业目标及其实现途径

二、职业生涯规划书撰写的基本要求

1. 重点突出

语言朴实简练，用词精练准确，行文流畅，条理清楚，这是规划书最基本的写作要求。撰写时应密切注意整体的逻辑层次和重点所在，必须紧紧围绕职业目标这条主线来展开，体现文章论述的逻辑性和连贯性。规划只有建立在对自我和职业充分认知的基础上才能体现出它的科学性和可行性。

2. 目标适中

撰写职业生涯规划书应围绕职业目标来展开，职业目标的设定不能过于理想化。职业生涯规划书撰写是否成功，很大程度上取决于职业目标是否正确适当、是否切实可行、是否符合自己的职业价值追求。

3. 论证有据

职业目标的相关支持材料要有理有据，分析要深入。要充分分析外部环境来确定自己的职业方向，达到“知彼”；要了解有关的测评理论及知识，认真审视并思考自己的测评报告并对照自我认知与测评结果的差异，分析原因，从而确定自我评估的结果，达到知己知彼的目标。

4. 措施具体

在校学习阶段对职业生涯规划的准备工作应描述具体，如何达成自己的职业目标要有可行性，这些目标的分析要有科学性和逻辑性，具体的行动方案要有针对性，最好能展示出已经或正在采取的措施有哪些、取得了哪些效果、未来将要采取的措施和达成的目标有哪些，都要清晰明了、合理可行。

5. 资料翔实

通过动态、静态的各种方式获取资料（尽可能注明资料的出处），并尽可能运用图表和数据来说明问题，格式清晰、图文并茂，提高资料来源的可信度和说服力。同时要注意资料的真实性，尽量采用官方或权威机构的数据或分析图表，采用为大众所知晓的理论来支持自己的观点，以增加整个方案的可接受度。

三、职业生涯规划书的撰写步骤

在现今人才竞争十分激烈的时代，职业生涯规划开始成为职业竞争中的一项重要利器。对每个人而言，职业生命都是有限的，如果不进行有效的规划，势必造成生命和时间的浪费。作为当代大学生，若是带着一脸茫然地踏入这个拥挤的社会，怎能满足社会的需要，使自己占有一席之地呢？因此，大学生一定要尝试提前做好职业生涯规划，有了目标，才会有为之奋斗的动力。

1. 封面设计

职业规划书首先要有一个封面，封面上可以简单列出自己的个人信息。当然，也可以挑选美观的图片作为封面或者直接亮出你的职业梦想，使规划书的封面看起来不至于单调（图3-3）。

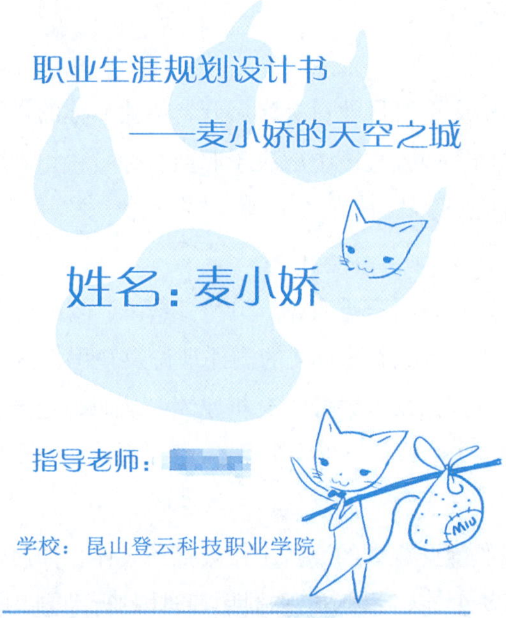

图 3-3　麦小娇的职业生涯规划设计书封面

2. 目录设置

目录是职业规划书正文前所必备的内容大纲，反映规划顺序、指导阅读、检索步骤等，目录可以按自己的风格来做，也可以比较传统。最重要的是醒目、有条例、一目了然。目录设置可以参照职业生涯规划书的5项基本内容，也可以根据自己的特点增加想要体现的内容（图3-4）。

3. 自我认知

在进行职业生涯规划时，自我分析主要是在依据心理学的测评系统对自己的心理素质、人格特征等进行测评的基础上，结合自己的兴趣爱好以及以往的经历等加以综合评价，给自己“画像”，以更加客观地了解自己的性格、爱好等特点。所谓“知己知彼，百战不殆”，自我认知就是“知己”的过程。

通常可以通过对表3-7中的问题予以回答，并结合人才测评以及各种分析方法，对自己进行全方位、多角度的分析。

❤目录❤

前言 ······························ 04

一、麦小娇的自画像 ······················ 05

1. 麦小娇的曾经 ························ 05
2. 麦小娇的个性 ························ 06
3. 麦小娇的兴趣 ························ 08
4. 麦小娇的好人缘 ······················ 10
5. 麦小娇的坚持 ························ 10
6. 麦小娇的价值观测评报告 ·············· 11

二、麦小娇的环境分析 ···················· 12

1. 家庭环境分析 ························ 12
2. 学校环境分析 ························ 13
3. 地域因素分析 ························ 13
4. 社会环境分析 ························ 14

三、麦小娇堡主胜任能力测评 ·············· 15

1. 职业能力报告 ························ 15
2. 职业胜任能力测评报告 ················ 16
3. 职业生涯人物访谈 ···················· 20
4. 360°评价 ···························· 22

四、麦小娇城堡蓝图 ······················ 22

1. 堡主的生涯目标 ······················ 22
2. 为什么确立房产销售和建筑创意设计目标 ······ 23
3. 堡主生涯目标的SWOT ················· 25

五、麦小娇的城堡建设计划 ················ 25

1. 麦小娇的城堡规划 ···················· 25
2. 麦小娇的目标人物 ···················· 27
3. 麦小娇的理想阶梯 ···················· 29

六、麦小娇的评估与调整 ·················· 30

1. 评估的内容 ·························· 30
2. 评估的时间 ·························· 31

七、麦小娇的天空之城 ···················· 31

图 3-4　以“麦小娇”为例设计的职业生涯规划书目录

表3-7　自我认知分析表

职业兴趣——喜欢干什么？		
职业能力——能够干什么？		
个人特质——适合干什么？		
职业价值观——最看重什么？		
胜任能力——优劣势是什么？		
个人经历	教育经历	
	社会实践经历	
	培训经历	

4. 职业认知分析

在做职业生涯规划时，首先应弄清楚自己要的是什么、要提前做哪些准备工作以及会受到哪些因素的影响。在进行职业分析之前，先要对行业前景和职业前景进行分析，决定选择哪个行业，了解行业未来的发展前景，了解拟选择职业的前景状况、职业的薪资待遇、职业的替代性，未来的职业发展目标能否得到实现等，这些都是进行职业分析时需要考虑的问题点。

表3–8 职业认知分析表

行业发展前景怎样？	
职业发展前景怎样？	
职业目前薪资待遇怎样？	
职业胜任具备的条件有哪些？	
专业知识背景的匹配度怎样？（学校特色、专业知识、实践经验等）	
家庭环境是否支持该选择？（父母的工作期待、工作地点要求、未来定居地点等）	
个人未来发展是否支持该选择？	

如果能根据表3–8，在做职业决策时把表中的问题清楚地想一遍，或通过查找相关资料对行业或职业有一定的了解，我们做出的选择将会是比较合理的，对未来发展也将更加有利。

5. 职业定位

在职业定位中，可以在对自身和行业有了一定的了解的基础上运用SWOT分析法，分析自己的优、劣势，或利用平衡单法计算出每项职业选择的得分，最终选出适合自己的职业。某学生职业定位的SWOT分析如表3–9所示。

6. 计划实施

在对职业进行定位后，接下来就要制定职业目标并将目标转化为实际行动，制订切实可行的行动计划是规划书的关键。如何将职业发展目标进行分解并制定出清晰的发展路径，根据职业发展路径采取一定的策略和措施，是职业规划成功与否的关键。再好的计划最终都要落实在行动中，可参照表3–10。

表3-9　某学生职业定位的SWOT分析表

·优势 1．测试结果匹配职业：管理型、社会型、艺术型职业能力较高；2．交友广泛并且支持我创业；3．国家出台很多鼓励大学生创业的政策；4．家庭的资助	内部环境因素	·劣势 1．没有从事企业工作的经验；2．说话太过直率、对他人言行较敏感；3．兴趣太过广泛
·机遇 1．苏州地区优秀人才聚集，对房地产刚性需求较大；2．在学校从事兼职，人力资源丰富；3．对建筑和房地产有着专业知识和兴趣	外部环境因素	·挑战 1．成立自己的建筑创意设计公司需要很大的资金；2．创业竞争激烈；3．创立该公司需要更加专业的培训和知识、技术指导

7．评估调整

在职业规划实施的过程中，任何完美的计划都赶不上现实的变化。我们需要做好十足的准备，并在准备的过程中锻炼发现问题、思考和解决实际问题的能力。随着社会发展的变化，任何计划在实施的过程中都避免不了出现一些问题，需要对之前的职业生涯目标进行评估或调整，以适应不断变化的职业发展需求。

职业评估与调整在一定程度上就是原有的职业目标不符合现实或者不符合自己当初的职业期待，需要制定备选方案，或在目前的基础上进行适当的调整。

表3-10 某同学职业计划实施分解表

计划名称	短期计划（大二）	短后期计划（大二、大三）	中期计划（大三、大四）	中后期计划（继续学习3年）	长期计划（毕业后5年）
时间跨度	2013—2014	2014—2015	2015—2016	2016—2018	2018—2023
目标	1. 在学校从事礼仪各方面的兼职； 2. 考证； 3. 转入苏州或南京本科某学院	重点：考入本科某学院 1. 兼职； 2. 英语六级； 3. 参加房地产和建筑设计知识的培训	重点：成为实习生 1. 有自己信任的合作伙伴； 2. 拿到学位； 3. 法语	重点：一边工作一边求学 1. 成为领导，培养自己欣赏的员工； 2. 和朋友合开咖啡店或奶茶店，积累资金	重点：更上一层楼 1. 建立自己员工的集体伙伴团队； 2. 成立自己的建筑创意设计公司
计划内容	上学期：学习普通话，争取考取证件；考取相关专业证书；计算机四级考证；为转本做准备 下学期：通过英语四级；转入苏州或南京某学院；找专业人士请教	1. 完成各科考试、兼职、熟悉校园，继续发展； 2.熟悉各个老师、专业；专修预算和建筑技术设计，以及营销； 3. 寻求公司实习机会；找工作；英语六级	1. 找到合适的企业做实习生或兼职； 2. 适应职场并获得一定业绩，得到上级认可； 3. 获取培训、认可、岗位提升，从事房地产工作，寻找建筑设计专业人士	1. 成为公司的领导人物，继续不断地学习； 2. 寻找可以合作的有共同目标的人员或老板进行商谈，进行请教，最终达成共识。偶尔自己接预算的生意； 3. 在固定的休息时间里，和朋友合开一家有自己特色的咖啡店或奶茶店	1. 结婚，对房地产和建筑设计、技术等知识日趋熟练； 2. 开始尝试和企业合作、注册公司、和合作人及各个商业老板签订协议，拥有自己的人脉； 3. 有长期投资商和合作伙伴，并开始运营公司
策略与措施	1. 和同学老师处好关系； 2. 积极、勤奋、虚心请教； 3. 有时间兼职，做到学习工作两不误； 4. 偶尔地放松自己，及时地调整自己的状态，适当地休息，补充更大的能量	1. 熟悉专科学院所在的区域； 2. 参加学校的各项活动，组织一些有意义的活动； 3. 建立自己的人际关系网； 4. 安排好自己的休息时间，旅游或者做其他让自己放松的事情； 5. 考取证书	1. 平日有时间多去图书馆查阅有关资料； 2. 虚心向各位人士请教； 3. 提升自己的各项能力，丰富自己的知识； 4. 多四处走走，增长自己的生活阅历； 5. 考取证书	1.不断挖掘自己的潜能； 2.考取证书； 3.与同事建立良好的关系，并发掘自己欣赏的人； 4.与好朋友规划所开的咖啡店，制定出一个可行的方案，然后实施	1. 取得“注册公司”； 2. 和家人在一起，多陪伴他们； 3. 不断地发掘其他同行有能力的人士； 4. 朝国外出发，寻找对公司有利的资源以及和家人旅游
备注	学习规划	学习规划	职业生涯规划重点，稳定性策划		

8. 结束语

通常，在职业生涯规划正文部分完成后，我们会谈及自己对未来职业的憧憬，会想到自己在职业实践过程中虽然可能会遇到各种困难，但仍将坚定信心、接受挑战，为未来的职业发展做好充分的准备，这样才是打开未来职业生涯的正确方式。

四、职业生涯实践

请参照以上职业生涯规划书的撰写步骤，撰写一份彰显你自身特色的职业生涯规划书，内容细节可做适当的增减。职业生涯规划书必须满足以下要求：

（1）明确标识个人的基本信息。

（2）目录清晰，各部分之间逻辑清晰。

（3）主体部分需体现个人认知、职业认知、职业定位、职业实施计划、职业评估调整等基本内容。

（4）职业规划书中必须有明确的职业目标以及朝目标努力的对策。

（5）运用SWOT分析、平衡单分析等方法做出职业决策。

（6）职业生涯规划书字数在3 000字以上，版面清晰整洁，内容充实。

知识拓展

硅谷职业生存大法：保持好奇、拥抱未知

不论是处在职业生涯早期还是已经成为一名创业老手，有一个问题对职场人士而言是不可避免的：如何规划自己的职业生涯？前Facebook产品工程师跳槽加入Airbnb，同时担任Wogrammer的联合创始人，Zainab Ghadiyali的职业生涯不可谓不精彩。在一次独家专访中，她分享了自己丰富多彩、迂回曲折的职业故事，并提出了自己关于职业规划的独到见解。

可以说，Zainab Ghadiyali的科技之路与传统一词丝毫不沾边。她曾担任Facebook工程队伍的领头人，目前担任Airbnb的产品主管，副业是Wogrammer的联合创始人。她走向硅谷的道路满是斜坡，这一点更加引人注目，也从侧面勾勒了她非凡事业的版图。

她的职业生涯由一个接一个的惊人转变组成。19岁时，Ghadiyali口袋里揣着107美元，离开家乡孟买，到南卡罗来纳州的一所小学院学习化学。在校期间，她还协助了在柏林进行的中国针灸和替代医学研究。接着，她在一家公共卫生非营利机构工作，去了秘鲁和尼加拉瓜一些最偏远的地方，后来一次偶然的机会让她在Facebook接受了一次工程面试。“直到25岁，我才知道硅谷的存在”，她说。“在我所有的人生经历中，我都渴望

学习。”Ghadiyali没有按照规定的职业方向去做，而是听从了好奇心的召唤。这是一种精神，直到今天，这种精神仍然帮助她最大限度地实现个人成长，开创不同于传统的个人职业生涯。

在这次专访中，Ghadiyali讲述了她独特的职业生涯的转变，也识别出了一些在任何角色中脱颖而出所需要的关键技能。她就如何在各个方向上发展事业提出了自己的建议，分享了在每个关键时刻要问自己的问题，并就如何让支持者始终围绕你提出了策略。她的见解以及丰富多彩的、迂回曲折的故事对处于职业生涯任何阶段的创业者都具有启发性。总而言之，Ghadiyali的故事证明了一个道理：一份由好奇心驱动的职业可能是所有职业中最有价值的。

以下是她如何打造个人职业生涯的建议：

1. 在每一个十字路口都要保持好奇心

在Ghadiyali还小的时候，科技产业似乎在另一个遥不可及的世界。“我在印度的一个中产阶级家庭长大”，她说，“我的父母没有能够从大学毕业，所以他们非常支持我的教育。”在孟买图书馆的书架深处，Ghadiyali仔细研读各种自传，被那些与她所处的环境截然不同的名人的生活深深吸引。

在这些自传中，Ghadiyali发现了一条亘古不变的指导原则，那就是好奇心。这条原则在她的余生之中一直驱动她前行。她说：“书籍灌输了我对探索那个与我截然不同的世界的渴望。”

尽管许多人在童年时期也受到过类似的书籍启发，但随着制定职业决策的压力越来越大，他们往往很难保持好奇心。下面是Ghadiyali用来不断保持创造力的策略：

2. 利用创造性的心态来克服不确定性，而非反应性

把好奇心放在驾驶员的座位上，不可避免地会充满不确定性，但是Ghadiyali很早就学会了拥抱未知。她说：“人们总是对我说，‘你真勇敢，带着100美元在一个陌生的国家上大学。’但勇敢也需要恐惧，我并不害怕；我对这种可能性感到兴奋。”她借鉴了Bob Anderson领导圈子研究的一个框架，区分了看待不确定性的两种截然不同的方式：创造性思维和反应性思维。

“反应性思维是由恐惧驱动的。当你想到一个问题，你把它看作是一个威胁，然后对它做出反应。这会让你陷入焦虑的漩涡，你会把注意力集中在你不能做某事的所有原因上”，Ghadiyali说，“相比之下，创造性思维是由可能性驱动的。不要为一个问题烦恼，你要强调的是什么是可能的。创造性的思维方式激发好奇心和激情，从而带来行动。”

为了从反应性的心态转变为创造性的心态，Ghadiyali首先设定了一个目标。她说：“例如，如果我知道自己即将进入一个困难的境地或对话，我会提醒自己想要的结果。毕竟，如果你专注于一个积极的结果，你就会含蓄地承认这是可能的。然后，你就可以开始

集思广益，找到实现最终目标的方法，而不是仅仅担心和恐惧。”

3. 把职业生涯想象成一幅画，而不是一架梯子

Ghadiyali发现，当她放弃“职业阶梯”的概念时，她更容易接受自己的好奇心。这一传统观念意味着，一个职业应该被认为是线性的，沿着一条狭窄的轨道整齐地前进。但这种比喻导致人们对职业成长的关注相当有限。事实上，机会无处不在。

例如，当她开始她的职业生涯时，Ghadiyali没有直截了当地沿着一条职业道路前进。大学期间，她曾在柏林学习替代医学，并考虑成为一名医生，但在医学院的学费面前她退缩了。她是在2009年经济衰退最严重的时候毕业的，当时的环境进一步限制了她的选择。她说：“我在网上申请了200多个职位，但都被拒绝了。”Ghadiyali没有明确的下一个梯级，她从不同的方向出发，以另一种方式专注于她对医疗保健的兴趣。她离开美国，为非营利性公共卫生组织“国际儿童医疗救助基金会”工作。在工作期间，她去了印度和南美的许多偏远村庄。将近一年之后，她决定回美国读研，学习健康经济学。

从表面上看，Ghadiyali的举动似乎是一系列的失误，让她偏离了最终走向科技的道路。但通过将兴奋和好奇心作为一条贯穿始终的主线，她发现了明显不稳定的转变之间的联系。这就是为什么Ghadiyali鼓励人们把他们的职业看作是一件艺术品。

她说：“当你从远处看一幅画时，你看到的是一幅更大、更连贯的画面。但当你走近画布时，你会发现，事实上，有数百种不同的笔触构成了这幅画。”

4. 不断向自己提问，促进全方位成长

放弃职业阶梯的决定开启了追求其他在传统层面被忽视的、更广阔的增长领域的可能性。更重要的是，它给了你定义自己的成功和成长的自由。进入研究生院后，Ghadiyali开始重新考虑她的职业目标。“我突然想到，虽然我喜欢学习这门学科，但我对从事健康经济学职业并不感到兴奋。我需要改变方向”，她说。

“我知道，我想让我的下一个角色成为我有激情去学习的东西”，她说，“在职业的每一个十字路口，我都会问自己同样两个高层次的问题：‘接下来我最想学什么？我想达到的下一个学习水平是什么？这两个问题帮助我在研究生院以及此后的每一个关键时刻做出决定。”

这种严格的、有指导的思考使Ghadiyali能够决定她研究生毕业后的下一个方向。她说：“我想起了一个过去令我着迷的问题。当我在非营利部门工作时，我亲眼看到了社区在公共卫生方面的重要性——特别是在线社交网络，以及它们在传播卫生信息或连接服务不足地区的个人方面所产生的强大影响。我想，‘我们如何才能利用社交网络最大限度地促进医疗和公共健康事业发展？’”她表示：“那是我第一次意识到，我可以在科技行业发挥自己的影响力，而这个行业正是创建这些平台的地方。”

探究问题不仅仅是为了在一个不同的行业设定方向。它们对构成职业生涯的所有微观

决策都很有用，无论是换团队的时候，还是完全转向一个新功能的时候。即便是现在，在考虑科技行业的新角色和新公司时，Ghadiyali也会提出3个有针对性的问题来评估自己的下一步行动：

一是在目前的岗位上，我的成长是否达到了最大化？

虽然追随好奇心去做另一个角色是有价值的，但过早跳槽也有危险。花点时间停下来，确保你已经从当前的角色中吸收了所有你能吸收的东西。

二是我的下一个机会是否符合我的价值观？

为了开始寻找新的机会，Ghadiyali建议明确写下优先事项，以便系统地做出决定。她说："我创建了一个电子表格，把所有的选项都排成行，然后在列中列出对我来说重要的因素。我通常会列出成长潜力、财务稳定、工作地点、优秀的经理和创造力的空间等这些因素，然后给每个因素打分，最后把哪个机会产生的最高点值加起来。这样，我就能确保我根据对我来说最重要的价值观来评估我的选择。"

三是我是想横向扩张，还是想潜得更深？

当Ghadiyali对自己作为Facebook的技术领导者感到满意时，她必须做出决定：她是想继续积累专业知识，还是尝试横向移动？Ghadiyali说："我认为，即使你想深入研究，你也必须学习一些水平技能。我注意到的一件事是，人们可能会因为缺乏专业领域之外的技能而停滞不前。"

以下是帮助她将好奇心转化为行动的要点：

跳上火车，抓住机会。对于Ghadiyali来说，将兴趣转化为角色或职业需要仔细发现机会，然后加以利用。根据她的经验，她提供了以下几点建议：

放大你的优点。当你准备面试时，不要因为你的弱点而气馁。相反，你应该专注于如何用你的优势来弥补它们。

减少他们的风险。有时候明确地指出你的缺点是有好处的，尤其是当你的申请机会很小的时候。

在准备好之前起跳，但是要做好赶上的准备。在获得工程实习机会后，Ghadiyali进入了Facebook。但她很快发现，尽管敢于冒险令人钦佩，但真正的挑战是坚持到底。Ghadiyali说："尽管我已经做好了最大的准备，但我真的不知道在硅谷当软件工程师意味着什么。"在Facebook的前几周，她感到不知所措。"我甚至不知道Python是什么，这简直是一场灾难。"

她沮丧地强忍住泪水，告诉经理她想放弃。令她吃惊的是，他拦住了她。她说："他告诉我不要再担心自己的不足，不要拿自己和经验丰富的人比较。他的支持和对现实的审视对我来说意义重大。每个人都说鼓起勇气去冒险是最难的部分，但是这项工作才刚刚开始。"在和经理谈话之后，Ghadiyali开始工作。

投入更多的时间并不是你唯一能做的事情。如果你刚刚跳上正在一辆开动的火车，Ghadiyali为你提出了一些建议：一是认清自己的优缺点。二是不要故步自封。三是接受反馈。

对于非传统道路上无畏的先驱者来说，并不总是有现成的目标或机构指南来支持你。

随着Ghadiyali事业的发展，她积累了一套技能。下面让我们来仔细看看日常生活中让她保持敏捷、不断适应和进步的超级力量：

培养说服别人的能力——这是一种不断给予的技能。

Ghadiyali从Facebook的工程师转行到Airbnb的产品主管，她注意到这曲折的职业生涯还为她带来了一个意想不到的好处：随着时间的推移，她积累了丰富的可转移的软技能。

她说："无论是在研究医学、建立一个国际非营利组织，还是在硅谷编程，分析和解决问题的能力都是最重要的技能。像展示你的工作和与团队良好合作的能力这样的技能能帮助你脱颖而出。"

为满足需求而招聘，全面审视求职者技能，不单靠履历。

现在，Ghadiyali自己也是一名招聘经理，她从坐在桌子的另一边获得了新的见解。在她的职业生涯中，她雇用了十几名员工，在她所经历的每一个过程中，她都提倡更全面地审视求职者的技能。

"当我招聘的时候，我忽略了诸如'3～5年的工作经验'之类的资历。这对我不起作用。相反，我定义了对每个角色来说最重要的3件事。例如，在一些团队中，说服的能力更重要。对于其他人，我可能会考虑跨职能支持或技术能力。"

为了界定和辨别求职者对这份工作的"饥饿感"，她提出了以下3个问题：①你愿意了解更多关于这个问题的信息吗？②你喜欢什么？③你上一次学习新东西是在什么时候？

与"建设者"为伍，而非"破坏者"。

Ghadiyali也很快注意到，好奇心驱动的道路在很大程度上是由一路上支持你的人铺成的。为了提醒自己，她引用了Mary Lou Jepsen的话："这个世界上有两种人——一种人建造沙堡，另一种人捣毁沙堡。我试着让自己周围的人都是建设者，而不是破坏者。"

为了找出你生活中的建设者，Ghadiyali建议关注自己的情绪。"建设者"会让你在谈话后对解决问题感到兴奋，他们会为你的成长投资。

当你在职业生涯中不可避免地遇到污点时，Ghadiyali说："不要让最初的震惊带你偏离轨道。随着时间的推移，我学会了忽视反对者，专注于实现自己的目标。"

在排除消极因素的同时，让自己与盟友为伴，对于那些选择非传统职业道路的人来说，这是一个特别有效的建议。

"毫无疑问，技术正在改变工作的性质"，Ghadiyali说，"我鼓励职场上的每一个人，从职业生涯早期到创业老手，保持对工作性质变化的适应能力。无论是辅助项目、与非营利组织合作，还是在公司内部做一些事情，做一些能让你发展软技能的事情”，她说，“未来更有价值的工作将需要高水平的创造性解决问题的能力、同理心、沟通和影响力。这些品质是我们在很长一段时间内无法成功训练计算机做到的。这些品质将使你成为珍珠，无论你去哪里都将发光发亮，脱颖而出，而且永远如此。”

就业指导篇

模块四 亮出你的“身份证”

> 人之为学，不可自小，又不可自大。
>
> ——顾炎武

求职目标

1. 了解搜集就业信息的途径及原则
2. 了解毕业生求职前需要掌握的知识和能力
3. 掌握个人简历的撰写及面试技巧

大学生的困惑与迷茫

刘星，男，19岁，2017级汽车维修专业的一名学生。他来自江苏，是一位不折不扣的理工男。除了学习，其他任何事情在他眼中都没意义。

转眼，两年多的时间过去了，马上面临继续学业还是就业的问题，他开始变得困惑、迷茫了，不知接下来的路怎么走才会顺利。因家庭经济受限，他不得不面临就业的问题。于是，他开始走上了四处求职的道路。

在这条路上，刘星四处碰壁，因为对于就业信息的途径不了解，导致信息不畅通，让自己的求职道路变得很狭窄。而在好不容易接触到的招聘会中，他做的个人求职简历和面试过程中的表现都存在一定的问题，导致一直未找到适合自己的工作。

王红，女，20岁，2016级会计信息管理专业的一名学生。她来自四川农村，因高考成绩不理想，被山东一所职业院校录取。

进入高校后，她一直想着父母对她的嘱托：一定要好好学习，等毕业了找个好工作，不要像爸妈一样，一辈子没文化，只能这样。在大学期间，她除了学业上认真刻苦，也积极参与了院系、班级组织的各项活动。到了大三即将毕业时，她对自己的求职方向有些迷茫和困惑，每当想起父母说的“找个好工作”就会思考到底怎样的工作才是好工作，而这好工作又如何去找呢？对她而言，都是需要解开的谜团。

在校即将毕业的你们是否也和刘星、王红一样？同学们，自从你们踏入校园那刻起，绝大多数人都是奔着毕业后想找一份好工作的目标来的。但在毕业前，我们需要提前规划、思考并付诸行动，只有这样，我们才能到达理想的彼岸。

从以上情形中，可以发现拥有一张信息清晰的“就业信息身份证”显得尤为重要，希望每位同学都能有一张属于自己的“就业信息身份证”（图4–1）。下面，就让我们一起来开启制作个人专属的“就业信息身份证”之旅。

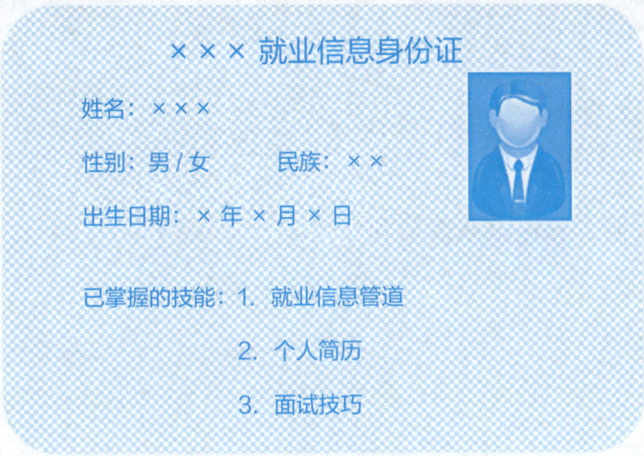

图 4–1 “就业信息身份证”模板

第一节 就业信息管道

学习目标

1. 了解就业前的知识准备
2. 明确收集就业信息的重要性，学会全面收集就业信息

求职活动

制作个人专属“就业信息身份证”

1. 确定活动目标

（1）通过查找资料、现场走访，初步思考你的求职途径有哪些？如何完成？

（2）选择其中一种你觉得最有效的途径，填写表4–1的《招聘信息收集记录表》。

表4-1 招聘信息收集记录表

排序	招聘单位名称	招聘条件	工作地点	信息来源	记录时间

（3）通过整合资源，开拓求职途径和方法。

①家庭关系：

②学校学习的经历：

③个人社会关系：

将学生6～10人分为一组，小组讨论，找出个人成长过程中可利用的就业信息获取资源。再从软环境和硬环境两个角度进行分析，并根据个人情况确定哪些是适合自己的资源、哪些是已经具备条件的资源、哪些是需要开拓的资源。对于即将开拓的资源，也可列出可能的开拓途径和方法。教师通过求职成功率的对比，总结资源对个人成长的重要作用，阐述资源是可以开拓和发展的，要有发现、利用和整合资源的意识。

2. 总结

通过对以上的任务完成，毕业生可以了解目前用人单位的需要，能初步了解自己目前的状况与就业信息间存在的差距，为自己接下来的求职提供初步的方向。

知识链接

一、就业前的知识准备

（一）不同职业对知识的共性要求

1. 扎实的基础知识

基础知识是知识结构的根基。虽然近年来科技发展迅猛、知识更新速度加快，但更新的绝不是基础知识，因为基础知识是知识更新的原动力。随着科技和经济的高速发展，社会的产业、行业、职业结构调整的速度必然加快，毕业生在选择职业时很难做到从一而终，职业岗位随时变动的状况不可避免。

2. 熟练的专业技术知识

专业技术知识是知识结构的核心部分，也是科技人才知识结构的特色所在。人才无专业特色，也就不能称其为专业技术人才。所谓熟练，是指高职毕业生对自己所要从事的专业的知识学习和技术具有一定的深度和熟练度。同时，对其专业邻近领域的知识也要有所了解和熟悉，善于将其所在的领域与其他相关知识领域紧密联系起来。

3. 其他知识技能

现代各类职业都要求从业者的知识“程度高、内容新、实用性强”。目前用人单位普遍要求毕业生能熟练运用一门外语并掌握计算机的操作。此外，毕业生如能掌握一技之长，如书法、绘画、驾驶等，也将提高其求职的成功率。

（二）不同职业对知识结构的特殊要求

1. 管理类职业的知识要求

管理类职业包括经济管理、财务管理、金融管理、行政管理等岗位。从事管理类职业的从业者首先必须掌握党的方针政策和相关的法律知识，其次还需掌握和本岗位相关的管理知识。最后，从事管理类职业的人员还应该了解工商、税务、外贸等相关行业知识。

2. 技术技能类职业的知识要求

技术技能类职业范围包括从事技术技能工作类的职位。从事技术技能类职业的人员应该具备扎实的专业理论知识和熟练的动手操作能力。同时要随着知识和理论的更新发展不断提升自己的专业知识和技术技能，能够将最新的理论知识应用到实际工作中。

3. 工程类职业的知识要求

工程类职业主要包括从事工程技术应用工作的职位。工程类职业的从业者首先要求具备扎实的基础理论知识，掌握与本岗位相关的专业技术。其次，能够运用理论知识来解决实际问题，并能够有所创新。最后，要能够全面、周密地制订和实施计划，并具备较强的组织能力。

4. 企业文职类职业的要求

企业文职类职业包括从事行政、人事及担任助理岗位的工作。企业文职类职业的从业者要求具备的素质有：能够熟练应用现代化办公工具，具有较强的写作功底和沟通表达能力，具有较强的服务意识，理解和认同企业文化。

5. 财务类职业的要求

从事财务类职业的从业人员首先应该具有专业的基础知识，比如财务、金融、税收、经济、营销和采购等相关知识。其次，需要具有较宽的知识面，要了解所在企业所属行业的现状、趋势和从业特性。最后，要诚信可靠，不能营私舞弊、做假账、以权谋私等。

6. 艺术类职业的要求

目前的艺术类职业（图4–2）可以大致分为应用艺术类和纯艺术类两类职业方向，前者包括各种设计和制作类专业，后者是指传统意义上的美术、声乐、舞蹈等专业。从市

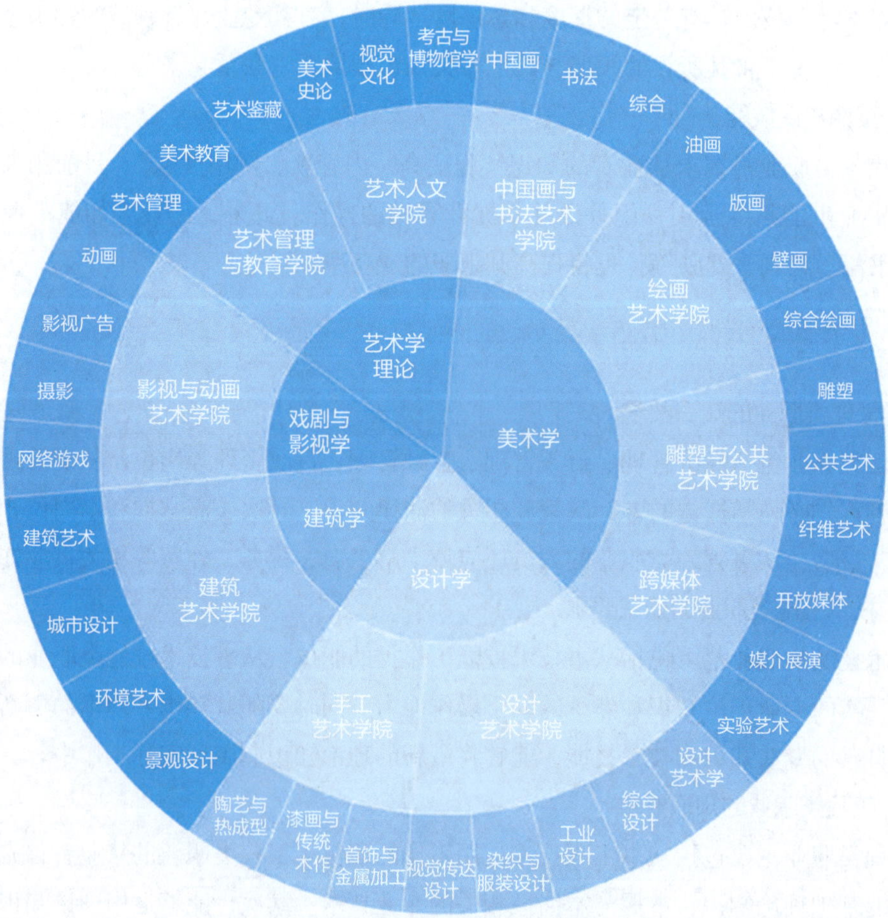

图 4–2　艺术类职业对应的学科知识

场需求来看，这类职业的从业者需要有一定的理论水平和创新视角，能够不断提升精神品位。

高职毕业生应当根据社会需要，结合个人专长，充分了解各种职业对求职者知识结构的特殊要求，在就业前和就业后注意建立和调整自己的知识结构，并使之日趋合理、日臻完善，为顺利就业奠定坚实的基础。

二、就业信息的作用

就业信息是指通过各种媒介传递的有关就业方面的消息和情况，包括就业形势、就业政策、用人单位情况、招聘会信息等。收集和整理就业信息具有以下作用。

1. 毕业生求职成功的根本保障

对于大学毕业生来说，想要顺利通过面试、求职成功，首先需要了解用人单位的基本情况，包括企业性质、规模、经营业务、产品特点、招聘岗位及要求、薪资待遇、职业发展路径和行业现状等。用人单位在面试过程中也是围绕这些问题来提问题的。如果毕业生能回答得比较深入，就能给对方留下深刻的印象。

2. 毕业生选择职业的重要依据

毕业生选择职业、进行职业生涯决策的基础是必须掌握大量的就业信息，比如国家的就业政策、就业法律法规、企业信息、行业信息和岗位信息等。毕业生将这些信息与自身的专业、兴趣、能力相结合，才能做出科学的职业决策。

3. 毕业生职业选择的基本前提

当今社会，谁拥有大量的有效信息，谁就能拥有优势，求职就业同样如此。就业竞争是否有优势也体现在毕业生是否掌握大量有效就业信息方面。毕业生掌握的就业信息越多、了解得越深入，越会影响他的职业选择和未来发展。如果没有获得准确可靠的需求信息，毕业生就无法稳妥地把握自主择业的主动权，实现职业理想就会变成一句空话。

三、就业信息的获取途径

就业信息获取的途径是指毕业生获取有效就业信息的渠道。毕业生获取就业信息的渠道包括学校、政府、市场和其他渠道。

1. 学校渠道

毕业生可以从学校渠道获取就业信息，获取的途径包括学校的官方网站和学校的就业信息网站以及学校定期举办的校园招聘和校园宣讲会等。一般情况下，学校会和地方政府、合作企业、相关行业协会等有合作关系。学校与地方政府的合作会提供政策性就业的信息，比如特岗计划、西部计划、服义务兵役等，这些信息会定期公布到学校的官网上。同时，高职院校有众多的校企合作单位，学校会向用人单位推荐优秀的毕业生，用人单位也会与学校合作开展顶岗实习和专业实训，因此大量的用人单位信息也会发布在学校的相关网站中。除此之外，学校每年都会定期和不定期举办企业宣讲会和招聘会，现场也能获取大量的就业信息。因此，毕业生需要关注学校的动态，而且学校提供的就业信息都是经过筛选的，具有真实性，针对性也较强，因此是学生获取就业信息的主要途径之一。具体的学校获取途径如下：

（1）学校就创业服务网（图4–3）：http://ksdy.91job.org.cn/jobfair。

图 4–3　学校就创业服务网

（2）学校就业APP（图4-4）。

就业 APP

扫描、点击下载

图 4-4　学校就业 APP

（3）学校推荐：对于班级表现优秀的学生，通过辅导员推荐、就业办审核后，可获得与就业单位负责人直接面谈的机会。

（4）学校就业基地（图4-5）：http://ksdy.91job.org.cn/news/index/tag/jyxd。

图 4-5　学校就业基地网页

2. 政府渠道

毕业生从政府渠道可以获取关于就业政策、就业法律法规、各级政府公务员和事业编制的招考信息。获取的途径包括国家政府的就业相关网站、地方政府的就业相关网站、地方政府举办的现场招聘等。政府制定的就业政策直接影响着毕业生职业选择的方向，政府制定的就业法律和法规能够使毕业生享有一定的权利，也保护着毕业生的合法就业权益。

3. 市场渠道

毕业生从市场渠道可以获取大量的就业信息，这也是学生获取就业信息的主要途径之一。市场渠道包括社会现场招聘会、用人单位的官方网站、职业介绍机构、各种媒体平台等。

这里需要强调的是各种职业中介以及网络信息等渠道信息量大，覆盖面也很广，但是我们要学会辨析其信息的真实性，防止虚假不良信息影响毕业生求职就业以及人身和自身利益受到伤害。现场招聘会和用人单位官方网站的就业信息相对来说针对性较强，信息量也较大，信息比较可靠。另外，高职学生在校期间一般都会到企业实习实训，实习实训不仅仅是学生巩固理论知识的教学活动，也是学生和用人单位加强联系、相互了解的重要途径。学生在实习中给单位留下了好的印象，毕业后就有可能被实习企业录用，成为正式的员工。

4. 其他渠道

毕业生获取就业信息的其他途径包括朋友、校友、老师及其家人的朋友等。这些相关人员提供的就业信息通常相对准确，针对性更强，也是毕业生获取就业信息的辅助途径之一。

四、网络招聘会

随着科技的不断进步，互联网招聘会已成为人们青睐求职的途径之一，大学生就业市场逐步从“有形”向“无形”推进。对大学生来说，通过互联网求职是既时尚又高效便捷的方法。互联网上汇集了联网单位的信息，除人才供求信息外，人才市场信息网络一般还提供政策法规、市场介绍、求职指导等有关信息，网上的求职信息不仅量大，而且时效性强。计算机网络技术的运用大大提高了人才市场的信息处理能力，使人才市场的信息能够得到及时发布和更新。

（一）大学生网络市场就业途径

大学生可以通过以下网站求职择业：

（1）本校就业网站。目前，各个高校都建立了自己的就业信息网，为毕业生提供全方位的指导和服务。高校就业网基本具备了就业政策技巧指导、职业素质测评、毕业生就业信息查询、用人单位查阅毕业生求职信息、网上咨询、网上面试、数据表格下载等功能。

（2）用人单位网站。很多用人单位都有自己的网站，用于展示企业形象、宣传产品、拓展业务范围和招聘人才等。毕业生可以直接登录用人单位的网站，或者在搜索网站上查找相关单位的网站，并在用人单位网站上查询需求信息、发布求职信息、进行网上面试等。

（3）地区人才交流网站。各省、各地市都相应建立了人才网，相互（上下）之间都有链接。如果不清楚网址，只要确定了求职地域，都可以利用www.google.com或www.baidu.com进行搜索，基本能够找到所需要的就业网站，可在当地就业网站上查询招聘信息和地方招考政策。

（4）专业的求职网站。专业的求职网站每日会发布大量工作职位和个人发展信息，而且会专门为求职者开辟求职主页，方便求职者注册使用。

目前的网上招聘类型很多，招聘网站鱼龙混杂，有些网站招聘的服务对象是需要有工作经验的求职者，有些是以招聘的名义来给自己企业做宣传的，还有的网站只发布招聘信息却不是真的要招人，最糟糕的情况甚至有以招聘信息为幌子来进行诈骗的。因此，毕业生在求职时务必要选择合适、安全的网络招聘途径。以下推荐部分就业信息网站，供同学们参考：

（1）中国公共招聘网，http://www.job.mohrss.gov.cn；

（2）新职业网（教育部大学生就业网），http://www.ncss.cn；

（3）中国国家人才网，http://www.newjobs.com.cn；

（4）中国就业网，http://www.chinajob.mohrss.gov.cn；

（5）中国人事考试网，http://www.cpta.com.cn；

（6）中国中小企业信息网，http://www.sme.miit.gov.cn；

（7）江苏应届生求职网，http://www.yingjiesheng.com/jiangsujob/；

（8）江苏省人力资源和社会保障厅网，http://jshrss.jiangsu.gov.cn/；

（9）校联人才网，www.job9151.com。

（二）网申

所谓“网申”，就是通过网络在线申请职位。目前越来越多的企业通过这种方式来收集简历和初步筛选应聘者。

1. 网申的类型

（1）在线申请。指通过网络提交简历、求职信以及相应的网申题目。求职者主要通过用人单位网站提供的网申平台或通过专业人才网站为用人单位提供的网申平台进行申请，如果通过资格筛选，单位会通知求职者参加下一步的笔试或面试。

（2）申请表申请。指求职者通过线上或线下提交单位准备好的申请表来申请某个岗位。一般单位会提供一个链接地址，求职者可下载相应职位申请表，填写完毕后，可在线提交或发送E-mail或邮寄纸质文档给用人单位，从而完成对该职位的申请。

2. 网申资料的筛选方式

（1）数据库自动筛选应聘者。招聘单位往往对网申的每一项都有最低要求，比如大学英语水平、计算机等级、在校是否担任职务、具体职位等。最后企业根据数据库给出的总分来选择“高分”申请人进行笔试和面试。

（2）人工筛选应聘者。有些企业非常人性化，对于数据库自动筛选得出的总分差距与“合格线”很小的申请人，招聘主管会人工筛选出一部分候选人。例如此次笔试能够容纳大约200名候选人，而你的总分刚好排在第201名或第210名，那么招聘主管会把你的网申资料调出来，仔细阅读你所填的开放性问题，如果回答得很精彩，那么自然就会“晋级”进入笔试或面试程序，否则招聘主管就会“心安理得”地拒绝你的申请。

3. 网申注意事项

（1）注意“关键字”的使用。

（2）不要同时在一家公司应征多个职位。应征多个职位会导致该公司的人力资源经理不知道求职者究竟要应聘哪个岗位。

（3）提交一定要慎重。因为有的系统在规定日期可以修改，有的提交后不能修改。

（4）正文和附件要同时发送。因为网站屏蔽、病毒等因素，附件有可能打不开。

（5）填写网申表格，注意阅读填写指南，及时保存提交。

（6）网申提交后，坚持每天查阅单位是否回复，以准备下一轮的测试。

（三）实用求职APP（图4-6）

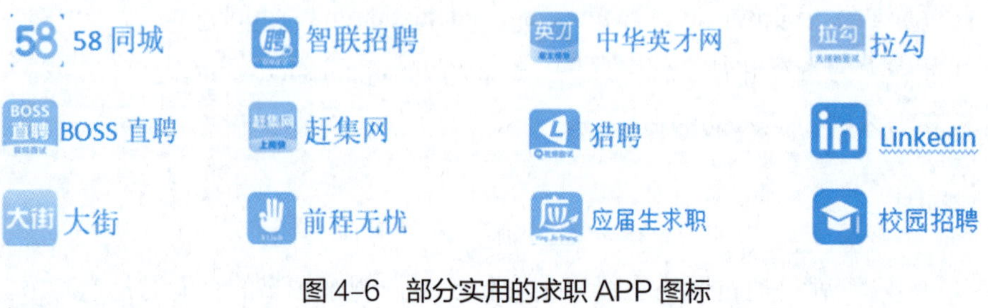

图 4-6　部分实用的求职 APP 图标

知识拓展

职场中为什么有的本科生的工作能力不如专科生

毕业生在进入职场的时候，学历是一个很重要的敲门砖。在面试的时候，如果你的学历比较高，那么将会有更大的机会被录取。即便大家都是刚刚入职的“小菜鸟”，但是如果你的学历比较高，别人也会因此高看你一眼，认为你有一定的水平。虽然说，学历并不代表能力，但是在人们的常规观念中，学历高的人一般都是比较有本事的人。

然而在职场中，不是你说自己工作能力强，你就是真的工作能力强，而是要拿出工作业绩来证明。我们在职场中经常能看到这样一种现象：本科生的学历比专科生的学历高一截，但有的本科生工作能力比不上专科生，这是为什么呢？

第一，部分本科生有高傲心理。如果在一个公司里既有本科生又有专科生，那么刚开始的时候本科生往往是有一定的优越感的，因为他们学历比较高，所以认为专科生都不如自己。这样的心态就导致这部分人不会去虚心向别人请教，什么事都要自己来。然而这些本科生忽略了一点，那就是学历只能代表过去，此时此刻的工作经验才是最重要的。所以长此以往故步自封，这些有高傲心理的本科生就会落下许多。

第二，专科生可能比本科生更加努力。虽然同处同一岗位，但是专科生会认为自己的学历较低，如果不努力则很有可能被公司淘汰。专科生在进入公司的时候也比本科生经历了更多的困难，所以专科生更加珍惜来之不易的工作机会，在工作中也会付出更多的努力，不断地提升自己，增强自己的竞争力。时间久了，这些努力的专科生就会强过本科生。

第三，虚心好学。按理说，本科生的学习能力要比专科生更强一些，但是在职场中，专科生由于自身学历没有优势，知道如果再不虚心学习来弥补学历的差距，自己将会永远被人甩在后面。而且专科生做人往往比本科生相对低调，这样反而更容易受到老员工的青睐，能获得更多的学习机会。

综上所述，之所以有很多本科生工作能力不如专科生，多数是本科生自身的原因造成的。有些本科生以为自己比较优秀，从而眼高手低，没有踏实工作，导致自己的工作落后于别人。而专科生恰恰相反，他们知道自己的劣势，所以会通过加倍的努力来弥补。在职场中，谁更努力，谁往往就会更出色，这与学历无关。

无论本科生还是专科生甚至研究生，只要进入了职场，大家就都是平等的了。进入职场之后，学历低的不要自卑，学历高的也不要自傲，每个人都应该埋头苦干，努力提升自己的工作水平。

小测试

测测你的适应能力

请在下列各题所列备选答案中选择最符合你的一项：

1. 假如你的朋友突然带来一个你最不喜欢的人到你家里。你会（　　）。

（1）暂时忍耐，以后再把实情告诉朋友

（2）把自己的感觉完全隐藏

（3）表示惊奇

2. 对自己的某次失败，你会（　　）。

（1）只要别人有兴趣，随时都会告诉他

（2）只在谈话时顺便说出来

（3）绝对不说，怕会被别人抓住弱点，对自己不利

3. 遇到难题时，你会（　　）。

（1）毫不犹豫地向学习好的同学请教

（2）经常向熟人请教

（3）很少麻烦别人

4. 你骑车去一个较远的地方参加社交活动，中途找不到路标，你会（　　）。

（1）赶快查自带的地图

（2）等待过路车或有人走过时问清楚

（3）大声埋怨，不知何时才能到达目的地

5. 当你选择衣服时，你会（　　）。

（1）跟随新潮流，希望适合自己

（2）选定前听取陪同朋友或售货员的意见

（3）总是固定在一种款式上

6. 当你知道将发生不愉快的事时，你会（　　）。

（1）感觉完全有办法应付

（2）相信事实并不会如预料的那般糟糕

（3）自己进入紧张状态

7. 在嘈杂、混乱的环境里，你会（　　）。

（1）不受影响，照常学习

（2）仍能集中精力学习，但效率降低了
（3）总觉得很烦，不能静下心来读书
8. 和别人争吵起来时，你（　　）。
（1）能有力地反驳对方
（2）能反驳但无多大力量
（3）常常语无伦次，最后才想起如何反驳对方，可是已经晚了
9. 每次参加正式的考试或竞争，你（　　）。
（1）比平时成绩更好些
（2）和平时成绩差不多
（3）常不如平时成绩
10. 必须在大庭广众面前讲话时，你（　　）。
（1）侃侃而谈
（2）感觉虽难但还是完成了
（3）怯场，说话结结巴巴
11. 对团体或社会性的集会，你（　　）。
（1）总是想领导讨论
（2）只有在知道讨论题目时才参加
（3）讨厌在集会上说话，所以不参加
12. 受到别人的批评，你（　　）。
（1）想听一下批评的理由
（2）想查明受批评的原因
（3）想找机会反过来批评对方
13. 当情况紧迫时，你（　　）。
（1）仍能注意到该注意的细节
（2）粗心大意，丢三落四
（3）慌慌张张
14. 参加各种比赛时，赛场越激烈、群众越加油，你（　　）。
（1）成绩越好

（2）成绩不受影响
（3）成绩越上不去
15．碰到阻力或困难时，你会（　　）。
（1）越有干劲
（2）不改变既定的主意
（3）经常改变既定的主意
16．你符合下面（　　）情况。
（1）礼貌要讲，事也要办
（2）不安于现状，总想改变点什么
（3）凡事只求“规范”，不办破格的事
17．你赞成下面（　　）说法。
（1）是正确的就坚持，不怕打击与孤立
（2）在矛盾面前让一让就过去了
（3）尽量求和平，把批评和斗争降到不得已的程度
18．假如自己被登报，你（　　）。
（1）有点自豪但不以为然
（2）很高兴，想让朋友也看看
（3）完全不感兴趣
19．为了给人留下好印象，你（　　）。
（1）想方设法，并花一定时间考虑计划
（2）不特意去做，但有机会就利用
（3）根本不想在别人面前做这种事
20．你同意下列（　　）观点。
（1）为了深入地了解自己的国家，学习外国的东西是件好事
（2）外国的事与我们没有任何关系
（3）对学习外国的东西比学习本国的东西更有兴趣

说明

评分标准：（1）3分（2）2分（3）1分

40～60分，表明你的适应能力很强；20～40分，说明你的适应能力尚可；20分以下，说明你的适应能力还须大力加强。

第二节　制作个人简历

求职目标

1. 理解制作好简历的重要性
2. 了解并掌握制作简历的基本内容
3. 掌握制作简历应注意的事项

求职活动

1. 制作个人本学年的学习和实践成果记录表（表4-2）

表4-2　学习和实践成果记录表

学期	时间	级别	成果名称和排名	颁发部门	个人或集体	提升的能力类型
第一学期						
第二学期						

填写说明：

（1）时间格式：×年×月×日。

（2）级别：国家级、省级、市（县）级、校级、院级、系级、班级。

（3）成果名称和排名：包括职业资格证书、奖学金、评优评先、竞赛活动、论文、项目名称、作品获奖等。排名包括几等奖和第几名。

（4）颁发部门：填写证书颁发部门的全称。

（5）个人或集体：获奖项目属于个人还是集体奖项。

（6）提升的能力类型：自己在本项目中获得提升的主要能力。

2. 上网搜索至少10份简历，完成求职简历分析表的填写

要求：（1）4～6人一组，每人选择5种岗位的求职简历，每种简历不少于2份。（2）通过小组讨论，挑选出最好的5种岗位简历，填入下面的简历分析表（表4-3）。

表4-3 简历分析表

岗位名称	企业类型	简历类型	优点	缺点

知识链接

一、个人简历

个人简历也称个人履历表，是求职者对自己学习、工作、生活经历、技能、成就、经验、教育程度、求职意向的简要概括和总结。个人简历的目的在于引起用人单位的注意以赢得面试的机会，进而充分展示个人能力和才华，达到被用人单位录用的目的。

（一）求职简历的类型

常见的个人简历类型包括纸质简历、在线简历、新媒体简历等。不同类型的简历内容大致一致，但也存在一些差异。

1. 纸质简历

纸质简历是求职者为了让用人单位了解自身情况，用文字将个人基本信息等求职内容展示在纸上，是求职者向用人单位证明自己能够胜任所申请岗位的依据。简而言之，纸质简历是写着“自认为必要及必须告知他人的求职应聘信息”的材料。纸质简历的内容结构、风格设计及封面制作等多种多样，学生求职者可进行个性化的设计与制作。

2. 在线简历

在线简历指求职者应聘时通过网申系统填写并提交的电子简历，即学生求职者直接在用人单位招聘主页或第三方专业招聘网站的申请投递页面，按照所提供的固定格式来填写

的求职简历，也有部分用人单位要求填写其设计好的信息表格后再上传电子版（一般为Word文档）个人简历。

3. 新媒体简历

随着互联网的发展，用人单位为节约招聘成本，招聘方式也在发生变化。随着微博、微信等即时通信工具的普及，不少用人单位已采取微博招聘、微信招聘等新媒体招聘方式。新媒体简历主要包括微博简历和微信简历两种形式。微博简历主要是指求职者通过微博平台向用人单位投递的简历；微信简历主要是指通过微信平台向用人单位投递的简历。

（二）个人简历的格式

简历格式一般分为表格式（表4–4）和条目式（表4–5）两种。到底采用何种形式，需根据求职者本人的实际情况来决定。

1. 表格式简历、条目式简历

（1）表格式简历通过表格的形式展示求职者的基本情况，简明清晰，易于阅读，比较适合应届毕业生。

（2）条目式简历不受表格限制，容量较大，可以根据实际情况展示求职者的资料，比较适合有一定工作经验的求职者，也适合需要展示较多材料的应届毕业生。应届毕业生简历的篇幅最好控制在1页纸以内。

表4–4　表格式简历模板

<table>
<tr><td>姓名</td><td>王明</td><td>性别</td><td>男</td><td rowspan="5">照片</td></tr>
<tr><td>民族</td><td>汉族</td><td>出生年月</td><td>2000．6</td></tr>
<tr><td>政治面貌</td><td>团员</td><td>籍贯</td><td>江苏昆山</td></tr>
<tr><td>学历</td><td>大专</td><td>居住地址</td><td>江苏苏州</td></tr>
<tr><td>邮箱</td><td>415561876@qq.com</td><td>联系电话</td><td>12345678910</td></tr>
<tr><td>毕业院校</td><td colspan="2">昆山登云科技职业学院</td><td>专业</td><td>工程造价</td></tr>
<tr><td>求职意向</td><td colspan="4">预算员、资料员</td></tr>
<tr><td>教育背景</td><td colspan="4">1997年9月—2000年6月　毕业于昆山登云科技职业学院</td></tr>
<tr><td>社会实践经历</td><td colspan="4">1．2017—2018学年担任系青年志愿者协会项目部干事
2．2017—2018学年院校工程实训基地建筑制图员
（1）负责协调与统筹本小组内各成员之间的工作内容、工作进度及与其他小组之间沟通。
（2）实习制作土木建筑制图。
3．2018—2019学年院校工程实训基地预算员；与团队合作预算工程项目，负责软件预算</td></tr>
</table>

续表

社会实践经历	4．2018—2019学年院校工程实训基地测量员 （1）了解了测量仪器经纬仪、全站仪等仪器的工作原理，并熟练掌握了仪器的使用。 （2）能熟练使用相关电脑软件把所测的点绘成地形图。 （3）参与施工的测量放线。 收获：在实习期间积极快速地完成了领导、老师布置的各项任务，熟悉专业实训项目的各种要求，增强了动手能力，加强了团队沟通协作能力
获奖情况	1．2018年8月获学院CAD技能大赛二等奖 2．2018年11月获国家励志奖学金三等奖 3．2019年5月获学院“优秀共青团员”称号 4．2019年10月获学院“社会实践先进个人”称号
职业技能	1．英语：大学英语6级，具有基础的英语听说读写能力 2．计算机：熟练使用Office办公软件，获全国计算机等级一级证书，有扎实的计算机基本应用能力 3．获国家高级CAD证书，能独立应用CAD制作施工图纸、施工方案，熟练掌握AutoCAD软件 4．熟悉相关施工仪器，具有积极的工作态度，能按时完成工作 5．掌握了清华斯维尔、大盛清单计价软件、晨曦清单计价系统的基本应用
自我评价	本人性格热情开朗，待人友好，为人诚实谦虚。在平时学校生活中，做过很多兼职，例如：家教、电话访问员、酒楼服务员、派传单、问卷调查，还到工厂打过暑期工，亲身体会了各种工作的不同运作程序和处事方法，在工作中尽心尽力，锻炼了吃苦耐劳的精神，并从工作中体会到乐趣

表4-5　条目式简历模板

姓名：王明 求职意向：预算员、资料员 出生年月：2000.6 联系电话：12345678910	照片

★教育背景

1997年9月—2000年6月　昆山登云科技职业学院　工程造价专业

主修课程：CAD制图、3D Max制图、PS版式设计、酒店及餐饮空间室内设计、居住空间设计、建筑装饰构造与施工技术、人体工程学等

续表

★工作经历
2019年1～2月××装饰公司设计师助理 主要负责现场勘测绘图、初步平面布置和现场看管 2019年7～8月××淘宝商店绘图员　主要工作是按照指定图纸进行平面、立面绘图 2018—2019学年受聘为学院学生会文娱部部长，组织开展院迎新晚会、合唱比赛等节目编排工作
★获奖情况
2018年6月获学院“学生班干部”称号 2018年10月获得“2017—2018年度社会实践优秀调研报告一等奖” 2019年5月获学院“社会实践先进个人”称号 2019年11月获学院“室内设计技能大赛三等奖”
★职业技能
国家计算机一级证书，熟练使用电脑浏览网页，收集资料 高级CAD证书，能使用AutoCAD完成相应工作，能熟练地绘制图纸 熟练使用3D Max相关专业软件及Office相关办公软件
★自我评价
本人对待工作严谨认真、责任心强、沟通能力强、注重工作效率和团队合作；能熟练操作CAD、3D Max等相关的专业软件，从事过色彩搭配、海报设计、舞台策划、主持等方面的工作。工作经验虽有待提升，但非常愿意去学习和挑战

2. 字体和字号

在简历中，小标题可以用黑体，而正文部分一般采用宋体。可以适当用粗体来进行突出强调，应尽量避免过多地使用不同字体。

3. 排版

求职简历以1页为宜，且不宜将内容安排得太满，让简历看上去密密麻麻。可以用统一的项目符号使每个标题或内容对齐。这样能让招聘者在审阅简历时眼睛舒服一些，不至于太吃力。

4. 用纸和打印

如果需要提供纸质简历，建议使用80克以上的A4纸张打印简历，尽量不用复印的简历，以免影响效果。

（三）简历的内容

简历的正文一般由7个部分组成，即基本信息、求职意向、教育背景、社会实践经历、获奖情况、职业技能和自我评价。求职者可结合自己的背景和特点对各部分内容及排列顺序进行调整，不是所有项目都必须涉及。

1. 基本信息

基本信息一般包含姓名、性别、出生年月、政治面貌、家庭住址、联系电话、电子邮箱和个人免冠照片等内容。婚姻状况、家庭地址、身高和体重等较为隐私的信息，可根据用人单位的招聘要求有选择地填写。

2. 求职意向

求职意向也叫求职目标，它是求职简历的灵魂。简历中对自己的能力、经历等的介绍都是针对特定的求职意向而设计制作的。如果有多个求职目标，最好分别撰写不同的简历。求职意向越具体、针对性越强，获得面试机会的概率越大。

求职意向应做到语言精练、概括性强，避免含糊笼统、无针对性。可通过浏览中华英才网、智联招聘网、前程无忧网等国内著名的求职门户网站，搜索具体职位或岗位名称的准确提法，规范填写求职意向。

最佳的求职意向写作方法应该是直接表明你申请的职位、目标。

不可采用的、空洞的求职意向如：能吃苦耐劳，适应各个环境，要求能提供基本福利保障，签订正式劳动合同，有发展空间等。

应该采用的、优秀的求职意向如：行政、助理类职位，具备良好的人际沟通技巧，做事耐心细致；计算机软件开发工程师，熟练掌握ASP、NET等语言。

3. 教育背景

正规的学校教育、自我提升和学习经历、参加专业机构的培训等内容都可以在教育背景中说明，内容最好与所应聘的工作职位相关。

具体可以包含以下信息：

（1）时间/学校/院系或专业/学历（3个原则：①匹配；②重点突出；③简洁）。

（2）主干课程（选列课程的主要原则是所学课程与申请岗位对应，要写明分数很高的专业课程）。

（3）其他亮点（个人成绩、取得的成就等）。

4. 社会实践经历

这部分是简历的重点。可以用时间+量化的内容，分为校内和校外两个部分展示。如校内：曾任职务+参加或组织过的活动（级别、组织活动多少场、参与人数达到多少）；校外：相关社会实践经历+实习经历，与应聘岗位有关的工作描述=任务描述+成功词汇+

数据展示。

参考实例（校内）：

针对市场营销、销售岗位

2009.09～2010.09 南京林业大学××学院学生会外联部　部长　南京

·通过多次电话与面谈的方式，两周内为学校“一二·九”文艺演出拉到赞助1200元和音响设备，为外联部两年内第一次拉到现金赞助。

·组织部里8名干事为“学术节”活动拉赞助。3周内通过100余个电话和200封邮件，并拜访20家公司。最后与凯迪娱乐（KTV）签下合作合同，由其赞助10张会员卡和300张免费练歌券。

·成功组织多场讲座、师生联谊舞会等活动。组织干事协调其他部门有效开展工作。协助历时2个月的“学术节”取得圆满成功。

参考实例（校外）：

2007.03～2007.09 上海亿医信息科技有限公司市场部　市场推广专员　上海

·公司经营的网站应届生求职网（http：//www.yingjiesheng.com）是中国排名第一的专门面向大学生及在校生的求职招聘网站。

·独立负责网站与目标高校、企业的合作推广计划的实施。

·通过电话访谈方式对700多家企业进行招聘规模、渠道及目标生源等校园招聘需求调研，撰写长达5000字的调研报告，并根据调查结果对企业有针对性地推介网站服务项目，最终与625家目标企业达成合作意向。

要避免记账式的描述，如下所示：

工作实习经历

2007年暑假在××外语学校担任英语教师；

2007年11～12月为××公司兼职手机促销员；

2008年暑假在××电视台新闻频道实习；

2008年10～11月参加××英语培训公司英语培训产品的市场推广策划；

2006年1～12月辅导3名高中学生的数学课程。

5. 获奖情况

这部分包括学生时代获得的所有荣誉及各类证书，如三好学生称号、优秀学生干部称号、奖学金以及技能竞赛所获奖项。可根据获奖时间顺序进行排列，也可按照奖项的级别从高到低列出。

无任何工作经验的应届毕业生应着重列出此项，这有可能成为简历的亮点。

一定要注意“相关性”原则，突出对未来工作最有用和与之最直接相关的获奖情况，从格式版面上做到清晰有序、层次分明。

参考实例：

①2018年5月，获得学院“网页设计制作大赛”二等奖；

②2019年3月，获得学院“大学心理健康宣传画报设计制作大赛”一等奖；

③2019年5月，获得学院“入党积极分子”荣誉称号；

④2019年10月，获得学院“二等奖学金”；

⑤2019年11月，获得学院第九届秋季田径运动会女子100米项目第二名。

6. 职业技能

应该让招聘者从简历中了解自己所具有的各种能力。技能描述一般分为3个方面：英语、计算机及专业技能。休闲娱乐技能不是必备项目，但可以展示你的品德、修养、社交能力、与人合作能力，展示时要与应聘职位有关，如钢琴十级。

参考实例：

①专业技能：通过计算机网页制作设计中级工、计算机网络管理员中级工；

②英语技能：通过全国英语3级考试并取得相应证书；

③IT技能：熟练使用Office办公软件以及C语言，Java等编程软件。

7. 自我评价

求职者在写自我评价时，可以先回顾一下自己的工作经历，思考自己在以前的工作中所积累的工作经验，然后再挑选出与所投递岗位的要求比较吻合的性格特征、职业素质及工作能力等，写在自我评价中，以突出自己的优势。总之，可以简化为：自我评价=求职意向（对未来有明确规划）+职位相关技能（可以胜任这个职位）+过往经历亮点（相对于其他求职者我的独特优势）。

雷区：宽泛空洞（无特点，如：工作有耐心、有团队意识）；自曝缺点（缺乏经验）；喊口号（我保证：今天我为公司骄傲，明日公司为我骄傲）

HR喜欢的形容词有：创新、逻辑性、统筹等。

参考实例：

例1：应聘市场营销类的职位

逻辑清晰，沟通能力强，曾作为校园辩论队队长获得全校辩论赛第一名，擅长策划组织，曾独立负责学院500人文艺晚会的筹办和宣传工作，在Uber、百度等市场部实习。

例2：应聘互联网营销类职位

热爱互联网，对互联网工作抱有很大的激情，将来想从事IT行业的工作；抗压能力、理解能力强，具有良好的产品分析能力、策划能力、数据收集能力和文案撰写能力；具有互联网产品推广经验，是论坛版主和论坛活跃者。

（四）个人简历处理的细节问题

（1）填写的内容一定要真实、完整、准确，不应留下任何修改痕迹。

（2）有条理地展现优势，突出重点，提供最重要的信息，如果经历丰富并和求职内容相关就详细介绍，特别是要介绍与个人能力相关的社会实践和任职情况。

（3）求职简历应避免的问题：①脱离招聘单位的需要。不应强调自身的能力是否适合，应主要考虑招聘单位关注的人才素质结构。②事无巨细，面面俱到。展现优势要有针对性，有重点和核心，少进行自我评价。

（4）求职简历写完后要认真核对，不能出现文字、标点、排版错误，语句一定要通顺。

（5）其他说明。

①记住你的简历写了什么和向什么单位申请了什么职位。

②按要求填写。在网上填写简历时，要严格按照招聘方的要求，要求网上填写的就不要寄纸质简历；要求用中文填写的就不要用英文填写；要求填写在固定区域的不要另加附件。

③尽量不要以附件的形式发送自己的求职简历。因为技术等原因，某些单位的电脑无法打开附件。有的时候为了防止感染病毒，招聘单位也不会打开附件，所以最好按照公司网站的招聘要求发送，或者干脆用纯文本格式写在正文中。

④要善于利用计算机来写简历。计算机中的中文处理程序有着丰富的文字处理功能，它会帮助你设计出令人满意的简历格式。另外，最好使用打印质量高的打印机来打印求职简历。

⑤求职简历前后一定要吻合，不要有逻辑上的错误。比如求职简历发向苏州某公司，但简历内部的求职意向却是上海、北京。

（五）不同企业类型的简历

公司不同，自然存在文化差异。毕业生求职时千万要记住：应聘不同的企业一定要用不同的简历。这并不是主张大家简单地变更一下原来的简历就可以，而是建议你们必须结合要应聘的企业，重新写自己的简历。

（1）工科类企业简历样式（图4–7）。

云小风

联系电话：138-0000-0000

电子邮箱：123456789@qq.com

应聘岗位：软件工程师

教育背景

2012.09~2016.07　　中国社会大学　　软件工程　　本科

工作经历

2015.07~2015.08　　苏州云开网络科技有限公司　　前端工程师

- 负责游戏中一个重要的组件编程，并和同事对接相应的功能
- 负责游戏 UI 界面设计，完善显示的细节，整理并发现bug，修复 bug

2014.07~2014.08　　北京乔布有限公司　　前端工程师

- 参与多个项目的研发，了解一款游戏从策划到完成的完整过程
- 负责分到的模块开发任务，参与游戏测试以及 bug 修复， 负责游戏的音效寻找和插入

项目经历

2015.12~2016.02　　网络爬虫

- 开发环境：vc6.0
- 项目描述：找到学校网站上所有的 word，pdf，excel 等文件的 URL，然后根据后缀名分类，用户可以通过关键字快速搜索出相应的文件
- 负责用 C 语言发起请求，接收 html 文件，找出其中站内的 URL，属于文件的保存下来，属于新页面的也记录下来；此网页中的链接找完后，又在新的页面链接中查找，如此反复，直到搜索完所有的站内链接

2013.09~2014.06　　爆街僵尸

- 开发环境：Netty,Dubbo,Mysql,Jquery,Bootstrap,SSH,Linux
- 项目介绍：3D 三国题材回合制(连击)角色扮演手机游戏
- 责任描述：参与项目的立项过程,负责武器商城和战斗前装备以及游戏音效资源的收集和压制，测试游戏 bug 和游戏相关的优化

技能证书

- 语言能力：通过大学英语六级、普通话二级甲等
- 计算机能力：熟练掌握 C，C++，Java 等编程语言，熟练掌握 Oracle、Mysql 等数据库开发技术，熟练使用 eclipse 软件进行 java 编程
- 其他能力：C1 驾照

图 4–7　云小风应聘软件工程师岗简历

（2）建筑与艺术类企业简历样式（图4-8）。

个人简历

姓名	全民	性别	女	民族	汉	出生日期	1992.5	
身高	175cm	体重	62kg	籍贯	湖北	健康状况	良好	
专业	环艺设计	学历	专科	毕业院校	三峡大学	政治面貌	团员	
联系电话	188-8888-8888			E-mail	qmjianli@163.com			
求职意向	园林设计师							

(一)基本技能

普通话	二级甲等	英语	四级
计算机水平	二级	是否有驾照	有
其他技能	PS、CAD软件	特长、爱好	游泳
获得证书	Adobe中国认证设计师		

(二)教育情况

起止时间	学校全称	所学专业
2012-2016	三峡大学	环艺设计
2009-2012	长阳一中	

(三)实习经历

起止时间	工作单位	职务	主要职责
2014.04-2015.06	杭州科技有限公司	售前经理	负责公司线上资源的销售工作
2012.3-2012.10	武汉金地建设公司	测绘实习	对古建筑进行测绘，了解构造结构

(四)其他

获奖情况	院三等奖学金、学校十大歌手第三名
自我评价	本人性格开朗，兴趣广泛，适应能力强，在工作实践中吃苦耐劳，上手快

图 4-8　全民应聘园林设计师岗简历

（3）服务类企业简历样式（图4–9）。

风小云

求职意向：教师类

基本信息

- 姓 名：陈欣怡
- 性 别：女
- 年 龄：21 岁
- 民 族：汉族
- 籍 贯：北京市

联系方式

☎ 138-0000-1236

✉ chenxy@qq.com

✣ 福建省厦门市

个人技能

WPS

Word

Excel

Html/C

Java

教育背景

◆ 2013.09-2017.07　厦门科技大学　英语教育类　本科

实习经历

■ 2014.09~2017.02　XX 教育培训公司　英语老师

➢ 努力贯彻外语教学的实践性原则，不断激发学生的学习兴趣

■ 2013.09~2014.08　XX 教育培训公司　英语老师

➢ 调动学生学习英语的积极性，努力提高课堂教学效率

校园经历

■ 2014.09~2017.02　学生会团宣部　部长

➢ 担任英语组组长，安排好学期内英语教学任务，组织组内教师备课

■ 2015.09~2017.02　学生会　副部长

➢ 针对考试的特点，制作学习材料，监督学生学习完成

■ 2016.09~2017.02　学长导航员

开展英语户外活动与培训等工作

荣誉证书

■ 优秀一等奖学金三次，二等奖学金两次，三等奖学金一次

■ 全国计算机二级证书

■ 普通话二级甲等证书

■ 大学英语四级证书

■ 企业管理资格证

自我评价

- 爱岗敬业，为人师表，深受学生爱戴
- 所教班级学生都具有相当的英语学习能力
- 能够结合学生英语基础弱的情况，因材施教
- 实施鼓励教学法，充分调动学生英语学习积极性等
- 和其他英语教师互相听课，讲授公开课，在实践中提高教学能力
- 学习能力强，专业成绩突出，多次获得奖学金

图 4–9　风小云应聘教师岗简历

（4）管理类求职简历样式（图4-10）。

PERSONAL RESUME

风小云

求职意向：物流专员岗位

基础信息

生日：1991.12.18

所在地：北京通州

电话：188-8888-8888

151515@126.com

技能证书

外语证书：英语 CET6、CET4

资格证书：Adobe 国际认证证书

软件操作：计算机三级网络工程

自我评价

良好的公共关系意识，善于沟通，具备活动策划和协调能力。良好的心态和责任感，吃苦耐劳，擅于管理，勇于面对挑战。良好的自主学习能力，习惯制订学习计划，勤于学习，能不断提高

教育背景 Education

武昌理工学院　管理系　物流管理专业　本科学位

- 参与物流与供应链联盟论坛峰会，并发表主题演讲
- 2015 年发表商业报告——《2015 中国 12 大物流商业平台模式图》

实习实践 Experience

湖北卓尔物流速运有限公司　（2009-12 ~ 2010-08）

担任职位：　物流操作员　岗位类别：　物流操作员

工作描述：

1. 主要负责客户（诺基亚）货物的收发
2. 制作各种出货(收货)单据、清单、报表
3. 对货物进行管理（盘点、分拣、上架）
4. 对货物进行跟踪、收货以及与客户保持良好的沟通
5. 协助班组长完成日常的工作
6. 及时跟进工作进程，确保各项作业 KPI 的达标，并及时改善、完善作业流程，缩小各个作业流程的时间，使 KPI 不断提高
7. 对仓库进行 6S 管理

工作心得：工作期间掌握了多项物流仓储运作技能，熟悉了各种物流仓储活动的基本操作流程，管理协调能力也有了很大的提高，学会了积极主动思考问题，锻炼出了较强的团队合作精神；很好地融入了团队，并在 3、4 月份获得了部门的月度之星

个人技能 Skill

专业技能：会计从业资格证书、助理会计师资格证（初级会计师资格证）

语言技能：CET-4、普通话二级甲等

软件技能：《二级 MS Office 高级应用》《二级 Access 数据库》证书

其他技能：中国音乐学院五级证书（已学至九级）

能力总结 About Me

1. 学习能力强、接受能力好、工作认真负责、具有很好的交际沟通能力
2. 非常热爱销售工作，有着十分饱满的工作热情
3. 擅长与各类客户交流、协调合作关系
4. 属学习、实干型的职员，工作认真负责，善于创新，敢于承担责任
5. 富有工作激情，乐业敬业，强调团队合作精神

图 4-10　风小云应聘物流专员岗简历

（5）学校扫描二维码制作个人简历（图4-11）。

图4-11　学校扫描二维码制作简历

二、毕业生就业推荐表

毕业生就业推荐表（图4-12）是学校向用人单位介绍、推荐本校毕业生的一种书面材料，其内容主要有个人基本信息、专业主要课程、奖惩情况、学校评语等。

个人基本信息要实事求是地填写，奖惩一栏如果没有获奖经历，可把自己参加的一些有代表性的、能反映个人才华的活动填上，如主持过的大型文艺晚会、参加过的社团等。当然，这些活动显示的才华应与所应聘的岗位有相关性。

三、求职信

1. 书写格式

一般包括标题、称呼、开头、正文、结尾、落款6个部分。

（1）标题。标题“求职信”写在首行的正中间，字体略大，要醒目，也可用“求职自荐信”或“自荐信”等为标题。

（2）称呼。称呼顶格写在第二行。求职自荐信有特定的收信人，一般由“招聘单位名称+职位称呼”组成，在其之前冠以“尊敬的”字样。若写给企业人力资源部，可以写“尊敬的××经理”；若写给国家机关或事业单位的人事部门负责人，可以写“尊敬的××处长”；如果对该单位的人员、职位不了解，可以直接称呼“尊敬的领导”。求职信的称呼不宜使用“亲爱”“敬爱”之类的敬语。

74557906

2020届毕业生双向选择就业推荐表

学校：昆山登云科技职业学院　**代码**：13963　**学号**：

姓名	牛××	性别	女	学历	专科	专业	会计信息管理		
培养方式	非定向	是否师范类	否	政治面貌	中共预备党员	民族	汉族	出生年月	199707
生源地区	安徽省宿松县					联系电话	181****2132		
掌握外语种类		英语	熟练程度	一般	计算机水平		一般	健康状况	健康
入学时间		201709	毕业时间		202007	身份证号		342201*********25	
在校期间担任的主要职务情况		院学生会主席，班级团支书							
专业主要课程	经济数学 计算机网络应用 会计从业资格证网络操作系统 会计电算化 财经法规与职业道德2 宏观经济学 税法 计算机组装与维护 成本会计 经济法 会计实务（初级）财务软件实训 会计报表分析 财务管理 企业ERP系统								
特长爱好	喜爱参加志愿者活动								
奖惩情况	2017-2018学年度，被评为“省优秀学生干部” 2017-2018学年度，获得“国家励志奖学金” 2017-2018学年度，被评为“优秀团员干部” 2017-2018学年度，被评为“优秀志愿者”								
学校评语	该同学在校期间能够遵守校纪校规，学习方面能够完成各项学习任务，掌握了基本的专业知识，具有一定的实践能力。尊敬师长，团结同学，具有良好的沟通能力，并能积极参加各项活动，是一名优秀的大学生								
学校推荐意见	同意推荐 学校毕业生就业工作部门(盖章) 2020年03月01日								

说明：1. 此表每位毕业生限发一份，可在http://www.91job.org.cn验证。
2. 此表同时应附学校教务部门签发的成绩表。
3. 可附其他自荐材料。

江苏省教育厅印制

图 4-12　牛 ×× 的毕业生就业推荐表

（3）开头。开头要另起一行，一般首句先介绍自己的身份，接着写事由和应聘职位。“身份”包括自己的姓名、性别、就读院校、专业、何时毕业等内容，可以视具体情况增减；“事由和应聘职位”必须简洁、明确、得体。

（4）正文。正文是信的核心部分，形式多样，风格各异。一般应围绕以下内容展开：专业知识和相关技能，胜任此项工作的特长和个性，以往所取得的一些成绩等。总之，这部分主要介绍求职者对该岗位的胜任程度。

（5）结尾。结尾一般包括两个内容：盼回复和祝词，如“热切盼望着您的答复”或“盼望您的录用通知”或“希望能给予我面试的机会”等。最后写上感谢或致敬的常用语。

（6）落款。落款位于主体的右下方，须写明“自荐者：××”，署名下方要写上完整的日期。

2. 注意事项

（1）语言要准确、规范、朴实。无错别字，无病句，不矫揉造作。

（2）正文内容要简洁、概括，切勿长篇大论。

（3）基本情况真实可信。不杜撰，不夸大，不抄袭。

样例：

求职信

尊敬的领导：

您好！

首先感谢您能在百忙之中聆听一位求职者的心声。当您亲手开启这封自荐信时，这是对我过去的检阅；当您合上这封自荐信的时候，也许将决定我人生新的起点。机遇总是垂青有备之士，充满自信的我正是有备而来。扬帆远航，赖您东风助力！我是××学院××专业的一名应届毕业生，将于2020年6月毕业。即将面临就业的选择，我十分想到贵单位供职。

“宝剑锋从磨砺出，梅花香自苦寒来”。经过两年多的专业学习和大学生活的磨炼，进校时天真、幼稚的我现已变得沉着和冷静。为了立足社会，为了自己的事业成功，两年中我不断努力学习，不论是基础课还是专业课都取得了较好的成绩，并且积极考取相关证书，能熟练使用Word、Excel等常用工具进行统计及文件制作。课余时间，我还积极参与学校举办的各种活动，锻炼自己的各种能力，提高自己的人际交往能力，开拓自己的交际面，学习与人协作的精神。

我的优点是诚实守信，责任心强，心思细腻，做事小心谨慎。我渴望加入贵单位，希望能为贵单位的明天添砖加瓦，更愿为贵单位贡献自己的青春和智慧。21世纪的竞争是知识与素质的竞争。如果你们聘用我，我相信我一定能完成好自己的工作，希望贵单位能给我这个机会展示我的能力。

我恳请贵单位给我一个机会，让我有幸成为你们中的一员，我将以百倍的热情和勤奋踏实的工作来回报您的知遇之恩。虽然我初出茅庐，但是我有万分热情和干劲，还有不屈不挠的精神。请给我一定的空间与时间，我一定会做得让您满意！ 同时我也坚信——敬业精神是从业之本。我选择了我所想做的，就一定会做好。

祝愿贵单位事业蒸蒸日上！

此致

敬礼

求职人：×××

2020年××月××日

四、各种证书、奖状、作品等材料的复印件

一般把各类材料复印成同样大小的纸型，并按照时间顺序或重要程度依次排好，若材料较多，可列出目录。同时要准备好原件，以备核查。毕业证书、学位证书是毕业生学历的主要证件，也是求职的必备材料之一。

五、就业协议书

就业协议书是《全国普通高等学校毕业生就业协议书》的简称（图4-13），它是普通高等学校毕业生和用人单位在正式确立劳动人事关系前，经双向选择，在规定期限内确立就业关系、明确双方权利和义务而达成的书面协议，是用人单位确认毕业生相关信息真实可靠以及接收毕业生的重要凭据，也是高校进行毕业生就业管理、编制就业方案以及毕业生办理就业落户手续等有关事项的重要依据。其主要作用是在正式合同签订前保护学生就业的权益，防止就业单位违约，另外也避免学生随意违约。就业协议一般由国家教育部或各省、市、自治区就业主管部门统一制表，就业协议书在毕业生到用人单位报到、用人单位正式接收后自行终止。

毕业生就业协议书

（第二联：乙方留存）

发放院校（盖章） 昆山登云科技职业学院　院校代码 13963　编号：202074368149

甲方	单位名称						组织机构代码	
	联系人		联系电话				电子邮箱	
	通信地址						邮政编码	
	单位性质	□机关□部队□国家基层项目□地方基层项目□农村建制村□城镇社区 □科研设计单位 □高等教育单位 □中初教育单位 □医疗卫生单位 □艰苦事业单位 □其他事业单位 □科研助理 □国有企业 □三资企业 □艰苦行业企业 □其他企业						
	档案接收	单位名称						
		单位地址					邮政编码	
乙方	姓名	陈昊天	性别	男	学号	20161016	身份证号	330184199804165418
	毕业院校	昆山登云科技职业学院			学历	专科	专业	计算机应用技术
	通信地址				邮政编码		联系电话	
	家庭地址				邮政编码		联系电话	

一、甲方同意录（聘）用乙方，凭□报到证、□毕业证书、□学位证书、□学历认证报告办理报到手续；乙方同意毕业后到甲方工作。

二、符合下列情况之一，经书面告知对方后，本协议解除：1.甲方被撤销或依法宣告破产；2.乙方在毕业离校前升学、入伍、被录用为国家公务员或参加国家及地方志愿服务项目；3.乙方报到时未取得毕业资格；4.乙方被判处拘役以上刑罚或者被劳动教养；5.法律、法规、政策规定的其它情况。

三、未尽事宜，由甲乙双方依照有关法律、法规、规章和政策规定，另行约定。

四、本协议作为办理《就业报到证》的依据。

甲方（公章）：

联系人：

年　月　日

乙方（签名）：

年　月　日

特别提示：本《协议书》签订后，毕业生应在3个工作日内登陆www.91job.gov.cn按要求反馈签约信息，并将《高校毕业生接收函》交至毕业院校

江苏省教育厅制

接收高校毕业生备案函

（学校）：

经考核，我单位同意接收贵校2020届毕业生 陈昊天（学号：20161016学历：专科 专业：计算机应用技术），请将其列入就业方案。

单位（盖章）：

联系人：　　联系电话：　　年 月 日

202074368149

毕业生就业协议书

（第一联：甲方留存）

发放院校（盖章） 昆山登云科技职业学院　院校代码 13963　编号：202074368149

甲方	单位名称						组织机构代码	
	联系人		联系电话				电子邮箱	
	通信地址						邮政编码	
	单位性质	□机关□部队□国家基层项目□地方基层项目□农村建制村□城镇社区 □科研设计单位 □高等教育单位 □中初教育单位 □医疗卫生单位 □艰苦事业单位 □其他事业单位 □科研助理 □国有企业 □三资企业 □艰苦行业企业 □其他企业						
	档案接收	单位名称						
		单位地址					邮政编码	
乙方	姓名	陈昊天	性别	男	学号	20161016	身份证号	330184199804165418
	毕业院校	昆山登云科技职业学院			学历	专科	专业	计算机应用技术
	通信地址				邮政编码		联系电话	
	家庭地址				邮政编码		联系电话	

一、甲方同意录（聘）用乙方，凭□报到证、□毕业证书、□学位证书、□学历认证报告办理报到手续；乙方同意毕业后到甲方工作。

二、符合下列情况之一，经书面告知对方后，本协议解除：1.甲方被撤销或依法宣告破产；2.乙方在毕业离校前升学、入伍、被录用为国家公务员或参加国家及地方志愿服务项目；3.乙方报到时未取得毕业资格；4.乙方被判处拘役以上刑罚或者被劳动教养；5.法律、法规、政策规定的其它情况。

三、未尽事宜，由甲乙双方依照有关法律、法规、规章和政策规定，另行约定。

四、本协议作为办理《就业报到证》的依据。

甲方（公章）：

联系人：

年　月　日

乙方（签名）：

年　月　日

特别提示：本《协议书》签订后，毕业生应在3个工作日内登陆www.91job.gov.cn按要求反馈签约信息，并将《高校毕业生接收函》交至毕业院校

江苏省教育厅制

接收高校毕业生备案函

（地方就业工作部门）：

经考核，我单位同意接收 昆山登云科技职业学院 2020 届毕业生 陈昊天（学号：20161016 学历：专科 专业：计算机应用技术 生源地：浙江省杭州市），请准予办理接收备案手续。

单位（盖章）：

年 月 日

202074368149

图 4-13　就业协议书样例

六、就业报到证

就业报到证的全称是《全国普通高等学校本专科毕业生就业报到证》，是应届毕业生到就业单位报到的一个凭证，也是毕业生参加工作时间的初始记载和凭证，参加自考和成人教育的毕业生是没有报到证的。报到证的作用如下：

（1）报到证是毕业生到单位报到的证明，毕业生首次到工作单位工作的时候要持报到证，用人单位凭报到证为毕业生办理相关手续。

（2）学校的相关部门根据报到证为毕业生完成办理档案投递、组织关系转移和户籍迁移等手续工作。档案对于毕业生来说是非常重要的，事关毕业生以后的就业、升迁、退休等重要事项。

（3）当地的公安部门凭报到证为毕业生办理落户相关手续。

（4）想要报考公务员的毕业生，报到证是必不可少的，报到证是毕业生报考公务员的必备材料。如果没有报到证就会有一系列的麻烦，甚至可能无法到相关单位工作。一些职称的认定、评定，工龄的审核等也和报到证有关。

知识拓展

我们需要什么样的员工——优秀跨国公司人力资源主管的看法

GE选人首先要看这个人的专业素质和专业标准是不是符合公司对这个位置的基本要求；第二，依据公司的价值观，要考察这个人是不是拥有GE的价值观——坚持诚信、渴望变革、注重业绩；第三，要看这个人有没有潜力，公司在招聘人的时候会把眼光看得远一些，看这个人除了做眼下这个工作，将来会不会还有潜能来做更高一点位置的工作，或者坐上更高的位置。

——Wilson Robert Woodrow，GE美国地区人力资源总监

宝洁强调的是员工的自身素质，“我们所需要的素质包括：诚实正直、领导能力、勇于承担风险、积极创新、发现问题和解决问题的能力、团结合作能力、不断进取等。有些部门，如产品供应部、研究开发部、信息技术部、法律部和财务部，也会要求员工最好有一些基本的专业背景。”

——Lyell Charles，宝洁（美国）康涅狄格州人力资源总监

联合利华对应届毕业生的要求是“未来能够成为企业领袖的人”。“推动企业成长的基本力量是那些具有领导才能、创新精神，并且有热情创造成功品牌的员工。”

——Jeans James，联合利华（美国）佛罗里达州人力资源总监

索尼公司企业文化的核心是自由、创新。因此索尼员工需要具备好奇心、冒险精神、执着精神、灵活性和乐观精神。具体到对大学毕业生的招聘，索尼的原则是以具体业务为导向，因地制宜，根据不同业务部门的需要和各地区的具体情况来招聘最适合的员工。

——松井大郎，索尼（日本）大阪地区人力资源总监

我们在招聘过程中更注重能力和学生的沟通技巧，个性也很重要。因为作为未来的咨询师，他们一定要具有与客户沟通、协调的能力。此外，潜在的领导能力、学习能力、团队精神、创新精神、分析能力、归纳能力都是不可或缺的因素。当然，他们是否适应公司的文化和价值观也是重要的考察点。

——Crick Francis Harry，毕博管理咨询有限公司（美国）印第安纳州人力资源经理

在IBM，成功的条件包括：

（1）smart，即智力。

（2）具有自我激励的习惯，要坚信自己比任何人都做得好；同时要冷眼看未来职业趋势，有强烈的渴望成功的欲望。

（3）接受新事物比较快，在此基础上要有创新精神。

——Smith Adam，IBM（美国）路易斯安那州人力资源总监

我们招聘这样的人：一是有充沛的精力，并能带动其他人；二是有团队精神；三是要

视变化为机遇而非危险；四是希望大家每天都追求完美，找到最好的方法推进工作；五是做全球化的人才。另外，在沃尔玛要想成功，要学会平衡，要有承受压力的心态。沃尔玛的员工压力是很大的，希望员工能把压力变成动力，不断进步。

——Petty William，沃尔玛美国地区人力资源总监

像百事这样做快速消费品的企业，对人才的要求从技术含量方面来说不是很高。我们不需要应聘者具备这样或那样的专业知识，唯一需要的就是那种脚踏实地、非常愿意去做事情的人。我们通常会考虑那些年轻有活力的人，这个年轻并不是一味追求年纪上的年轻，而是要有一个年轻的心态，能不断地创新，不断接受新的挑战，更要有抗打击和受挫折的能力。相反，对于那种心浮气躁、这山望着那山高，在一个岗位上工作两天就又想跳到别的岗位上去的那种人，百事是绝对不欢迎的。

——Belin Jean，百事公司（美国）伊利诺伊州人力资源总监

思考：

1. 学完以上内容后，你有什么想法？

2. 试着写下自己的优点并讲述出来。

3. 尝试完成一份个人简历。

第三节　面试技巧

求职目标

1. 了解笔试的种类和答题技巧
2. 了解面试的种类
3. 掌握面试的技巧

求职活动

1. 上网搜索关于求职笔试的相关内容，完成笔试信息收集分析表（表4-6）

表4-6　笔试信息收集分析表

排序	单位类型	岗位	笔试类型	笔试内容	信息来源

2. 模拟面试

（1）自我介绍：每人用3分钟的时间进行自我介绍。

（2）求职者根据面试官提出的问题进行回答，旨在考验求职者的反应能力，限时3分钟。

（3）要求：会场布置可分为求职者演讲台、面试官席、观众席3个部分。面试官席可设置5~6名面试官，由学生担任，也可以邀请相关老师现场指导。面试官人选最好身着正装，普通话流利、标准，有一定的应变能力，可以为求职者的表现做出客观合理的评价、提出有价值的建议。

（4）材料准备：活动桌椅、台签、笔记本、笔。

（5）建议时间：90分钟。

（6）评分标准表（表4-7）：满分为100分。

（7）模拟面试结束后，面试者、求职者、观众可以讨论并交流各自的体会。

表4-7　评分标准表

姓名	语言表达能力	举止礼仪	应变能力	综合分析能力	优点	缺点	总评

知识链接

一、笔试

笔试是用人单位让求职者笔答事先拟好的试题，然后根据解答的正确程度评定应试者成绩的一种考试方法。它是用人单位对求职者的专业知识以及文字表达能力、书写态度等综合能力的一次有据可查的测试。笔试一般适用于应聘人数较多、需要考核的知识面较广的招聘。

应聘者参加笔试之前，应了解笔试题目的范围，以便想好应对策略，充分发挥自己应有的水平，争取取得好的成绩。目前用人单位用来考核求职者的笔试类型主要有文化及专业考试、智商和职业心理测试、技术测试和公务员录用考试。

1. 文化及专业考试

专业考试主要是为了检验求职者的文化知识水平和相关的实际能力。该类考试一般包括专业知识测试与专业技能考核。一个高校毕业生经过几年的学习，其成绩单已反映出毕业生的文化知识和专业水平，有些用人单位就拿成绩单当作审核材料，所以求职者可以不用参加笔试。而有些用人单位需要通过专业知识测试的方式对求职的毕业生进行文化和专业知识考核。专业技能考核一般采用现场操作加工典型工件、生产作业项目、模拟操作等方式进行。因此，毕业生不仅要具有与毕业文凭相对应的基础理论知识，而且要学好基本的技能，打下坚实的基础。当然，大学生也可以在在校期间参加相关的职业技能培训，通过所获得的相应的职业资格证书来体现专业技术能力。

2. 智商和职业心理测试

智商测试主要测试求职者的记忆力、分析观察能力、综合归纳能力和思维反应能力。这类测试一般是会计师、审计师等职业所要求的。目前很多著名的跨国公司都采用这种测试。在他们看来，求职者的综合素质比求职者在校所学的专业知识更重要，因为专业能力可以通过公司的培训获得。因此，有无专业训练背景无关紧要，但求职者不断接收新知识的能力是至关重要的。该类测试的考题题型具有多样化、生活化的特点，如有一些题目是面向中小学生的智力游戏书中常见的，在一些面向大众的杂志中偶尔也可以见到这些题目。

职业心理测试是，要求被试者完成事先编好的标准化量表或问卷，根据完成的数量和质量来判定其心理水平或个性差异的方法。一些特殊的用人单位会以此来测试求职者的态度、兴趣、动机、智力、个性等心理素质，考查毕业生是否具有适应特定职位所需的心理承受能力，然后根据测试结果决定取舍。

3. 技术测试

技术测试主要测试应聘人员处理问题的速度和效果，检验其对知识和智力的运用能力。

4. 公务员录用考试

《中华人民共和国公务员法》自2006年1月1日起正式施行后，我国公务员“凡进必考”制度在全国范围内推行。近年来，公务员考试的形式越来越受用人单位的青睐。不仅国家机关及事业单位采用这种考核方式，很多企业也纷纷效仿这种方式，对求职者进行综合能力的测试。

中央国家机关的公务员考试包括笔试（公共科目、专业科目）和面试，公共科目笔试按A、B类职位分别进行。A类职位笔试公共科目为“行政职业能力测验（A）”和“申论”；B类职位笔试公共科目为“行政职业能力测验（B）”。专业科目笔试和面试时间由招考部门自行通知。

地方公务员考试的考试科目是由各个地方自定的，一般都有笔试和面试。笔试科目各有不同，北京、山东、浙江、上海和广东等省、市的笔试科目为“行政职业能力测验”和“申论”。准备报考地方公务员考试的同学要注意查阅当地政府公布的招考简章，以便有针对性地进行复习。

二、笔试技巧

（一）笔试准备

（1）加强锻炼。良好的笔试成绩来自平时的积累。高职学生需要较早树立就业意识，提前做些就业方面的准备，相应地，可以查阅一些笔试的历年试题，有针对性地加强这方面的锻炼。

（2）针对性地复习。针对拟参加考试的类型，翻阅应试资料，复习已掌握的知识，加强记忆。复习准备时应考虑到单位、岗位的特点并进行相应的准备。

（3）保持良好的心理状态。求职笔试不同于升学考试，临考前须减轻思想负担，保证充足睡眠，调整好心理状态，力争以最佳状态应试。

（4）临场准备。提前熟悉考场环境有利于消除应试时的紧张心理，还要仔细查看考场注意事项，尽量按要求做好。除携带必备的证件外，考试必备的文具也要准备齐全。

（二）答题技巧

1. 通览试卷

了解题目的多少和难易程度，以便掌握答题的速度。然后根据先易后难的原则排出答题的顺序，先做简单的题，后做难题。这样就不会因为做难题使用时间太多而影响其他题目的作答。综合题或论述题则应先列出提纲，再逐条论述。

2. 弄清题意

求职笔试试题不同于平时学习过程中的考试试题，它考查的面比较广，而且随意性、灵活性大，试题中有一些可能是从来没有遇到过的类型，甚至有些问题非常古怪，这时应试者必须冷静分析，弄清楚题目类型，运用联想能力，搜寻所有记忆查找可能的线索，寻求最佳答案。

3. 自我暗示

笔试过程中，由于应试者准备时间不充分，没有经验或者对题型感到生疏等原因，可能会感到无从下手，这时不要烦躁、慌张，因为这些情况对于大多数人来说都是可能存在的，要对自己进行心理调节和自我暗示，比如告诉自己“我遇到的麻烦大家也同样遇到了”“我的学习成绩、个人能力都比较好，这个问题一定也能处理好”，等等。

4. 认真检查

答完试卷后要进行一次全面复查，特别注意不要漏题、跑题，要纠正错别字、语法不通、词不达意等错误。另外，特别强调一点：对于心理和智力测试的题目，在检查中如发现不妥，难以确定对错，最好的方法是保留原有答案，不要改动。对于这类试题，人的第一感觉往往更可靠。

三、面试技巧

面试是挑选员工的一种重要手段，招聘面试是用人单位经过精心设计的，在特定场景下由考官与应聘者进行面对面交谈，考查测评应聘者的知识、能力、经验等有关素质的考试活动。面试通过提供一种双向交流的机会，使用人单位和应聘者之间相互了解，以便让双方都更准确地做出录用与否或受聘与否的决定。

（一）面试的种类

1. 主试式面试

一般由两至数位招聘者组成评委会，其中一位任主试人。主试人根据事先拟定的面试提纲，对应试者进行提问。

2. 情景式面试

主试人设定一个情景，如提出一项工程计划，请应试者设法完成，其目的在于考核应试者处理特别情况或解决客观问题的能力。如应聘教师岗位则需要试讲一节课；应聘办公室工作人员，则需要接几个电话，接待一个“来访者”。这些均属于情景面试。

3. 群体式面试

即由一名或多名考官对一批应试者同时进行测试。通过提问、对话等方式进行优劣比较，并从中进行选择的方式。

4. 交谈式面试

主试人与应试者自由发表言论，在闲聊中观察应试者的能力、谈吐、气质和风度。主试人通过交谈考查应试者的能力和素质，如用外语会话考查其外语水平。

（二）面试的特点

1. 面试以谈话和交流为主要手段

谈话是面试过程中一项非常重要的手段。在面试过程中，主考官精心设计谈话题目，应试者应当恰当、顺畅地回答主考官提出的问题。在面试过程中，主考官会运用自己的感官特别是视觉和听觉，观察应试者的非语言行为，进而通过人的表象推断其深层心理。

2. 面试交流具有直接互动性

面试中主考官和应试者的交流是面对面进行的，面试中主考官和应试者的接触、交流、观察是直接互动的，主考官和应试者的信息交流和反馈也是相互作用的。由此，应试者的语言及行为表现与主考官的评判直接相连。面试的这种直接互动性提高了主考官与应试者之间相互沟通的效果与面试的真实性。

3. 面试内容具有灵活多样性

面试的内容具有较大的灵活性。一方面，由于不同的职位对人有不同的要求，面试可以根据不同职位的特点，灵活地采用不同的方式去考查应试者；另一方面，面试内容因应试者在面试过程中的表现而灵活把握。虽然面试内容需经主考官事先拟定，但在面试过程中又要因具体情况而异，灵活调整；既能让应试者充分展示自己的才华，又要达到用人单位自己的意图，应试者最好能收放自如地灵活应对面试内容。

4. 面试是一个双向沟通的过程

面试是主考官和应试者之间双向沟通的过程。在面试过程中，应试者不是一个完全被动的角色。主考官可以通过谈话和观察评价应试者，应试者也应通过主考官的行为来判断其价值标准、态度偏好、对自己表现的满意度等，来调节自己在面试行为中的表现。同时，应试者也可以借此机会了解自己想要知道的信息如应聘单位、岗位的相关情况等，以此决定是否可以接受这一工作。

当前，我国实行“双向选择”“自主择业”的大学生就业制度，高校毕业生要认识到自己在就业市场中的主体地位，在求职面试过程中抓住机会展现自己的才能，获取相关信息。

（三）面试准备

1. 面试前的材料、心理等准备

（1）了解用人单位情况。古人说：“知己知彼，百战不殆。”面试和打仗有着同样的道理，在面试前了解用人单位的情况尤为重要。一般来说，毕业生可从用人单位的内部宣传资料、网站、报纸、杂志、广告宣传手册和新闻媒体的报道等渠道来了解用人单位的性质、规模、特色、组织架构、金融状况、发展前景、企业信誉等情况。了解用人单位对员工的工作要求、职责以及给予员工的报酬、培训等情况。了解用人单位招聘职位的性质、工作内容、所需知识和技能。若事先对这些情况一无所知或知之甚少，在面试时就容易处于被动境地，也容易对用人单位招聘人员造成“你不关心我单位”的不良印象，从而影响面试成绩。

（2）保持良好的心态。面试前要克服恐惧、怯场、侥幸及迎合的消极心理，保持乐观进取、充满自信、不卑不亢、精神饱满、勇于竞争的积极心态。

（3）资料准备。资料准备包括能证明你学识、能力、经历的资料和获过何种奖励的证明。一旦对方提问，提供资料比空口说要好。

（4）技能准备。应聘要树立信心，选择合适的机会一展风采，求职是双向选择，自己有选择权，要以“志在必得”为出发点，充分估计自己的优势，要有在诸多竞争者中脱颖而出的信心。同时也要有失败的准备，要有一次不成再来第二次、第三次的准备，直到成功。

（5）踩点及模拟面试。面试前一天到面试地点查探路线或交通情况，避免面试当天迷路或迟到。前一晚可了解公司情况和个人简历，匹配两者之间的信息吻合度。在自己的简历中突出自己的技能，并且把自己的纸笔、化妆品放好，第二天面试时就不会手忙脚乱的。

你如果担心面试，也可以选择进行面试诊断。请朋友、师长帮助模拟一个真实面试的整个过程，从多个角度评价你的面试表现，并得到全面的诊断报告，帮助你了解自己在面试过程中存在的问题，如面试优势、可能面试失败的原因等，并给出演练提升的方案，从根本上提升求职成功概率。

2. 面试前的个人形象设计

求职者在面试前应对自己进行包装，使自己的形象符合所应聘岗位的要求。

（1）发型要适宜。面试场合要大方、自然、高雅。男生头发要保持干净、头型要简单，刮净胡须；女生发型要干净、端庄，如果是长发，最好不要散发。有特殊要求的职业应顺其要求。

（2）服饰要得体。面试时穿着的服饰一定要与自己的个性品位、应聘岗位的要求相符合，庄重、自然、大方是着装的总体要求。

①男士面试的着装需注意以下部分：

西装，西装按件数来划分有套装西装和单件西装；按纽扣来划分有单排扣西装和双排扣西装；按适用场合不同来划分有正装西装和休闲西装。男士面试时的着装不要求很时尚或很流行，只要简洁大方、颜色沉稳就可以，但要关注上衣和裤子的搭配是否合理。选西装应掌握以下4点：a. 颜色以单一的深色为佳，藏青或者深灰色最合适（图4-14）；b. 质地以纯毛或含毛量较高的混纺毛料为最上乘；c. 合体方面应做到不过分肥大或窄小；d. 套装必须同色同质。穿西服时，全身颜色色系必须限制在3种之内。穿双排扣西装时，纽扣一定要全部扣上，坐下后也不能解开扣子；单排扣的西装在正式场合须扣上一粒；两粒扣的扣上不扣下；三粒扣的扣中间一粒。

图 4-14　男士西装配色

衬衫，经典的白色衬衫是永不过时的，而蓝色衬衫（最好选择没有格子和条纹的）同样也是受欢迎的。对于IT行业的男士来说，蓝色是最佳选择，因为蓝色能彰显智慧和沉稳。注意无论任何季节都要穿长袖衬衫，衬衫如有扣子，最好选择式样简单的那种。

裤子，裤子长度应以直立状态下裤脚遮盖住鞋跟的3/4为佳。腰带外扎；通常用宽度为2.5～3厘米的皮带，颜色以深色为好；皮带头应美观大方；皮带上不能挂东西。

鞋，在正规场合穿西装一定要穿皮鞋，不能穿凉鞋、布鞋、球鞋、休闲鞋。

袜子，穿整套西装一定要穿与西裤、皮鞋颜色相同或较深的袜子，一般为深灰、藏蓝或黑色。切记：不穿尼龙袜；不穿白袜子。

②女士面试的着装需注意的部分也很多。相对于偏于稳重单调的男士着装，女士的着装则亮丽丰富得多。女士的面试着装应得体而不浮夸，严谨又不失柔性之美，应以整洁美观、稳重大方、协调高雅为总原则。这不仅可以显得更加美丽，还可以体现出一个现代文明人良好的修养和独到的品位。在面试中，女性求职者的面试着装礼仪在面试技巧中占了一半的分量；一次好的面试着装能够给女性的面试增加成功率。

套装，面试服装少不了套装，套装不一定要追求名牌，但是一定要得体大方。女性的套装中有裙子和裤子的区别。在选套装时，服饰的色彩、款式要和自己的年龄、气质、体态以及所应聘的职业岗位相协调一致。如果只买一套正装，深色套装是最稳妥、保险的（图4-15）。女性的裙装不要太短、太暴露。在坐着的时候，双腿须并拢。

图 4-15　女士套装搭配

衬衫，衬衫无论是颜色还是款式都应以保守为宜，不要挑选透明材质的上衣。

袜子，丝袜的颜色最好是传统常见的，比如黑色、肉色、深灰等，但必须与套装和鞋搭配和谐。

鞋，黑色皮鞋最为传统，也最为保险。鞋不要太花哨，鞋跟不能太高也不宜太低。想要增加面试时所展现的气质又不能完美驾驭高跟鞋的姑娘不妨考虑坡跟鞋，它比高跟鞋穿起来舒服，走路的姿态也不比穿高跟鞋差。

（3）化妆要适当。一般男生面部干净、整洁就可以了，不需要化妆，但指甲要修剪整齐，保持干净。而有些职业（如公关部、大型商场营业员等）是要求女生必须化妆的，女生化妆一定要淡雅自然，浓妆艳抹会使自己失去自然、健康的美丽。女生指甲长度要适中，不要涂抹过亮丽的指甲颜色，女生涂抹香水要选择与自己气质相配的香水，以清淡型为佳。

（4）面试场合着装禁忌。

①忌过分杂乱鲜艳。像面试这样的重要场合要注意穿套装、套裙时要穿高跟皮鞋。

②忌暴露。忌超短裙、露脐装、小背心、短裤。正式场合着装，不能暴露胸部、肩部、腰部、背部等，严格讲不能穿无袖装。

③忌过分透明、紧身、短小。

同时，女生面试时还要注意三大禁忌：

①切忌浓妆艳抹。

②面试时最好不要涂指甲油，不要留长指甲。

③不要佩戴形状奇特的饰品。如形状奇特的戒指、很大很长的耳环等，也不要戴太多耳环，简洁的耳钉就可以带来不凡的效果。

3. 面试礼仪常识

（1）面试举止。举止是无声的语言，主要通过人的表情、姿势、动作等表现出来。它是一个人是否具有修养的表现。面试时应注意以下几个方面：

①敲门进入面试室。轮到你面试时，应在面试室外轻轻敲门（面试室的门一般是关着的），得到许可后方可进入面试室。注意敲门不可用力太大，也不可未进门先将头伸进来张望一下再进门，更不可大大咧咧地直接推门而入。进门后，应轻轻地转过身去关上门。

②主动与主考官打招呼。可点头微笑，也可问候，如“上午好”“下午好”或“各位领导好”。若主考人员没有主动伸手与你握手，你可千万别“自作多情”；若与主考人握手，要有礼貌地告诉主考官自己是谁，做到举止大方，谈吐高雅，态度热情。

③回答问题时精神集中。面试时回答问题要集中精神，力求给对方以诚恳、沉稳自信的印象。老老实实讲出自己能做什么、不能做什么，切忌含糊其词。根据听者的反应适时调整自己的语言表达方式，冷静地保持不卑不亢的风度。在语言方面，毕业生谈话的内容和说话的方式同等重要。只要讲话条理清楚，并通过表情、语调、声音等诸方面的配合，传达出自己真诚、乐观、热情、大方的态度，就会收到良好的效果。

④微笑待人。初次见面，微微一笑可以解除精神和肉体的紧张，给人以亲切自然的感觉。真诚的微笑是心理健康的标志。面对消极防御和排斥他人的主试者，微微一笑可以使他解除戒备心理，使双方的心理距离迅速缩短。微笑是自信的象征，所以，求职时面带微笑会提高你求职的成功率。

⑤面试时的姿势。进入面试室落座后的姿势最为重要，要坐有坐姿，站有站相。正确的坐姿是：全身放松，两腿自然并拢，手放在膝上，挺直腰板，身体微向前倾，坐时既不可坐得太浅，也不能坐得太深。坐浅了容易使自己紧张，导致注意力不集中，坐深了斜倚在靠背上给人以懒散感。正确的坐姿让人看见后会感觉到应试人精神振奋，朝气蓬勃。注意不要有小动作，如下意识地看手表（让主考人觉得你对面试或提问有些不耐烦）；或坐着时双腿叉开，摇晃不停；或跷二郎腿，不住地抖动；或讲话时摇头晃脑；或用手掩口；或用手不住地挠后脑勺；或不停地玩弄随身携带的小物件。这些小动作会使主试人分神，并很有可能引起他们的反感。正确的坐姿如图4-16所示。

图 4-16　正确的坐姿

⑥认真地倾听并注意目光的交流。面试时与主考人员保持视线的接触，是交流的需要，也是起码的礼貌，更是应试人自信的表现。面试时若回避对方目光，会被主考人认为你或许太胆怯，心中无底；或许太傲气，不将主考人放在眼中。正常状态下，应试者应将大部分时间望着向自己发问的那位主考人，但不要一直将目光盯着对方的眼睛，这会让人觉得你太咄咄逼人，会被认为向主考人挑战，正确的方法是把目光放在对方额头或鼻梁上方，保持目光的自然、轻松、柔和，传达出你的真实思想，这样会让对方觉得你是在聚精会神地和他交流。

⑦礼貌告辞。当主考人示意面试结束时，应微笑起立，感谢用人单位给予你面试的机会，然后说“再见”，没有必要握手（除非主考人员主动伸出手来）。如果你进入面试室

时有人接待或引导你，离开时也应一并向其致谢、告辞。

（2）面试禁忌。

①迟到。迟到是缺乏尊重的表现，没有什么比迟到更让用人单位反感的了。最好提前几分钟到，给用人单位留下好印象。

②完全被动。主要表现为默不作声，主考官再三诱导也只回答“是”或“不是”，这样的求职者必然让用人单位失望。

③傲慢自大。有些求职者三番五次质询用人单位的规模、升级制度、在职培训情况，问他们能让自己担当什么职务或准备给多少薪水等，而对用人单位提出的问题不屑一顾，或是无礼打断主考官的问话，未经同意就吸烟、大声说话，甚至反问主考官，让其下不了台。

4. 面试前的问题准备

（1）“请介绍一下你自己。”面试官可以从这个问题的回答来判断你的概括能力和表达能力。因此，你必须以精练的语言，简明扼要地介绍自己在学校期间的学习情况和掌握的知识、技能，取得的成绩，主要表现以及突出的特长、爱好等基本情况。

（2）“你在学校学了哪些课程？”不要面面俱到，把在校所学的几十门课程背一遍，而应该把学习的主要课程，如主要的基础课、专业基础课、专业课等，特别是与应聘有关的课程要讲出来，并稍做介绍。

（3）“你了解我们单位吗？”这个问题主要考察你对单位关注的原因和程度，有的甚至在暗示你单位的福利待遇不高，或工作很辛苦、很忙，以试探你是否有思想准备。对这个问题的回答应该坦率，不要胡编乱造，并要表示自己看重的是工作和今后的发展，而不是福利待遇、工作条件等。

（4）“你有什么优点和不足？”提出这个问题，大多想进一步了解你的情况，以便录用后更好地安排工作，同时也看看你自己是否对自己有一个正确的评价。知人为聪，自知为明。回答时要实事求是地介绍自己的长处和不足，包括你的道德品质、为人处世、学业成绩、生活习惯等方面。多数单位不会因为你有缺点而不录用，除非你有严重的思想品质问题。介绍完后可补充一句：“由于自己还不是很成熟，自我评价可能不完全准确，如有可能，请领导通过学校再了解一下。”

（5）“为什么想到我单位工作？”回答这个问题要多从工作条件、工作性质如何有利于发挥自己的才能，有利于为单位、为社会多做贡献的角度来回答，一定要以事业和发展为主题。不能讲因工资高、福利好才来的，否则会给对方以眼光短浅、只顾眼前利益、择业动机不纯的感觉。

（6）“你有什么特长和爱好？”对这个问题要如实回答，不要无中生有，也不要过分谦虚，因为爱好广泛、多才多艺的人才是备受用人单位青睐的人。

（7）“你选择工作主要考虑哪些因素？”对这个问题应该集中回答，包括：应聘的单位是具有较好发展前景的单位、应聘的工作有利于发挥自己的价值，有利于施展所长、有利于单位和个人的发展等，也可以讲讲对哪些工作感兴趣。对一些与个人利益有关的问题最好少谈，即便谈也不要重复强调。

（8）“你是否打算继续学习？”有的单位希望你将来继续学习深造，有的单位则希望你安心工作，因此，回答这个问题可以表明你有进一步深造的愿望，但必须表示将以工作为重，如需要可以在工作中学习，不一定非要脱产深造。

（9）“你还有什么要说的？”这实际上是告诉你面试已经结束，对方目的已经达到，现在给你一个自由发挥的机会来阐述或提出你没有提及而有意义的事情，你应该把握住机会，通过提问或表态来强化对方对你的印象。但你的发言不要离题，更不能长篇大论，回答完这个问题就应该主动称谢告辞。

（10）其他问题。面试中提到的问题还会有很多。例如：

◎“你谈恋爱了吗？”

◎“你的理想是什么？”

◎“请谈谈你的家庭情况。”

◎“你喜欢阅读什么样的书？”

◎“你爱和什么样的人交往？”

◎“你喜欢独立工作还是与别人合作工作？”

◎“你业余时间主要干些什么？”

◎“你喜欢到野外工作吗？”

◎“你愿意做人事思想政治工作或行政管理工作吗？”

◎“如果让你改行怎么办？”

◎“你喜欢什么样的领导？”

◎“你最适合做什么工作？”

◎“到单位后你有什么打算？”

◎“我们单位福利待遇差，你有什么想法？”

◎“如果让你三班倒，你愿意吗？”

5. 面试过程中的策略

（1）面试过程中的谈话技巧。

①从面部表情变化推测对方的心理。要注意眼睛和嘴周围肌肉的变化。感情上的变化会使面部肌肉发生变化。如愉快时嘴角向上，不愉快时嘴角向下；愉快的时候眼角两端向后或者下眼皮向上，或者眼角出现皱纹；眼角大开则是愤怒或恐惧。面试时应该细致地通过观察对方面部的表情和情绪变化，去分析人的深层心理变化。

②从表情、动作不一致推测对方的心理。面试时一个人的动作和表情会或多或少地流露出异样。有时对方不满时会表现为笑容，但这种别扭的笑容是可以辨认出来的。

③从无表情的表情推测对方的心理。有的人不管情绪怎样，面部都毫无表情，这种情况往往使人不知所措。其实无表情并非无感情，随着心理活动的加剧，无表情者面部肌肉的变化是极不自然的，无表情也能证实其感情。有时自己在和对方讲话，对方也许表现得心不在焉，其实这种无视和不关心的表情经常是好意的表现，要注意这些细节。

如果对方是因对你不满意而故意表露出来毫无表情的样子，择业者碰到这种情况时就要转移话题，寻找共同点，改变对方的态度、情感。如果对方是满意的但表情不便流露出来时，则应该尽可能暗示对方你已经心领神会了，并表达自己想要为对方施展才华、做出贡献的心情，使对方心里有底。

④从眼珠的转动和视线来观察对方的心理。眼睛被称为“五官之王”。深层心理的欲望和感情首先反映在视觉神经上，观察视线上的变化有助于人与人之间的交流。有视线说明对方对你有兴趣，无视线则可能对你不感兴趣。面试时对方常常会长久地注视你，希望与你交流，或者观察你的承受力。你必须做出正确的反应。

交谈过程中，对方眼珠转动会表现出深层的心理活动。如动脑思考问题时眼睛会转动，有时突然视线低下，这是想消除眼睛刺激，将存在于脑海中的问题进行整理，整理好了出现新的想法，眼睛又会转动起来。眼睛转动的频率间隔、激烈程度反映了对方对我们的看法、想法在不时地变化，要根据眼神适时争取主动，力争成功。

⑤从谈话题目的转移来推测对方的心理。在与对方交谈中，若直接谈到就业的问题，求职者必须清楚、准确地表达自己，使对方理解并认识你。若对方不直接谈到就业的问题，而谈些看起来无关的问题，这是有意暗示。如对方不问你的素质、能力情况，而是诉说创业的艰辛、个人奋斗的曲折甚至是个人的隐私，其目的是看你对他经历的反应、有无艰苦奋斗的创业素质。这时你应该坦诚说出自己的看法，表现自己的意愿。对方问你对其他行业的了解程度，是考察你的观察力、理解能力、分析能力，看是否适应这个职业，此时正是你施展才华的大好时机。深层心理活动不仅表现在话题上，也表现在展开方式上。在与对方交谈时，如果你正在陈述自己的看法，对方有时插话甚至提出一些不相干的问题，这时就要灵活地把事先准备好的话题扯过来，争取达到自己的目的。

（2）精神紧张及克服的办法。紧张是求职时的常见现象，是一种正常的生理和心理反应，绝大部分大学毕业生都承认自己在面试时会精神紧张，精神紧张是大学毕业生面试时需要战胜的最大敌人。陌生的环境，被陌生的人提问，事关自己今后一段时间的发展前途，面对这种环境应聘者不可能不紧张，适度的紧张可以促使大学毕业生更加集中注意力投入面试。但紧张过度则对面试极为有害，不仅会使应试人注意力不集中，甚至可能将事先准备的内容忘得干干净净，头脑一片空白。这里提供几种克服紧张的方法：

①做好准备，从容镇定。预计自己临场可能会紧张，应事先请教师或同学充当主试人，举办模拟面试，找出可能存在的问题与不足，增强自己克服紧张的自信心。不要将一次面试的得失看得太重。要知道，虽然你自己紧张，你的竞争对手也不轻松，甚至可能不如你。同等条件下，谁克服了紧张情绪，大方、镇定、从容地回答每一个提问，谁就会取得胜利。

②随机应变，灵活面对。不要急着回答问题，主试人问完问题后，应试人可以考虑5~10秒钟后再作回答。对某些一时难以回答的问题，可用比较委婉的语气避开，这也是一种诚实机智的表现。

③掌握语速，淡定从容。在回答提问时，语速不可太快。快了容易使思维与表达脱节，也容易表达不清。而你一旦意识到这种情况会更紧张，结果就会导致面试难以取得应有的效果。所以切记面试时从头到尾，讲话都要不急不慢，逻辑严密，条理清楚。

④客观看待，看淡得失。从心理学方面来看，造成面试紧张的根源是面试发展的实际情况和你事先期望之间的差距。想在面试很短的时间内把问题想得既周到又全面是很难的，只要能够把自己的真实想法说出来，把自己最好的一面展现给面试官，就是胜利。盲目地追求完美，乃至面试时不尽如人意就出现紧张焦躁的状态，是不明智的。摆正心态，得也好，失也罢，自己问心无愧就好。

（3）遇到不清楚的问题及解决办法。有时主试人提出的问题应试者不知怎么回答，此时可以婉转地问主试人是否指某方面的问题，不可胡乱猜测，信口开河。如果真是一点也不清楚怎么回答，就应实事求是地告诉主试人，这个方面的知识未接触过。作为主试人，他可以理解你的回答，因为世界上没有人什么都懂，况且，这样的问题该不该提出来还是个疑问。

（4）讲错了话及时改正的办法。人在紧张时很容易说错话。若讲错的话无关大局、无伤大雅，就不要太在意，继续专心应付下一个提问，而不必耿耿于怀、提心吊胆，不能因一个小错误而影响了大局。若应试人感觉说错的话比较重要，则应该及时道歉，并表达出心中本来要讲的意思。对主试人而言，他可能更欣赏你坦诚的态度，或许你会因此而博得主试人对你的好感。

（5）几位主试人同时提问时的回答方法。遇到几位主试人同时提问，一些经验不足的应试者会随意地选择其中部分问题加以回答，结果自然不能让所有主试人都满意。在这种情况下，既要逐一回答，又要显得有礼貌。你可以说："对不起，请让我先回答这位领导的提问，然后再回答那位领导的问题，可以吗？"一般应先回答主考官的问题，当然，你也可以按发问的先后次序回答。回答问题时，应试人的目光主要和发问的主试者进行交流，但也要适当顾及其他领导，让他们觉得，你是和所有主试人在交流。同时，还应逐一观察提问者的反应和面试室内的气氛，以便随时调整谈话的策略和方式。

总之，面试时不论遇到什么情况，应试人都应沉着冷静，镇定自若地加以处理，千万不能惊慌失措。只要认真对待，定能化险为夷。回答提问或许就是你获得主试者欣赏的契机。

6. 面试后的工作

面试结束后，能否被录用尚是未知数，面试官事后还要对应聘者重新审视，如果能在招聘单位最后做出决定之前做些积极的努力，或许还能改变自己的命运。

（1）真诚致谢。面试结束后的24小时内，用书信、E-mail或者手机短信等方式向主考官发一封感谢信。感谢他给你面试的机会和花费的时间，与他的谈话很愉快，再次表示对应聘职位感兴趣，还可以做些其他的补充说明。一份情真意切的短信、一份感谢函也许可以助你一臂之力，祝你踏上成功之路。

（2）认真总结。面试结束后，要对自己的面试表现进行回顾。如果发挥失常，应该以积极的心态进行反思，找出失败的原因，不断总结经验，找出对策，做好再次冲刺的计划，迎接新一轮挑战。

（3）保持联系。面试结束后，主考官会告知几天之后会有结果。哪怕你觉得自己面试中临场发挥失常也别轻易放弃。出结果的时间快到的时候要积极地与用人单位主考官保持联系，但不能过于频繁。有耐心有坚持，才能更好地把握机会。

知识拓展

马云谈职业规划，“四把剑”闯天下

他，20年前大学毕业，应聘过30份工作，全部被拒绝；他，想当警察，和同学一起去，只有他没有被录取；他在杭州第一个五星级宾馆开业的时候去应聘服务员，也没有被录取；他，和别人一起应聘杭州肯德基，没有被录取的那个还是他。他是马云。

这是网上流传很广的一条微博，虽然其真实性有待考证，但凭着马云瘦小的身板去应聘警察，自嘲不佳的长相去应聘五星级宾馆服务员，再加上在那个年代“外星人IP”在中国还没有流行，肯德基还得照顾小朋友的情绪，被肯德基拒绝也情有可原。

但这一切都不影响他成为全球电子商务的教父级人物，成为中国大陆第一位登上《福布斯》封面的企业家，成为一名真正的企业领袖。

马云痴迷金庸的武侠小说，自称“风清扬”，办公室在“光明顶”，洗手间叫“听雨轩”。为了弄清楚马云的职业规划，我特意追根溯源地去金庸小说里寻找答案，终于在风清扬的师傅独孤求败那里找到了答案。独孤求败剑冢里的四把剑描述了他的武功发展路径，这“四把剑”恰好也说明了马云的职业发展之路，我们称之为：利剑期、软剑期、重剑期、木剑期。

利剑期

想想20岁前的我们，正处于16年漫漫求学长跑的最后几年。在那个穿梭于各种社团活动、在学校里谈梦想的年代，我们驰骋在偌大的校园中，陶醉在师弟师妹们的崇拜中。20岁前的年轻人，年少、冲动，以为手中有了利器就可以纵横天下，却不知道此时的我们仅仅只能与“河朔群雄”一争短长而已。

马云的20岁也不例外，不过他还意外地成了学生会主席，后来竟然更加意外地成了学联主席。风华正茂、指点江山、激扬文字，心中一片宏图伟业。如果你是马云，面临毕业，你会何去何从呢？考研、就业或者考公务员？

当时的马云被分到杭州电子工学院当一名英语老师。按照现在的说法，马云也算抢到了铁饭碗。但20世纪80年代初，大学老师还没有今天这么好的待遇，更没有今天这么好的福利，成为一名公务员也还不需要像今天这样挤破脑袋。那时也算利剑在手的马云会甘心接受这个安排吗？

马云在《赢在中国》节目的一次点评中讲述过他的这段往事，那时的他也和今天的我们一样迷茫着去当老师还是去创业，而马云是幸运的，正如他博客签名对自己的评价一样，“满大街一抓一大把的普通人！不过运气不错，智商一般，但是个福将。”马云在迷茫的时候遇到的良师益友是校长。校长没有多说，只是要马云承诺到那个学校去教书，5年之内不许出来创业。马云并不懂校长的真实意图，但还是照着做了。那时学校教书的生活很清苦，一个月的工资只有八九十块钱，但是世界变化太快，外面工作的月薪诱惑从几百元到几千元不断刺激着马云，马云却坚守着自己的诺言老老实实待在学校里。

表面看来这几年教书生活让马云失去了很多眼前的利益，但事实是他收获了终身受用的东西，那就是戒骄戒躁的品质。在今天这样一个浮躁的社会，这样的品质更加显得难能可贵，看似简单的道理，却只有那些真正蛰伏、品味过其中甘甜的人才能参透其中。这种沉稳、踏实的心态也是当今大学生最缺乏的。我们常常见到一些刚毕业的学生，工作一年就想当经理、三年就想奔总监。眼高手低，总是在抱怨找不到适合自己的工作，觉得身边的人都不如自己优秀。处于利剑期的大学生，锋芒毕露不是什么坏事，但是我们需要清醒地认识到自己的那把“利剑”到底是只能在校园争雄还是足够在社会厮杀。

利剑期马云给我们最大的启示是：先做好自己能做的，再去做自己想做的。“不想当将军的士兵不是好士兵，但是我认为当不好士兵的人，永远也当不了一个伟大的将军。”马云的经历恰恰印证了这个道理。

很多工作在刚入门阶段并不需要那么多的天赋和兴趣，只需要你用踏实的心态做下来。这门功课你在这份工作上没学好，同样要在其他工作上补回来。很多学生刚毕业的时候频繁跳槽，总是觉得自己的才华无用武之地。其实只要你做得足够优秀，任何工作都是好工作，马云辞职创业的时候已经是杭州十大杰出青年教师，在教师这个位置上，马云同样是优秀的。

所以利剑期的职场秘笈就是：①收起你的锋芒；②先求生存再谈发展；③认真做好每件事，同时关注自己的兴趣，努力尝试。

软剑期

金庸在《神雕侠侣》中对软剑期的描述是："紫薇软剑，30岁前所用，误伤义士不祥，悔恨无已，乃弃之深谷。"

古人云，三十而立。如果一个人到30岁左右还找不到自己有特长的职业领域，那么我们多少要为这个人的职业发展而担忧——30岁后，随着家庭、心态的变换，一个人将很难再去尝试新的行业。

所以在30岁前使用这柄"紫薇软剑"有两个寓意：第一，要快，软剑的优势在于快，高手过招，先手将占尽先机；第二，试错，在这个阶段我们允许试错，哪怕"误伤"一两个职业，我们也有犯错的资本，能够为犯错买单，大不了就是把这一两个职业"弃于深谷"，从此不相往来足矣。但事实上，任何的尝试都会在未来的职业发展中不经意地收获一二。

我们来看看马云的这个阶段是如何度过的。1991年，在学校不甘寂寞的马云出来和朋友一起创办翻译社，但创业艰难，于是马云一个人去卖小商品来维持翻译社生存。也许我们难以考证他后来创办阿里巴巴是否就是从中得到的灵感，但我们愿意相信他"让天下没有难做的生意"的商业哲学一定在那时已经埋下了种子。而也正是翻译社的威名让马云有机会出国见识一片新天地，继而让马云坚信自己找到了互联网这个愿意为之奋斗的职业领域。

这一切看似巧合的经历，当我们开始回顾的时候却发现期间一环扣一环的联系。如果马云做翻译没有做到足够好，就不会有出国的机会；如果马云在没遇见互联网之前没有做各种尝试，估计就不可能出国，也就不会这么早认识互联网，更不会有今天的"阿里帝国"了。

当一个人慢慢在职场稳定下来的时候，下一步应该做些什么？很多人找不到自己想过的生活，是因为他什么都没有试过。这就好像谈恋爱一样，如果你连一个女孩都没见过，自然不知道何种类型才是自己的最爱，所以年轻的时候多去尝试并不是一件坏事。这个时期允许我们犯错，鼓励对世界保持开放的态度。而一旦你找到了那个让自己心动的女孩，快刀斩乱麻不失为一种好的策略，省得夜长梦多。就这样马云毅然辞职，于1995年4月创办了"中国黄页"，1997年年底在北京开发外经贸部官方站点。几次转战北京和杭州，在互联网领城不断犯错却快速成长。

所以软剑期的职场秘笈就是：①允许试错；②找寻自己感兴趣的事业；③快速发展。

重剑期

很多人说，马云在互联网是"起了个大早，赶了个大晚"。1999年年初，已经在互联网行业摸爬滚打了4年的马云，终于开始向职业的顶峰进发。“18罗汉”以50万元人民币创立阿里巴巴被传为一段佳话，接下来是软银投资、淘宝网、支付宝、雅虎并购、香港上市。马云带领他的创业团队走出了互联网的寒冬，自己也走出了职业的寒冬。此时的马云仿佛站在中国IT行业的顶峰，傲视群雄。

马云仿佛手握重剑，心怀若谷。他豪不犹豫地选择了坚定自己的梦想——让“天下没有难做的生意”。凭着对梦想的执着，马云做到了。但很显然，专注、坚持并不是马云这个阶段成果的唯一秘诀，“重剑”中还藏有些什么玄机呢？

如果说之前的马云最早看到了互联网的商机，开创了全新的商业模式。算是“以快求新”取胜的话，这个阶段的马云更加注重资本的价值，不断地并购与融资大大加速了他自己和阿里巴巴的发展。

至今6分钟拿到软银的投资依然是前无古人后无来者，但最让我敬佩的是当时孙正义本来要给马云4000万美元，却被马云当场拒绝，“我用不了4000万美元。”

当一个人手握重剑的时候，往往会受到各种各样的诱惑，因为所有人都看到了你的价值。但你要清楚如何才能发挥自己的价值，就像当年杨过手握玄天重剑却绝不做武林盟主一般，一个人能抵御多大的诱惑，才能成就多大的事业。

所以重剑期的职场秘笈就是：①深耕细作；②链接资源；③有舍有得。

木剑期

以往之剑，无论刚柔轻重，都受限于剑，而剑毕竟只是十八般兵器中的一种，一种就意味着局限，而突破局限，甚至突破兵器的限制，则“草木竹石均可为剑”，在大自然随手取来一物，便可以之展露毕生修为。因为此时其实物在手中，而术在心中。

如果我们把职场比作一把剑，那么进入木剑期，人会更多开始感悟生命，去追寻生命的意义，而不再把一切归于职场。因为他们已经拥有了驾驭职场的能力，所以他们完全可以去追寻吾心，活出属于自己的精彩。所以这个时期，王石开始去爬珠峰，李开复开始做创新工场，俞敏洪去做民办大学，马云则坦言自己退休后还是想当老师，不过是当青年创业的导师！

这个时期职场人面临的最大问题是：你能不能真正退下来，放下手中的重剑？拿久了重剑，突然放手总会感觉手中无物，重剑带来的名利、权力、影响力绝不是可以轻易放下的，当一些人被神化成无所不能的模样，只有他自己能够让自己全身而退！所以如果创业导师是马云的下一个目标，那我们愿意去祝福他，也许这就是他“自己的样子”。

职业发展有“四把剑”：利剑，软剑，重剑，木剑。今天你想拿起哪把剑？祝各位可以驾驭职场，从容一生。

——选自中国人才热线网，www.CJOL.com

思考：

1. 读完文章以后，你有什么感受？

2. 从现在开始，你必须要完成的三件事是什么？

3. 马云的“四把剑”理论对你有什么启发？

模块五　职场双赢

有法必然治国，无法必然乱国；法有权威则治，法无权威则乱。不以规矩，不成方圆。

——孟子

学习目标

1. 了解就业协议和劳动合同的作用
2. 掌握《劳动法》和《劳动合同法》的相关条款
3. 履行契约，走职场双赢之道

困惑和迷茫

［案例1］赵尚治同学大学毕业后，应聘到杭州某电子公司做文员工作，公司跟赵同学签订了劳动合同，试用期3个月。赵尚治初入职场，感觉一切都很新鲜，工作也很卖力，但是过了一阵子，新鲜劲过去了，他开始感觉工作单调乏味。于是工作三天打鱼两天晒网，主管找他谈了几次，希望他加强工作责任心，但是赵尚治不以为然，依然我行我素，甚至扬言："我在试用期，愿意干就干，愿意不干就不干，公司对我没辙，公司如果开除我，我就跟公司打官司，要求公司赔偿我的损失。"

提问：赵尚治同学的工作态度你认可吗？是不是真的如赵尚治同学所说，他想干就不干，不干就走人，公司对他没有任何约束力？如果不想走，公司还没有权力开除他，如果公司开除他，他可以去控告公司赔偿损失？

［案例2］郑晓晓2001年6月大学毕业，应聘到江苏某市一家企业做办公室文员，应聘时老板跟他说每月工资1600元，上班后公司却每月只发800元工资，说法是剩下的800元年终一起结算。但是直到2002年6月公司都没有把扣下的工资结算给郑晓晓。郑晓晓在跟公司协商未果的情况下，到该市市政府人事争议仲裁委员会申请人事仲裁，要求公司退还公司扣款并且补交社会保险。一个星期后人事仲裁负责人电话联系郑晓晓，向郑晓晓说明他是临时工，因为公司没有跟郑晓晓签订劳动合同，所以公司没有义务给郑晓晓交社会保

险，关于工资扣款郑晓晓没有提供有效证据，所以不予支持。郑晓晓茫然不知所措，最后作罢，黯然离开公司。

提问：如果你是郑晓晓，你该怎么办？

进入职场后，我们该怎样履行自己的义务？如何保障自己应有的合法权益？

以上两个典型事例充分说明大学生大多不懂《劳动法》和《劳动合同法》,《劳动法》和《劳动合同法》规定了我们在职场必须履行的义务和享受的保障。本章让我们开启了解《劳动法》和《劳动合同法》之旅。

第一节　就业协议与劳动合同

一、毕业生就业协议书

就业协议是三方协议，全称为《全国普通高等院校毕业生就业协议书》，是由校方、毕业生、工作单位三方来签订，是具有法律效力的协议书，高校会在大学生毕业前派发。此协议一式三份，一份由该大学生持有，用于办理报到、转移行政关系及户口等手续，一份由用人单位保存，一份交给学校，学校凭借就业协议到省教育厅办理报到证。就业协议的法律效力直至该毕业生到工作单位报到，和该单位签订《劳动合同》后失效。

就业协议的功效：毕业生持就业协议和报到证到工作单位报到，然后再凭《户口迁移证》办理人事档案和户口的迁移，最后就业协议和报到证等相关证明文件都将存入该学生的人事档案，这些都将成为大学生就业开始的证明。就业协议也是教育部门和各高校统计就业率的依据。

（1）签订《高校毕业生就业协议书》是高校毕业生毕业工作之中的一项重要程序，也是毕业生落实单位后须履行的义务。普通高校毕业生就业享有国家的就业优惠政策，按照“全国普通高校毕业生就业程序”办理有关毕业生就业程序，毕业生走向工作岗位的同时，人事关系（户口档案等）都要随之迁移。那么凭什么办理迁移手续呢？教育部统一规定，只有签订就业协议书，再依据就业协议书开具全国高校统一的“高校毕业生就业报到证”，才能到工作单位和有关部门办理户口、人事档案和各种就业福利等手续。

（2）人事档案记录人生的工作历程。我国正在促进人事制度改革发展，且人力资源管理日趋正规化，有一定知名度的企事业单位在招聘人员时都会关注应聘者的人事档案。若毕业生在毕业走向社会之时落实了就业单位并签订就业协议，则档案内开始记录工作历程，否则档案里没有工作后的任何记录，而人事档案对今后的个人职业发展极为重要。

（3）切实保障双方劳资关系。签订就业协议书是保护毕业生在用人单位工作的切实利益关系的有力保障，如保护意外工伤、“多种福利金”等个人利益。

（4）身份的标志。应届毕业生在规定期限内签订协议书，学校将根据协议书编制就业计划并上报省教育厅。经国家教育部审核下达，大学毕业生即可持有高校毕业生就业报到证，具备了正规高校毕业生的标志，与成教、非正规统招毕业生等相区别。我们国家有人才市场和劳动力市场之分，人才市场管理人才，劳动力市场管理学历较低的人。没有签约的同学会失去很多人才待遇的机会，因为社会要给你待遇时会看你给社会做了什么贡献。如果你档案上是空白的，自然不会凭空给你待遇，千万注意别把自己仅仅当作劳动力。

（5）工龄计算优势。签订就业协议后，人事档案里开始有了工龄的记录，工龄是以后评职称的基础，不签约的学生没有工龄记录，在评职称的时候会有年限的问题。现在企事业单位对工龄统计是从7月1日开始，所以在7月5日前落实工作单位并签订就业协议将具有工龄优势，且会对以后职称评审的工作年限、工资计算及职业发展产生重要影响。

（6）只有签订了就业协议书才能办理“人事代理”手续。如果没有签订就业协议，则不能办理人事代理手续，那么人事档案就没有相关人事部门管理，时间一长档案将会被派往生源所在地，久而久之这种档案将变成“垃圾档案”。你会在需要档案的时候却寻不到自己的档案。不要认为自己的档案没有用，在继续深造、报考公务员、应征入伍时，档案的作用都可见一斑。

（7）户口的挂靠落实。在规定期限内落实单位并签订就业协议的应届毕业生，其户口可以直接挂靠就业单位所在地。

（8）用人单位的需求和偏见。用人单位一般在本年度底制定下一年度发展规划，并根据实际情况确定招聘人才计划，且招聘高峰期集中在3～5月份。若毕业生错过了高峰期找工作的机会，用人单位就会对你产生偏见，认为你的职业能力和工作能力差，不值得用。所以应尽快签订就业协议，尽早跟用人单位确立劳动关系。尽早落实就业岗位，也会避免到9月份与下届毕业生竞争工作岗位。

二、劳动合同

劳动合同即为劳动合同协议，是指劳动者与用人单位之间确立劳动关系、明确双方权利和义务的协议。

《中华人民共和国劳动合同法》（以下简称《劳动合同法》）第三条规定，订立劳动合同，应当遵循合法、公平、平等自愿、协商一致、诚实信用的原则。依法订立的劳动合同具有约束力，用人单位与劳动者应当履行劳动合同约定的义务。

1. 劳动合同的基本条款

劳动合同应当具备以下条款：

（1）用人单位的名称、住所和法定代表人或者主要负责人；

（2）劳动者的姓名、住址和居民身份证或者其他有效身份证件号码；

（3）劳动合同期限；

（4）工作内容和工作地点；

（5）工作时间和休息休假；

（6）劳动报酬；

（7）社会保险；

（8）劳动保护、劳动条件和职业危害防护；

（9）法律、法规规定应当纳入劳动合同的其他事项。

劳动合同除前款规定的必备条款外，用人单位与劳动者可以约定试用期、培训、保守秘密、补充保险和福利待遇等其他事项。

2. 签订劳动合同的意义

劳动合同是劳动者与用人单位确立劳动关系、明确双方权利和义务的协议。建立劳动关系应当订立劳动合同。

根据这个协议，劳动者加入企业、个体经济组织、事业组织、国家机关、社会团体等用人单位，成为该单位的一员，承担一定的工种、岗位或职务工作，并遵守所在单位的内部劳动规则和其他规章制度；用人单位应及时安排被录用的劳动者工作，按照劳动者提供劳动的数量和质量支付劳动报酬，并且根据劳动法律、法规规定和劳动合同的约定提供必要的劳动条件，保证劳动者享有劳动保护及社会保险、福利等权利和待遇。

3. 劳动合同的种类

劳动合同分为固定期限劳动合同、无固定期限劳动合同和以完成一定工作任务为期限的劳动合同。

三、各类劳动合同的诠释和签订的规定

1. 固定期限和无固定期限劳动合同

固定期限劳动合同，是指用人单位与劳动者约定合同终止时间的劳动合同。用人单位与劳动者协商一致，可以订立固定期限劳动合同；无固定期限劳动合同，是指用人单位与劳动者约定无确定终止时间的劳动合同。

用人单位与劳动者协商一致，可以订立无固定期限劳动合同。有下列情形之一，劳动者提出或者同意续订、订立劳动合同的，除劳动者提出订立固定期限劳动合同外，应当订

立无固定期限劳动合同：

（1）劳动者在该用人单位连续工作满10年的；

（2）用人单位初次实行劳动合同制度或者国有企业改制重新订立劳动合同时，劳动者在该用人单位连续工作满10年且距法定退休年龄不足10年的；

（3）连续订立2次固定期限劳动合同，且劳动者没有本法第三十九条和第四十条第一项、第二项规定的情形，续订劳动合同的；

（4）用人单位自用工之日起满1年不与劳动者订立书面劳动合同的，视为用人单位与劳动者已订立无固定期限劳动合同。

2. 以完成一定工作任务为期限的劳动合同

是指用人单位与劳动者约定以某项工作的完成为合同期限的劳动合同。用人单位与劳动者协商一致，可以订立以完成一定工作任务为期限的劳动合同。

劳动合同一式两份，由双方签字或盖章方才有效，用人单位和个人各执一份。《劳动合同法》第十六条规定，劳动合同由用人单位与劳动者协商一致，并经用人单位与劳动者在劳动合同文本上签字或者盖章生效。劳动合同文本由用人单位和劳动者各执一份。

3. 无效劳动合同

《劳动合同法》第二十六条规定，下列劳动合同无效或者部分无效：

（1）以欺诈、胁迫的手段或者乘人之危，使对方在违背真实意思的情况下订立或者变更劳动合同的；

（2）用人单位免除自己的法定责任、排除劳动者权利的；

（3）违反法律、行政法规强制性规定的。

对劳动合同的无效或者部分无效有争议的，由劳动争议仲裁机构或者人民法院确认。

《劳动合同法》第二十七条规定，劳动合同部分无效，不影响其他部分效力的，其他部分仍然有效。

《劳动合同法》第二十八条规定，劳动合同被确认无效，劳动者已付出劳动的，用人单位应当向劳动者支付劳动报酬。劳动报酬的数额参照本单位相同或者相近岗位劳动者的劳动报酬确定。

第二节　权利与义务

一、用人单位的权利及义务

1. 用人单位的权利

（1）录用职工方面的权利。主要是有权按国家规定和本单位需要择优录用职工，可以自主决定招工的时间、条件、数量、用工形式等。

（2）劳动组织方面的权利。主要是有权按国家规定和实际需要确定机构、编制和任职（上岗）资格条件；有权任免、聘用管理人员和技术人员，对职工进行内部调配和劳动组合，并对职工的劳动实施指挥和监督。

（3）劳动报酬分配方面的权利。主要是有权按国家规定确定工资分配办法，自主决定晋级增薪、降级减薪的条件和时间等。

（4）劳动纪律方面的权利。主要是有权制定和实施劳动纪律；有权决定对职工的奖惩。

（5）决定劳动法律关系存续方面的权利。主要是有权与职工以签定协议方式、续订、变更、暂停或解除劳动合同；有权在具备法定或约定条件时单方解除劳动合同。

（6）用人单位有对劳动者教育领导的职责，劳动者违反企业管理制度，享有法律规定范围内的处罚权，例如：口头警告、严重警告、记过、记大过、终止劳动合同。

《劳动合同法》第三十九条规定，劳动者有下列情形之一的，用人单位可以解除劳动合同：

（1）在试用期间被证明不符合录用条件的；

（2）严重违反用人单位的规章制度的；

（3）严重失职，营私舞弊，给用人单位造成重大损害的；

（4）劳动者同时与其他用人单位建立劳动关系，对完成本单位的工作任务造成严重影响，或者经用人单位提出，拒不改正的；

（5）因本法第二十六条第一款第一项规定的情形致使劳动合同无效的；

（6）被依法追究刑事责任的。

《劳动合同法》第四十条规定，有下列情形之一的，用人单位提前30日以书面形式通知劳动者本人或者额外支付劳动者1个月工资后，可以解除劳动合同：

（1）劳动者患病或者非因工负伤，在规定的医疗期满后不能从事原工作，也不能从事由用人单位另行安排的工作的；

（2）劳动者不能胜任工作，经过培训或者调整工作岗位，仍不能胜任工作的；

（3）劳动合同订立时所依据的客观情况发生重大变化，致使劳动合同无法履行，经用人单位与劳动者协商，未能就变更劳动合同内容达成协议的。

2. 用人单位的义务

劳动合同是劳动者与用人单位确立劳动关系、明确双方权利和义务的协议。建立劳动关系应当订立劳动合同。《劳动合同法》也做了明确规定：建立劳动关系，应当订立书面劳动合同；已建立劳动关系，未同时订立书面劳动合同的，应当自用工之日起1个月内订立书面劳动合同；用人单位与劳动者在用工前订立劳动合同的，劳动关系自用工之日起建立。

《劳动法》第十九条对劳动合同的签订也做了明确规定：劳动合同应当以书面形式订立，并具备如下条款：①劳动合同期限；②工作内容；③劳动保护和劳动条件；④劳动报酬；⑤劳动纪律；⑥劳动合同终止的条件；⑦违反劳动合同的责任。

劳动合同除前款规定的必备条款外，当事人可以协商约定其他内容。

一旦签订了劳动合同，用人单位和劳动者都必须履行和遵守劳动合同的各项条款，无论哪一方违反劳动合同约定的条款都得负法律责任。

《劳动法》第十七条规定，劳动合同依法订立即具有法律约束力，当事人必须履行劳动合同规定的义务。如果用人单位长期一直不跟大学毕业生签订劳动合同，毕业生可以找用人单位人事部门咨询签订劳动合同，如果用人单位还是拖着不跟毕业生签订劳动合同，显然该用人单位属于违法单位，大学毕业生有权终止工作，并可以向当地劳动局举报此不法行为。

《劳动法》第十四条做了特别规定，用人单位自用工之日起满1年不与劳动者订立书面劳动合同的，视为用人单位与劳动者已订立无固定期限劳动合同。

3. 为劳动者缴纳社会保险和其他福利

《劳动法》第七十二条规定，社会保险基金按照保险类型确定资金来源，逐步实行社会统筹。用人单位和劳动者必须依法参加社会保险，缴纳社会保险费。

用人单位定期给劳动者缴纳社会保险金，个人所缴纳的部分由企业从工资中扣除，国家鼓励企业为员工建立补充险，例如为员工缴纳失业险、住房公积金、意外伤害险等。

《劳动法》第七十五条规定，国家鼓励用人单位根据本单位实际情况为劳动者建立补充保险。国家提倡劳动者个人进行储蓄性保险。

《劳动法》第七十六条规定，国家发展社会福利事业，兴建公共福利设施，为劳动者休息、休养和疗养提供条件。用人单位应当创造条件，改善集体福利，提高劳动者的福利待遇。

4. 给劳动者提供培训和进修的机会

《劳动法》第六十八条规定：用人单位应当建立职业培训制度，按照国家规定提取和使用职业培训经费，根据本单位实际，有计划地对劳动者进行职业培训。从事技术工种的劳动者，上岗前必须经过培训。

5. 企业的其他应尽的责任

《劳动法》第五十条规定，工资应当以货币形式按月支付给劳动者本人。不得克扣或者无故拖欠劳动者的工资。

《劳动法》第五十一条规定，劳动者在法定休假日和婚丧假期间以及依法参加社会活动期间，用人单位应当依法支付工资。

《劳动法》第五十二条规定，用人单位必须建立、健全劳动卫生制度，严格执行国家劳动安全卫生规程和标准，对劳动者进行劳动安全卫生教育，防止劳动过程中的事故，减少职业危害。

《劳动法》第五十四条规定，用人单位必须为劳动者提供符合国家规定的劳动安全卫生条件和必要的劳动防护用品，对从事有职业危害作业的劳动者应当定期进行健康检查。

二、劳动者的权利及义务

1. 劳动者的权利

《劳动合同法》第三十八条规定，用人单位有下列情形之一的，劳动者可以解除劳动合同：

（1）未按照劳动合同约定提供劳动保护或者劳动条件的；

（2）未及时足额支付劳动报酬的；

（3）未依法为劳动者缴纳社会保险费的；

（4）用人单位的规章制度违反法律、法规的规定，损害劳动者权益的；

（5）因本法第二十六条第一款规定的情形致使劳动合同无效的；

（6）法律、行政法规规定劳动者可以解除劳动合同的其他情形。

用人单位以暴力、威胁或者非法限制人身自由的手段强迫劳动者劳动的，或者用人单位违章指挥、强令冒险作业危及劳动者人身安全的，劳动者可以立即解除劳动合同，不需事先告知用人单位。

《劳动法》第七条规定，劳动者有权依法参加和组织工会。工会代表和维护劳动者的合法权益，依法独立自主地开展活动。

《劳动法》第八条规定，劳动者依照法律规定，通过职工大会、职工代表大会或者其他形式，参与民主管理或者就保护劳动合法权益与用人单位进行平等协商。

《劳动法》第三十二条规定，有下列情形之一的，劳动者可以随时通知用人单位解除劳动合同：

（1）在试用期内的；

（2）用人单位以暴力、威胁或者非法限制人身自由的手段强迫劳动的；

（3）用人单位未按照劳动合同约定支付劳动报酬或者提供劳动条件的。

《劳动法》第四十条规定，用人单位在下列节日期间应当依法安排劳动者休假：元旦、春节、国际劳动节、国庆节、法律、法规规定的其他休假节日。

2. 劳动者的义务

（1）积极努力完成工作任务，做好本职工作。

（2）刻苦学习专业知识，不断提高自己的职业技能能力。

（3）严格按照劳动安全卫生法律、法规规定的程序和条件进行操作，不违章作业，做好安全保护工作。

（4）遵守劳动纪律、岗位纪律，服从指挥，协调劳动。

（5）遵守行业、职业道德规范，不得损害用人单位的利益。

三、关于劳动权利及义务的案例分析

[案例1] 张同学跟某用人单位签订了劳动合同，试用期为1年。这样的劳动合同有效吗？何为无效合同？

《劳动法》第二十一条规定，劳动合同可以约定试用期，试用期最长不得超过6个月。显然用人单位跟张同学签订的劳动合同中约定试用期为1年是不合法的。

《劳动合同法》对用工试用期做了具体的规定，《劳动合同法》第十九条规定，劳动合同期限3个月以上不满1年的，试用期不得超过1个月；劳动合同期限1年以上不满3年的，试用期不得超过2个月；3年以上固定期限和无固定期限的劳动合同，试用期不得超过6个月。

同一用人单位与同一劳动者只能约定一次试用期。以完成一定工作任务为期限的劳动合同或者劳动合同期限不满3个月的，不得约定试用期；试用期包含在劳动合同期限内。劳动合同仅约定试用期的，试用期不成立，该期限为劳动合同期限。

签订劳动合同必须遵守相关规定。《劳动法》第十七条规定，订立和变更劳动合同，应当遵循平等自愿、协商一致的原则，不得违反法律、行政法规的规定。

什么样的劳动合同属于无效合同？《劳动法》第十八条规定下列劳动合同无效：①违反法律、行政法规的劳动合同；②采取欺诈、威胁等手段订立的劳动合同。无效的劳动合同从订立的时候起就没有法律约束力。确认劳动合同部分无效的，如果不影响其余部分的效力，其余部分仍然有效。劳动合同的无效由劳动争议仲裁委员会或者人民法院确认。

[案例2] 用人单位跟小李签订了劳动合同，给小李安排了工作岗位，但是小李经过岗

前培训不能胜任工作。用人单位对小李予以辞退，用人单位此举合法吗？

《劳动法》第二十六条规定，有下列情形之一的，用人单位可以解除劳动合同，但是应当提前30日以书面形式通知劳动者本人：①劳动者患病或者非因工负伤，医疗期满后，不能从事原工作也不能从事由用人单位另行安排的工作的；②劳动者不能胜任工作，经过培训或者调整工作岗位，仍不能胜任工作的；③劳动合同订立时所依据的客观情况发生重大变化，致使原劳动合同无法履行，经当事人协商不能就变更劳动合同达成协议的。

这里我们需注意第二款法条，如果用人单位安排小李其他工作岗位后小李仍不能胜任，用人单位需提前30天书面通知小李解除劳动合同，即为合法。

第三节　契约精神与维权通道

一、契约精神

用人单位和劳动者必须遵守《劳动合同法》和《劳动法》规定的各项条款，用人单位和劳动者签订的劳动合同必须符合法律的规定，一旦签订了合法的劳动合同，用人单位和劳动者都得严格履行契约。任何一方违反劳动合同规定的约定，都要接受法律的制裁。

1. 对用人单位的约定

《劳动合同法》第二十一条规定，在试用期中，除劳动者有本法第三十九条和第四十条第一项、第二项规定的情形外，用人单位不得解除劳动合同。用人单位在试用期解除劳动合同的，应当向劳动者说明理由。

《劳动合同法》第二十五条规定，除本法第二十二条和第二十三条规定的情形外，用人单位不得与劳动者约定由劳动者承担违约金。

《劳动合同法》第四十二条规定，劳动者有下列情形之一的，用人单位不得依照本法第四十条、第四十一条的规定解除劳动合同：

（1）从事接触职业病危害作业的劳动者未进行离岗前职业健康检查，或者疑似职业病病人在诊断或者医学观察期间的；

（2）在本单位患职业病或者因工负伤并被确认丧失或者部分丧失劳动能力的；

（3）患病或者非因工负伤，在规定的医疗期内的；

（4）女职工在孕期、产期、哺乳期的；

（5）在本单位连续工作满15年，且距法定退休年龄不足5年的；

（6）法律、行政法规规定的其他情形。

2. 对劳动者的约定

《劳动合同法》第二十三条规定，用人单位与劳动者可以在劳动合同中约定保守用人单位的商业秘密和与知识产权相关的保密事项。对负有保密义务的劳动者，用人单位可以在劳动合同或者保密协议中与劳动者约定竞业限制条款，并约定在解除或者终止劳动合同后，在竞业限制期限内按月给予劳动者经济补偿。劳动者违反竞业限制约定的，应当按照约定向用人单位支付违约金。

3. 对用人单位和劳动者双方的约定

《劳动合同法》第二十二条规定，用人单位为劳动者提供专项培训费用，对其进行专业技术培训的，可以与该劳动者订立协议，约定服务期。劳动者违反服务期约定的，应当按照约定向用人单位支付违约金。违约金的数额不得超过用人单位提供的培训费用。用人单位要求劳动者支付的违约金不得超过服务期尚未履行部分所应分摊的培训费用。

用人单位与劳动者约定服务期的，不影响按照正常的工资调整机制提高劳动者在服务期期间的劳动报酬。

二、案例思考

［案例1］曹萌萌同学就业后，公司跟她签订了劳动合同，但是曹萌萌经常迟到旷工，公司主管多次劝导，但她仍然我行我素，不但不收敛，还顶撞主管。曹萌萌说："我跟公司签订了劳动合同的，公司如果开除我要补偿。"这种说法对吗？

《劳动法》第二十五条规定，劳动者有下列情形之一的，用人单位可以解除劳动合同：①在试用期间被证明不符合录用条件的；②严重违反劳动纪律或者用人单位规章制度的；③严重失职、营私舞弊，对用人单位利益造成重大损害的；④被依法追究刑事责任的。

根据第二款法条，曹萌萌严重违反了公司的管理制度，而且屡教不改，公司完全有权力跟曹萌萌同学终止劳动合同。

那么什么情况下劳动者可以跟公司解除劳动合同呢？《劳动法》第三十一条规定，劳动者解除劳动合同，应当提前30日以书面形式通知用人单位。《劳动法》第三十二条规定，有下列情形之一的，劳动者可以随时通知用人单位解除劳动合同：①在试用期内的；②用人单位以暴力、威胁或者非法限制人身自由的手段强迫劳动的；③用人单位未按照劳动合同约定支付劳动报酬或者提供劳动条件的。

签订《劳动合同》能充分保障劳动者的合法权益。《劳动法》第二十九条规定：劳动者有下列情形之一的，用人单位不得依据本法第二十六条、第二十七条的规定解除劳动合同：①患职业病或者因工负伤并被确认丧失或者部分丧失劳动能力的；②患病或者负伤，在规定的医疗期内的；③女职工在孕期、产期、哺乳期的；④法律、行政法规规定的其他情形。

［案例2］小李的父亲去世了，小李向公司请了丧假回家料理父亲的后事，总计请假3天。公司在小李当月工资中扣除了900元，试问公司这种行为合法吗？

公司这种做法不合法。《劳动法》第五十一条规定，劳动者在法定休假日和婚丧假期间以及依法参加社会活动期间，用人单位应当依法支付工资。

同学们还应该了解一下《劳动法》关于工资报酬的有关规定。《劳动法》第四十四条规定，有下列情形之一的，用人单位应当按照下列标准支付高于劳动者正常工作时间工资的工资报酬：①安排劳动者延长时间的，支付不低于工资的150%的工资报酬；②休息日安排劳动者工作又不能安排补休的，支付不低于工资的200%的工资报酬；③法定休假日安排劳动者工作的，支付不低于工资的300%的工资报酬。

《劳动法》第四十五条规定，国家实行带薪年休假制度。劳动者连续工作1年以上的，享受带薪年休假。具体办法由国务院规定。

《劳动法》第四十八条规定，国家实行最低工资保障制度。最低工资的具体标准由省、自治区、直辖市人民政府规定，报国务院备案。用人单位支付劳动者的工资不得低于当地最低工资标准。

《劳动法》第五十条规定，工资应当以货币形式按月支付给劳动者本人。不得克扣或者无故拖欠劳动者的工资。

三、维权通道

这里对【困惑和迷茫】中的案例2进行分析。郑晓晓在公司工作了1年，公司一直没跟他签订劳动合同，郑晓晓因为不了解《劳动法》所以从来没有向公司提出签订劳动合同的要求。因为没有签订劳动合同，公司也从来没有给郑晓晓缴纳社会保险金。公司每月只发800元，无故扣押了她大部分的剩余工资。鉴于这种情况，郑晓晓可以走以下维权通道：

（1）郑晓晓可以向公司提出以下要求：①补签劳动合同；②要求补缴一年的社会保险金；③公司退还所有的扣押款项。

（2）如果公司拒绝跟郑晓晓补签劳动合同，根据《劳动合同法》第十四条的规定："用人单位自用工之日起满1年不与劳动者订立书面劳动合同的，视为用人单位与劳动者已订立无固定期限劳动合同。"同样可以要求公司补缴1年的社保。

（3）如果公司还是拒绝郑晓晓的要求，劳动争议就此发生，根据《劳动法》第七十九条规定，劳动争议发生后，当事人可以向本单位劳动争议调解委员会申请调解；调解不成，当事人一方要求仲裁的，可以向劳动争议仲裁委员会申请仲裁。当事人一方也可以直接向劳动争议仲裁委员会申请仲裁。对仲裁裁决不服的，可以向人民法院提出诉讼。郑晓晓可以请求本单位的劳动争议调解委员会给予调解，如果调解不成或不满意，可以向单位所在辖区的劳动争议仲裁委员会申请仲裁，一旦裁决就有了法律效力。

（4）申请仲裁的时限要求。《劳动法》第八十二条规定，提出仲裁要求的一方应当自劳动争议发生之日起60日内向劳动争议仲裁委员会提出书面申请。仲裁裁决一般应在收到仲裁申请的60日内作出。对仲裁裁决无异议的，当事人必须履行。

（5）双方对仲裁结果无异议或者虽然不服但没有提起诉讼，如果某方不履行仲裁裁决，如果处理？根据《劳动法》第八十三条规定，劳动争议当事人对仲裁裁决不服的，可以自收到仲裁裁决书之日起15日内向人民法院提起诉讼。一方当事人在法定期限内不起诉又不履行仲裁裁决的，另一方当事人可以申请强制执行。

职场发展篇

模块六　职业“博览会”

> 没有了工作，生命就会腐蚀，但工作若失去了意义，生命就会窒息、停止。
>
> ——阿尔巴特·卡马斯

学习目标

1. 了解高职毕业生的就业现状
2. 探索你感兴趣的行业、企业与岗位
3. 提高就业核心能力

迷茫与困惑

杜飞是应用室内设计三年级的学生，最近因为专转本还是毕业就找工作和父母有了意见分歧。父母认为现在的社会看重高学历，有些专科生能做的工作要本科生来做，有些本科生能做的工作要研究生来做，必须获得更高的学历才能有好的发展。杜飞虽然觉得父母说的有些道理，但自己实在不愿意再读书了，一想起转本要复习和准备的考试内容就头疼，难道现在的用人单位真的对学历要求越来越高?

小霞到校就业指导中心寻求帮助，她读的是会计专业，比较喜欢自己的专业，但是不知道毕业后除了做出纳、会计，还有什么工作可以选择。而且这些相关职业的具体情况如何、需要什么技能她也不是很清楚，希望老师能够告诉她。

小静踏进大学校门之前对自己的未来已经有比较清晰的想法：做一个办公室白领，优雅、干练，办公环境整洁、漂亮。毕业后她如愿以偿地进入一家公司工作，可是工作不久，她的幸福感就被繁复、琐碎的日常事务淹没了，小静没想到做一个办公室白领如此没有成就感。

一直徜徉在学习殿堂的学生们突然要面对社会、面对工作会感到非常陌生，这种状态常常令大学生在求职时产生困惑。在本模块，我们将展开一场探秘之旅，追问工作的意义以及我们应该怎样对待工作和职业。

第一节　就业形势

> 我们这个时代的麻烦就是将来不会是过去那个熟悉的模样。
>
> ——保尔·瓦雷里

学习目标

1. 了解当前我国劳动力市场的特点
2. 了解长三角地区的就业形势
3. 明白高职毕业生的就业现状

做一做

1．分组谈论，有哪些方法可以了解当前我国的就业形势？每位同学都列出来。

____

____

2．以小组的形式轮流讲述了解就业形势的方法，不能重复，直到讲不出来新方法为止。将大家所说的方法记录在黑板上。

____

____

知识链接

一、我国劳动力市场的特点

2019年12月，北京师范大学劳动力市场研究中心推出了《2019中国劳动力市场发展报告》，报告聚焦的主题是“全面开放新格局进程中的劳动力市场调整”。报告对经济全球化新趋势、外部环境新变化、中国劳动力市场政策多方面的内容进行了综合研究，总结现阶段中国劳动力市场的特征并提出政策建议。中国劳动力市场存在六大特征：第一，就业压力总体可控。就业总量不会发生大幅波动，大规模失业出现的可能性很低，但周期性失业有波动中上升的趋势，短期失业的压力仍然较大。第二，大学生就业结构性矛盾突出。外部环境变化造成大学生需求升级、大学生供给调整滞后，具体表现为文科毕业生就业困难、理工科人才短缺，同时也出现了东部地区人才集聚、中西部地区人才匮乏的矛盾。

第三，农民工失业风险增加。我国产业的全球价值链地位提升加速了农民工本领迭代，诱发农民工非自愿性失业。第四，人才高地加速形成。全面开放新格局下我国正在形成三大人才高地，即高校林立、协同发展的京津冀地区，区域协作、金融领先的长三角地区，全球引智、科技当先的粤港澳大湾区。第五，劳务输出输入更加频繁。从2000年以来的数据看，输出总体呈现增长态势，输入方面持证就业人员总体有所增加。第六，劳动力市场不平衡性加剧。对此，报告提出以下建议：①稳增长是稳就业的根本之道。②构建就业优先政策体系，兜牢民生底线。③建立健全贸易调整援助制度和就业保障体系。④不断提高劳动者人力资本水平。⑤不断增强劳动力市场的包容性。⑥拓宽就业渠道，增强劳动力市场韧性。

二、长三角地区的就业形势

长江三角洲城市群包含26个城市，分布于上海（1个）、江苏（9个）、浙江（8个）、安徽（8个）4个省级行政区，是我国经济发达的城市群之一，容纳了众多的人口就业，在更大区域及全国范围内发挥了重要的就业功能。

2018年习近平总书记在首届中国国际进口博览会上宣布，支持长江三角洲区域一体化发展并上升为国家战略，着力落实新发展理念，构建现代化经济体系，推进更高起点的深化改革和更高层次的对外开放，同"一带一路"建设、京津冀协同发展、长江经济带发展、粤港澳大湾区建设相互配合，完善中国改革开放空间布局。为深入贯彻习近平总书记重要指示精神，全面落实中共中央、国务院印发的《长江三角洲区域一体化发展规划纲要》，长三角区域实施一体化发展战略：营造良好就业创业环境；制定相对统一的人才流动、吸引、创业等政策，构建公平竞争的人才发展环境；实施有针对性的项目和计划，帮助高校毕业生、退役军人、农民工等重点群体就业创业；联合开展大规模职业技能培训，提高劳动者就业创业能力；加强劳动保障监察协作，强化劳动人事争议协同处理，建立拖欠农民工工资"黑名单"共享和联动惩戒机制；成立区域公共创业就业联盟，合力打造公共创业服务品牌。

三、高职毕业生的就业现状

1. 高职毕业生数量逐年增加

近年来，我国高校不断扩招，高校毕业生数量连年增加。当前，我国已经进入了高等教育大众化时期，毕业生的人数每年都大幅增加。根据教育部发布的最新信息，2020年高校毕业生人数达到874万，江苏省高校毕业生达58.4万人，在经济下行压力和新冠肺炎叠加影响下堪称"史上更难就业季"。在充满挑战的大环境下，每年都在增加的毕业生人数及“就业难”问题被毕业生、家长以及媒体广泛关注。此大背景下，高职院校毕业生的就业问题日益突出（图6-1）。

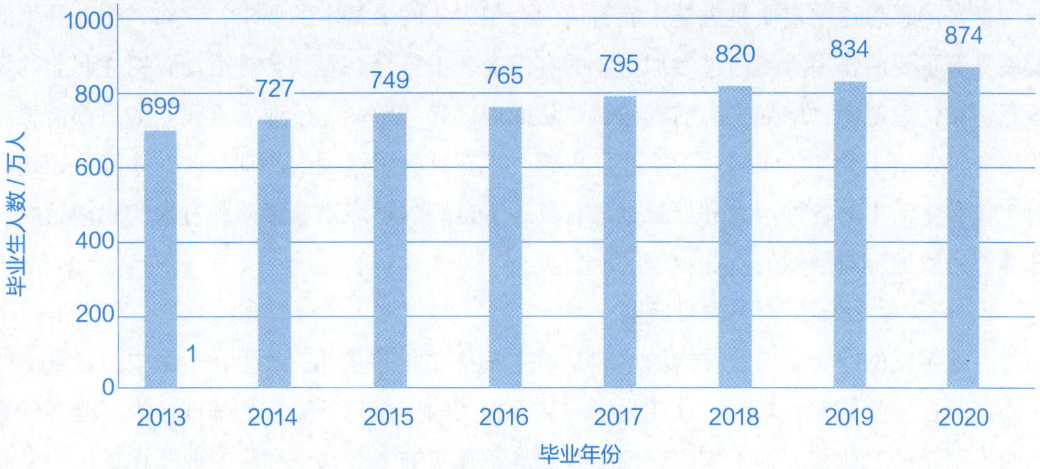

图 6-1　全国高校应届毕业生数量

2. 高职毕业生的就业竞争对手增加

受到中国传统教育思想的影响，当前我国众多老师和家长都希望孩子报考本科院校，错误地将职业教育看成是低层次、低水平的教育，不少用人单位在招聘时也往往片面地追求高学历毕业生，因此与本科毕业生相比，高职毕业生在就业时往往缺乏优势。此外，国内外联合办学和多种类型的人才培养机构不断兴起，加之海外归国的留学生人数在不断增加。这些因素都增加了我国高职院校毕业生求职的竞争压力。

3. 高职院校毕业生的实际能力与社会需求相脱节

近年来，随着社会的进步和经济水平的提高，我国的科学技术也得到了飞速发展，行业技术含量不断提高，这对人才的知识素养和专业技能提出了更高的要求。高等职业院校肩负着培养具有创新创业能力的高素质技术技能人才的重任，但是目前我国大多数高职院校都沿用了传统的教学模式和方法，其实践教学体系和人才培养模式还没有发展成熟，培养出来的学生往往理论知识丰富而实践技能缺乏，并不能完全适应当前社会对技术型人才的需求，长此以往就形成了人才培养与市场需求相脱节的现象。

四、高职毕业生自我核心竞争能力的提升

高职毕业生如何提升自我的核心竞争能力，在大环境的影响下依然能找到属于自己的工作？数据调查显示，用人单位对大学生需求素质最看重的前5个指标是：专业知识与技

艺；敬业精神；学习意愿和能力强、可塑性高；沟通协调能力；基本的解决问题能力。如何来练就这些核心竞争能力呢？

1. 提高思想道德素质，培养过硬的心理品质

良好的思想道德素质是大学生能否成为有用之才的最基本的要求，它对一个人一生的发展具有重要的作用。要通过参加企业的宣讲会、报告会、座谈会等活动，树立职业的竞争意识和忧患意识，增强主人翁责任感，从而树立起“敬业、乐业、重业”的道德情感。要树立“业精于勤，荒于嬉”的职业危机感。只有具备了过硬的心理品质，才能自如地面对工作和生活中的各种压力和挫折。只有具备了良好的思想道德素质和过硬的心理品质，才能够有效地应对激烈的就业竞争的压力。

2. 夯实专业基础，培养专业技能

专业基础的夯实、专业技能的培养是学生安身立命的基础。学生在学习中，最重要的是系统掌握所学的专业知识，才能为以后从事相关的工作打下坚实的基础。为了能够从事与自己所学的专业相关的工作，在校生必须具备扎实的专业知识和将专业知识转化为专业工作技能的能力。一方面，应处理好课堂教学与实践教学的关系。高校课程设置与教学应加强实践环节，通过实验课、实地考察等强化大学生对专业知识的理解与掌握，促进大学生对专业知识的运用，增强运用所学知识分析与解决实际问题的能力；另一方面，在大学生实习环节上应进一步创新大学生实践形式，提高实践教学效果。比如通过校企合作、大学生见习基地、志愿服务等形式，积极参与社会实践，广泛接触社会，提高操作能力，调整自己的知识结构与学习兴趣及角色预期，找到专业学习、专业技能与社会需求的契合点。

3. 参加素质拓展训练，全面提高就业创业综合素质和核心竞争力

要培养自己的科技学术与创新创业素质，积极从事创新创业活动，参加各级学术、科技、创业等比赛。具有宽厚扎实的专业知识，能创作一定水平的学术科技作品；具有科学的创新精神和严谨的科学态度；具有创新的意识和能力；要具备团队精神，通过加入某一个社团、从事某一种社会工作不断完善自身知识结构和能力结构，发展自身爱好，锻炼技能，培养团队精神和组织、协调能力。

4. 以职业规划教育为动力，发挥自我的主观能动性

职业规划教育是对大学生进行职业生涯规划的系统辅导和培训，对强化大学生的核心竞争力起着基础性的作用。对大学生来说，学习职业生涯规划知识，正确认识自我，深入了解社会，增强职业信心，及早树立职业意识，自觉把握自身优势，主动结合社会需要树立正确的职业理想，能够有效利用大学时光，不断地学习和积累，逐步提升自己的核心竞争力，有效扩大实现自我的机会。在校期间应了解和掌握职业生涯规划的理论和方式方法，探讨自身个体本身在能力倾向、职业兴趣、价值观等方面的个性特征，主动了解和适

应外部工作世界，掌握一定的择业技能和技巧，并经过系统的职业实践训练。这样能从根本上提高学生的就业核心竞争力，从而在激烈的职业岗位竞争中谋得一席之地。

5. 依托社会实践活动，提高社会适应能力

依托社会实践活动的开展，将社会实践基地作为本人提高适应能力和实践能力的有效平台。通过学校与相关企事业单位、工作园区、科技园、地方单位的合作，可以参加具有专业学科特点的大型社会实践活动，提高项目开发、校企合作、科技攻关等实践活动中的社会适应能力。积极探索和建立社会实践与专业学习相结合、与服务社会相结合、与勤工助学相结合、与择业就业相结合，通过社会实践“进乡村”“进社区”“进企业”“进学校”等工作，使大学生在实践服务中真正成长成才。

总之，高职学生在大学三年期间要注重自身就业能力的培养，比如从大一进校开始就要培养吃苦耐劳、敬业精神、责任感、上进心等精神，树立正确的价值观、人生观。在大学低年级着力培养阅读、写作、计算等基础能力，在高年级的专业基础课和专业课中着重培养学生分析判断能力、解决问题能力、独立工作能力、适应能力、学习能力、团队协作意识。同时要注意参加第二课堂的各种活动和比赛，培养自己的社交领导能力，包括表达能力、领导能力、社会活动能力、组织协调能力、人际交往能力等。

知识拓展

职场必备的五大思维

1. 主人思维定位

自己在公司的角色是为自己干，用心做好每一件小事。世界上再宏大的工程都可以分成细小的具体事情，要想做成大事情，就必须把分解的每一件小事情做好。荀子有言：“不积跬步，无以至千里，不积小流，无以成江海。”无数事实表明，把每一件小事做到极致就是卓越。成功的秘诀不是走捷径，而是简单的事情重复做，重复的事情用心做。想做领导者，先做好跟随者，优秀的下属提出问题会附有解决方案。我们在工作中遇到问题时，首先自己尝试能不能独立解决，可以自行收集信息并向领导汇报，然后决定方案。我们大多数人都是追随者，追随不是简单地跟随、复制，追随意味着积蓄力量、成就自我，是成就梦想的必由之路。每个人在每个时期都有自己的位置，如果一个人连追随者都做不好，那么将来如何做个领导者呢？

2. 成果思维

成果思维模式的核心是价值的创造。很多时候我们去做一件事情，都是循着常规的方法去做了，事情能不能做成我们也不知道，但我们会保证努力去完成。这种思维常让我们

因为未知或者突发的状况导致工作陷于无法完成的尴尬境地。很多时候我们工作没有很好完成时，我们会说没有功劳也有苦劳，没有苦劳还有疲惫。事实上，当我们在强调苦劳时，也就意味着某一项工作没有完成，强调苦劳是完全没有意义的，因为它没有创造价值。所以，我们要常告诫自己不要让自己成为有苦劳的人，而要让自己成为有功劳的人。

3. 担当思维

列夫·托尔斯泰曾说过，一个人若是没有热情，他将一事无成，而热情的基点是责任心。勇于担当，源于强烈的责任心。以财务工作为例，很多人都觉得财务做事太死板、审核太细致，只讲准则，不讲人情。是的，财务人员经常是每笔业务看了又看、审了又审，审核时发现问题就及时纠正，确保公司的利益不受影响，他们深知自身责任重大，丝毫不敢懈怠。财务的工作是平凡的，让我们在平凡的岗位实现自身价值。

4. 配合思维

世界上没有完美的个人，只有完美的团队。团队的力量，无坚不摧。一个人的能力再大，能做的事情也很有限，团队合作的力量是无穷的，作为一个公司，需要每个人在各自的岗位充分发挥出自己的作用和技能才能让企业运转起来。

5. 竞争思维

物竞天择，适者生存，我们要时刻保持危机感，危机产生动力，竞争创造效益。我们要在自己的岗位中创造不可替代的价值，只有当你不可替代的时候，你才具有不被淘汰的资本，才能在竞争中脱颖而出。

思考：

1．你是否关注就业形势？是否感受到日益严峻的就业形势对自身的影响？

2．作为高职毕业生，你对自己未来的就业有哪些期待？

3．你理想的工作是什么？在招聘网站上搜索出5家企业对该工作的应聘要求。

4．改变从自我做起。在了解了大学生的就业形势背景后，你打算如何为你的就业做准备？如何提升自己的职业核心竞争能力？请列出你的提升计划，不少于1000字。

第二节　行业探索

> 我们的决定决定了我们。
>
> ——萨特

学习目标

1. 了解行业分类及行业发展趋势
2. 探索你所感兴趣的行业
3. 探索你所感兴趣的企业

做一做

小组讨论，可以通过哪些渠道了解行业信息，按照下列格式填写好后，小组选出一位成员进行汇报。

1. 搜集行业信息的途径和方法

____

____

2. 行业信息的内涵

____

____

行业探索就是通过理论分析和实际调研的方式对一个行业进行全方位的解读。行业是社会分工的大类，通过了解行业，能让个人很好地了解职业世界。如何了解一个具体的行业呢？行业中有一些通用的研究因素，通过研究这些因素就可以很全面地了解一个行业。

接下来，让我们带着问题进入行业探索的世界吧！

知识链接

一、行业分类

每个行业都有自己的行业标准和规范，这些规范有可能是明示的，也有可能是约定俗成的，标准有可能是国家制定的标准，也有可能是行业内部的标准。行业规范及标准反映了该行业的人才准入门槛以及从业人员基本守则。了解了行业的规范和标准，也就为进入该行业铺平了道路。

我国于2011年重新修改制定了《国民经济行业分类》（GB/T 4754—2011），主要目的是正确反映国民经济各行业的结构和发展状况，便于研究国民经济的各项比例关系。目前的国民经济行业划分为20大门类、96大类。20门类包括：A. 农、林、牧、渔业；B. 采矿业；C. 制造业；D. 电力、热力、燃气及水的生产和供应业；E. 建筑业；F. 批发和零售业；G. 交通运输、仓储和邮政业；H. 住宿和餐饮业；I. 信息传输、软件和信息技术服务业；J. 金融业；K. 房地产业；L. 租赁和商务服务业；M. 科学研究和技术服务业；N. 水利、环境和公共设施管理业；O. 居民服务、修理和其他服务业；P. 教育；Q. 卫生和社会工作；R. 文化、体育和娱乐业；S. 公共管理、社会保障和社会组织；T. 国际组织。其中A类属于第一产业，B～E类属于第二产业，F～T类均属于第三产业。

二、行业发展趋势

通过分析中国多个核心产业的发展动态，能更好地了解行业发展趋势，了解行业发展空间。

（1）汽车行业。“理解新常态，布局新趋势”正成为汽车行业的新基调。回顾之前，汽车行业销量下行、寒意未退，但低迷的市场表现下也孕育着新机会；当下转型突破和创新尝试将在汽车价值链的不同环节上落地萌发，中国汽车产业将进入整合调整、迭代加速的转型升级新阶段。

（2）政府与公共行业。当今世界面临“百年未有之大变局”，全球治理体系和国际秩序变革加速推进，世界新一轮科技革命和产业变革同我国经济的高质量发展叠加融合，大国竞争和制度竞争成为全球格局变化的主基调。同时，伴随着全球互联互通的进一步深入，以中心城市引领的城市群成为各国竞争和影响世界经济格局的主要载体。我国一系列中心城市将实质性迈入全球城市竞争发展的新阶段，从而对城市自身和城市群发展提出了高质量发展的新要求。

（3）消费品与零售行业。中国的大消费品市场将进一步面临人口红利与流量红利弱化的挑战。虽然大消费行业整体仍有稳定增长，但行业内已进入存量争夺、需求分化、创新加速的新阶段。电商与社交平台已不再是挑战者与颠覆者，而成为大消费行业的深度参与者。新的信息技术、商业模式与营销打法已重新定义未来的消费场景与价值。消费品企业需要在“破维”的同时“升维”、平衡把握“千人千面”的精准营销与品牌凝聚的柔性诉求。

（4）大文娱行业。在经济与文化需求双轮驱动之下，中国文娱产业步入高增长通道，未来发展空间巨大。大文娱是中国未来具有发展潜力、市场活跃的行业之一。

（5）能源、公用事业与化工行业。随着2019年中国经济逐步迈入新常态，能源领域的需求增速将逐渐放缓，以天然气和可再生能源对煤的替代为代表的结构性优化仍将持续。其中，可再生能源也将全面告别补贴，进入平价时代。同时，电力改革的加速，用户侧市场的成熟，以及数字技术的应用，也为能源配售、分布式发电和工商业能源服务等领域带来新的机遇。化工领域同样受到逆全球化的冲击及频发的安全环保事故的影响，化工行业景气度较前几年有所降低。随着恶性竞争与无序竞争正在逐步减少，越来越多的化工企业对安全环保方面的问题越发重视，这些变革也成为化工行业健康生态圈的稳定新基础。

（6）金融服务行业。金融行业既面临稳增长、保目标的要求，又有"扶贫、环保、防风险"三大攻坚战任务，作为新一个10年的开篇，金融行业将迎来新一轮改革开放、转型高质量发展的新时代，内外兼修、砥砺前行。

（7）工业产品与服务行业。受金融开放、国企混改、外部不稳定性几大宏观与政策因素影响，工业行业集中度将大幅提高，而工业企业也将加大研发投入以及提升企业管理效率，从而提高企业自身盈利水平。与此同时，工业的细分行业将诞生出更多的科研主导型"隐形冠军"，并进一步推动国产替代进程。

（8）医药与健康服务行业。医疗改革波澜壮阔，越来越多的跨界投资者涌入医疗健康行业，同时无论是药物、器械还是医疗服务的发展模式均从"求量"转向"增质"，因此价值医疗、创新药物、精准医疗等发展长期看好。

（9）房地产行业。房地产行业在政策端、供给端和需求端都将呈现稳中有进、稳中有变的趋势。稳中有进，即行业的健康度和理性程度将持续提升，行业格局走势与企业关键制胜因素将逐步清晰。稳中有变，即一些不确定性和关键变化大方向可以预测，但这些机遇挑战的变化程度、发生时间难以准确研判，考验企业的能力与智慧。

（10）高科技、媒体与通信行业。一方面，在供给侧，我们看到了5G、芯片、区块链、人工智能等新技术不断涌现与蓬勃发展，为市场创造纷繁的发展机遇，驱动行业继续高歌猛进；另一方面，在需求侧，作为其他传统行业的赋能方，受其他行业所提出的数字化转型、精益运营等需求牵引，对TMT（科技、媒体和通信产业）等企业自身的内功修炼亦提出更高要求与考验。

（11）交通运输与物流行业。回顾近年来的物流相关项目实践，可以得出一个深刻体会，即"物流行业既是近年来中国商业迅猛发展的受益者，更是推动中国商业模式深化创新与持续变革的重要驱动力量"。中国物流行业的发展将进一步围绕规模化、全球化、差异化、跨界化及智慧化五大主题展开。

以上行业趋势分析来源于罗兰·贝格《2020年中国行业趋势报告》。

三、行业探索通用指南

1. 行业的细分

通过前面一节内容的学习，我们了解了行业的分类，了解不同的行业分类有利于全方位地了解行业。通过行业的分类能很好地掌握和理清行业发展的脉络，也是个人了解行业发展空间的重要依据。

你的行业是：______________________________

2. 国内外著名的业内企业及介绍

了解行业后，就可以找到此领域的标杆企业了。标杆企业是此领域、此行业的代表，当我们调研国内外的标杆企业时，我们所能把握的方向也是国际化的，同时可以对比国内外不同标杆企业的差距，这有利于自己了解行业的核心竞争力，要注意的是要对每个行业的标杆企业进行不同程度的企业探索，从而让自己的行业探索更加全面。

行业标杆企业有：______________________________

____

3. 从事行业需要具有的从业资格证书

每个行业都有一定的入行要求，这些表现为从业资格证书，从业证书是证明行业通用素质的一种手段。一般来说，大学生可以通过掌握通用素质和考取从业资格证书作为入行的敲门砖。

你现有的行业从业资格证书有：

____

____

你未来需要考取的行业从业资格证书有：

____

____

4. 行业的人力资源需求状况

了解这个行业需要什么样的人才，HR招聘岗位有什么要求，当我们盘点完行业的需求状况之后，就可以加速自己的职业选择，也为个人的职业定位（确定具体的职业）做出可能的探索。

你所关注的行业有哪些岗位要求：

____

____

5. 行业发展趋势

每行每业受国际金融、产业转移、市场需求的变化都会呈现不同的行业特征，有的呈现周期性变化，有些高速发展、势头强劲，有些呈现低迷景象。通过对行业发展趋势的关注，便于自己站在未来的角度做出选择。

你所关注的行业有何发展趋势：

____

____

6. 有哪些名人做过或在做这个行业

了解行业的标杆人物是进一步了解行业很好的手段，每个行业都有自己的代表人物，正如一说到房地产就想到王石。调研行业标杆人物的奋斗轨迹、目前状态等，可以加深对行业的了解，也能为自己进入行业提供参照。

行业标杆人物：______________________________

职场进阶经历：

____

____

7. 行业内职员访谈

与行业内职员访谈是实际调研的主要部分，你可以和做过或正在做这个行业的一般职员交流，去询问他们以前的项目，在交流中验证和拓展你对行业的了解。尤其是要加强对你所希望从事的部门或岗位的人的访谈，这样可以有效地让你了解职业的具体要求。

职员访谈：

____

____

四、昆山企业发展状况

昆山位于国内外向型经济发达的地区之一的长三角中心腹地，依托上海，辐射长三角，是外资及台资投资大陆活跃的地区之一，同时也是国内进出口活跃的地区之一。目前昆山已形成了电子信息产业基地、模具产业基地、新能源产业基地、可再生能源产业基地、光电产业园、新材料产业基地、机器人产业基地、化合物半导体产业基地、笔记本生产基地、花桥服务外包产业基地、巴城软件园、阳澄湖科技园等一大批国家级乃至世界级的产业基地。其中在昆投资的世界500强跨国公司有很多，如昆山三星电机有限公司、纬创资通（昆山）有限公司、富士康电子工业发展（昆山）有限公司、利乐包装（昆山）有限公司等大型企业。在民营经济领域，昆山通过放大民营企业在自主创新中的主导地位，提升关键领域自主创新能力，推动民企发展提档升级，从而助力民企做大做强。其中在昆的中国500强企业中有好孩子集团有限公司等，众多昆山中小微企业也在政府政策支持下不断发展壮大。

“昆山板块”的日益崛起，产业规模和工业基础的壮大，加上周边省、市的刚性需求，使得昆山这座科技新城吸引了无数毕业生留昆就业，如何选择一家潜力巨大的企业开启自己的职场人生对毕业生来说意义重大。

五、企业通用探索指南

企业探索就是学生通过理论分析和实际调研来对自己喜欢的企业进行多方面的全方位解读。在校期间有针对性地了解企业是踏上职业之旅的重要一步。

1. 企业外部调研

通过企业门户网站了解其简介和历史（何时成立、对外的介绍是什么），是刚刚起步、处于不规范和摸索状态还是已走上正轨，有了稳定的市场。这将直接影响到你在企业能够学到东西的深度和广度。了解企业经营战略（发展战略、经营策略是什么），一般来说，财务状况差、管理极其混乱的企业很难给你带来什么机会。企业的产品服务（核心产品、产品线或服务是什么）和企业的盈利模式是企业的生存之道，还需了解企业组织架构（规模和部门设置是怎样的，都有哪些岗位）。

你所整理搜集的资料有：

2. 企业内部调研

好的企业应该与你的职业生涯规划相互匹配，能有力地提升你的个人职业地位，并能够为你提供更多的个人发展机会。

（1）了解企业的文化氛围。企业文化氛围最好能与你的个性相吻合，此外还应该能让员工有充分的信任感，有友好、宽松的工作环境，能让员工满怀自豪感。

（2）了解企业用人机制和员工队伍建设。了解这家企业是最大限度地尊重员工，并给予员工完善的培训，还是只看重员工的无条件付出而不考虑员工的个人发展。了解员工队伍稳定还是频繁流动，不妨和现在的员工聊聊，了解企业对员工的态度，帮助自己更好地判断去留。了解企业员工的晋升是不拘一格、发掘人才，还是任人唯亲、重视关系。

（3）了解你的领导。不管是大企业的决策层面，还是小企业独当一面的领导，他们的个人能力以及领导力的好坏往往直接影响到企业的发展。

了解这些内容，帮助你对自己的发展空间进行预测：

3. 企业发展阶段

企业的发展如同人的生涯发展一样，也有诞生、成长、壮大、衰退直到死亡的过程。一个企业从其诞生到衰亡的全部生产经营活动过程就是企业的生命周期。在生命周期的不同阶段，企业的发展战略、经营方针及人力资源制度都有着不同的特点。

（1）"开发期"企业——晋升的机会通常较多，短时间可能升到较高位置，但由于企业基础尚不够稳固，势必要承受较大的经营风险。

（2）"成长前期"企业——晋升机会较多，但速度略微缓慢。

（3）"成长后期"企业——制度和体系稳定，短期内难获得晋升或加薪（大企业多属于此阶段）。

（4）"成熟期"企业——晋升的可能性较小，工作生涯可能很漫长很辛苦。

（5）"衰退期"企业——除非你具有超凡的能力，可以使濒临倒闭的企业起死回生，否则根本不需要考虑这种企业。

你所关注的企业属于的阶段是：

4. 企业选择

当你以企业调研报告的形式完成对目标企业的调研时，你可能会发现自己不喜欢目前所调研的企业，那么你就要重新开始企业探索了，以便确定自己所喜欢的企业。你可以通过了解世界500强企业、中国500强企业等方式来确定几个大致喜欢的行业，然后依照行业来选择喜欢的企业。

是否坚持选择这家企业：

5. 确定"你"的企业

在对企业调研后，我们就可以做出自己喜欢的企业的选择了，但关于如何衡量"喜欢"，我们应有些具体的标准：知道企业及其行业的最新活动和进展、明确企业的校园招聘、喜欢看与企业相关的书、愿意和别人分享你对企业及此领域的看法、愿去企业工作并确定在企业的长期发展目标。这都是你确定"喜欢"的一些表现，如果你具有其中以上的表现，那恭喜你：你找到自己喜欢的企业了！

你喜欢的企业表现在：

____

____

温馨提醒：

每个企业在运行发展当中都会逐步形成为全体员工所认同、遵守、带有本企业特色的价值观念，包括经营准则、经营作风、企业精神、道德规范、发展目标等，这就是企业文化。企业文化与“非功利性的”校园文化不同，它以求实为特征，目标具体，讲究实际。企业文化的核心是创新、竞争和谋求发展。实习是认识企业文化的最好契机，只有了解并认同企业文化，把自己看成是企业的一员，真正融入企业，愿意与企业休戚与共，企业才会接纳你、培养你、认可你，你才能顺利实现由学生到员工的转变，否则迟早会被企业拒之门外，惨遭淘汰。

章节活动：

如果我们对目前所学的专业、未来进入的行业、关注的企业及未来要从事的职业都有了准确的认知，我们就可以根据自身的兴趣、性格、价值观、技能、天赋等努力找到适合自己的职业领域和职业岗位。本次任务就是帮助大家尽快准确了解专业与行业，寻找自己和行业的最佳结合点。

任务实施

1. 以小组为单位，选择一家专业对口的企业或毕业学长所在的企业开展调查，并填写调查表（表6–1）

表6–1　调查表模板

调查人员		调查时间	
调查企业名称		企业类型	国有 私营 外资
企业规模	大型 中小型	工作时间	
企业文化			
在本行业中的地位、现状			
发展前景			
工作氛围			
员工素质			

2. 向专业老师咨询

本专业所学的专业课程是：______

本专业主要的就业岗位是：______

本专业近3年学校提供的实习企业和实习岗位是：______

______

我感觉我喜欢的课程是：______

我比较喜欢的实习企业是：______

我比较喜欢的工作岗位是：______

3. 以小组为单位，讨论如下问题

（1）你倾向于选择什么类型和规模的企业？为什么？

______

______

（2）行业、企业、职业、职业岗位与专业的关系。

______

______

（3）分析所学专业对应的职业类别及相关岗位，填入表6-2中。

表6-2　专业及相关岗位

所有专业	对应职业类别	相关岗位及要求

第三节 职业与岗位探索

> 人的一生总会面临很多机遇，但机遇是有代价的。有没有勇气迈出第一步，往往是人生的分水岭。
>
> ——网易公司创始人 丁磊

猜猜看

拓展职业范围的思考

请你用头脑风暴法列举出与手机相关的尽可能多的职业，并将所有联想到的职业都记录到黑板上。

讨论：你从这个活动中得到了什么启发？

通过这个活动，学生可以了解到一件物品的制造涉及许多的人和职业，比如从管理到制造，从研发到市场。这说明有很多专业和技能是可以变通的，因此，学同一个专业可以从事多种职业，比如机械设计专业毕业的学生可以从事助理、售前工程师等与人打交道的工作，也可以做研发等与概念相关的工作。因此大学生在探索工作世界时，应了解和自己专业相关的职业有哪些，学习专业知识的目的是帮助人更好地发展自己，而不是限制人的发展。当我们用更广阔的思路来看待工作世界时，会更容易理解下面的一些基本事实：

目前工作世界中有超过2000种的职业，对于大多数人来说，都有数种职业适合他们。调查表明，各个经济收入阶层和各种行业领域的人都热爱自己的工作。

没有哪一种工作能够完全满足你所有的需要。所有工作都有其局限性和令人失望之处。你需要通过其他活动来平衡你的生活，才有可能感觉到完满。工作市场和经济形势时常都在发生变化，甚至是急剧的变化。有的行业在目前可能充满了机会，但却会在数年内饱和。

所以在工作世界中，每个学生都有可能找到属于自己的那份工作，只是需要做好心理准备：这是一个过程，对不同的人而言，过程也会有长短；变化是其中必然要面对的，一个职业决定可能不会持续终生，也常常伴随着风险，因此需要个人不断调整和变化，才能保持满意度。面对工作世界，你需要学会如何应对工作的变动，而不是一味地去回避它。

知识链接

一、职业及分类

1. 职业的概念

"职业"一词是由"职"和"业"两个字组合而成的。"职"包含着责任，工作中所担当的职务等意思；"业"含有行业、业务、事业等意思。职业一般是指人们在社会生活中所从事的、以获得合理报酬作为主要生活来源并能满足自己精神需求的、在社会分工中具有专门技能的工作。它是人类经济发展以及社会劳动分工的结果。

2. 职业分类

国家职业分类大典修订工作委员会颁布的2015版《中华人民共和国职业分类大典》中（以下简称《大典》），职业分类结构为8个大类、75个中类、434个小类、1481个职业（表6-3）。与1999版相比，维持8个大类、增加9个中类和21个小类，减少547个职业。《大典》首次尝试将127个社会认知度较高、具有显著绿色特征的职业标示为绿色职业。在新版《大典》中，"网络与信息安全管理员""快递员""文化经纪人""动车组制修师""风电机组制造工"等被认定为新职业，"收购员""平炉炼钢工""凸版和凹版制版工"等职业被取消。

2015版《大典》主要从以下4个方面进行了修改、调整和补充：对职业分类体系的修订；对职业信息描述内容的修订；对职业信息描述项目的调整；增加绿色职业标示。

表6-3 中华人民共和国职业分类明细

大类序号	大类名称	中类	小类	细类（职业）
一	党政机关、国家机关、群众团体和社会组织、企事业单位负责人	6	15	23
二	专业技术人员	11	120	451
三	办事人员和有关人员	3	9	25
四	社会生产服务和生活服务人员	15	93	278
五	农、林、牧、副、渔业生产及辅助人员	6	24	52
六	生产制造及有关人员	32	171	650
七	军人	1	1	1
八	不便分类的其他从业人员	1	1	1
合计（类）	8	75	434	1481

3. 职位评价

职位评价（post evaluation）也称工作评价（job evaluation），就是根据各职位对组织目标的贡献，通过专门的技术和程序对组织中各个职位的价值进行综合比较，确定组织中各个职位的相对价值差异。它是薪酬级别设计的基础。因此可以对照下面的职位评价条目表（表6-4），以便更清晰地了解自身对岗位的要求。

表6-4 职位评价条目表

入职机会		招聘人数		职位招聘的人数
		招聘政策		招聘的灵活程度以及招聘途径等
		用工制度		聘用后是否签约合同以及签约年限等
入职条件	基本条件要求	性别		是否对性别有特殊要求
		籍贯		是否对籍贯有特殊要求（特别是户口所在地）
		外形		是否对身高、容貌、裸视视力等有特殊要求
		年龄		是否对年龄有特殊要求
		婚否		是否对婚姻状况有特殊要求
		政治面貌		对是否为党、团员有特殊要求
	教育培训要求	毕业院校		对毕业院校是否有特殊要求
		专业方向		对专业方向有何要求
		学历程度		对学历程度有何要求
		外语、计算机		对外语、计算机水平有何要求
		培训经历		对接受过何种与职位工作有关的培训的要求
		资格证书		对所应取得的职业资格证书要求
	心理要求	性格		对性格特征有何特殊要求
		能力		对综合职业能力及专项能力有何要求
	工作经验			对有过与职位工作有关的工作经验的要求
	社会关系			对社会关系网有何特殊要求
工作实况	工作内容	对象		职业行动的直接动作对象以及为了完成职位职责所需的活动指向领域
		任务、责任		需要做什么、承担什么样的具体责任
		设备		工作所借助的仪器、工具等
	工作强度	工作时间	上下班	从事该职位工作的上下班时间
			加班	从事该职位工作需要加班的时间或加班频率如何
			节假日	从事该职位工作是否影响节假日休息
			出差	从事该职位工作需要出差的频率和时间长短

续表

工作实况	工作量			被访人员需要根据实情说出工作任务的饱满程度
	工作环境	物理环境	工作设施	工作场所的办公设备、办公用品、设施等
		社会环境	人际关系	工作场所的人际氛围、同事间的关系等
			工作气氛	工作场所员工的工作积极性、配合性等
			学习氛围	员工的学习积极性、谋求再培训再发展的积极性
	工作控制	直接上司		分管领导的风格、喜好、能力水平及价值倾向
		监督与管理		对该职位工作进行监督、管理的方式及严格程度等
		绩效考评		如何对该职位工作进行考评
所得所感	薪酬福利	工资		根据职务等级、职位测评结果以及工龄、学历等因素确定的报酬
		奖金		根据职工的业绩及单位的经济效益而支付给职工的额外报酬
		津贴		一般不与职工的业绩直接挂钩而作为政策性的报酬，是薪酬的补充
		福利		由单位及职位带来的健康保险、带薪假期、职业培训、过节礼品等所有间接报酬
	个人发展	培训、进修		岗前、职后所能接受的培训及进修项目以及培训、进修的频率与机会
		晋升		从事该职位工作能得到的晋升空间与机会
		职业变通		横向转换职业或职位的机会
	社会资源	人际关系资源		从事该职位工作能获得的人际关系网
		社会地位		社会上对该职位的认识和尊重程度
	工作满意感	公平感		从事该职位工作相对于其他职位或工作是否觉得付出与得到成正比
		成就感		完成该职位工作任务得到的满足感
		自我实现		从事该职位工作是否能充分发挥个人特长

二、职业发展趋势

（一）21世纪我国最有发展前景的行业

随着我国市场经济的发展和经济结构的调整，各行业在社会发展中的地位和发展潜力也在发生变化。某些行业社会需求的增加促进了这些行业的蓬勃发展，并成为未来社会发展的主导产业。据专家预测，21世纪我国最有发展前景的行业有：①网络信息咨询与服务业；②房地产开发业；③社会保险业；④家用汽车制造业；⑤邮政与电信业；⑥老年医疗保健品业；⑦妇女儿童用品业；⑧旅游休闲及相关产业；⑨建筑与装潢业；⑩餐饮、娱乐与服务业。

（二）21世纪我国社会的主导职业

随着我国经济、社会文化和科学技术的发展，我国的产业结构将发生根本的变化。未来10年有较大的发展潜力的行业主要有：电子技术、生物工程、航天技术、海洋开发与利用、新能源、新材料、信息技术、机电一体化、农业科技、环境保护技术、生物工程研究与开发、工商与国际经贸、律师等。

我国的人事管理机构根据全国各类专业协会的有关统计资料，对我国未来亟需人才进行了分析和预测。分析结果认为，21世纪我国未来主导行业包括：会计、计算机、软件开发、环保、健康与保健医药、咨询服务、保险、法律、老年医学、服务、公关与服务、市场营销、生命科学、咨询与社会工作、旅游管理与服务、人力资源管理16个行业。

三、获取职业信息的渠道

获取职业信息的渠道有很多。据调查，目前大学生了解职业信息主要通过互联网、学校、就业实习、新闻媒体等渠道。大学生应该根据自己的实际情况，综合运用对自己有效的渠道和方法，获得最可靠、最有用的职业信息。下面介绍一种最常用的方法——生涯人物访谈。

所谓生涯人物访谈，就是指通过与自己想了解的一个职业中的数位资深工作者的深入交流获取职业信息的一种方法。它能帮助求职者检验和印证以前通过其他渠道获得的信息，并了解与未来工作有关的特殊问题和需要，如隐性的入职标准、核心素质要求、晋升路径和工作者的内心感受等，这些信息通过其他途径是难以得到的。通过生涯人物访谈，在校大学生可以正确认识自己的优势和不足，从而制定更加合理的大学生涯规划。另外，生涯人物访谈还有一个好处是可以借此建立个人关系、拓展自己的人脉资源。

生涯人物访谈的操作流程如下。

1. 确定访谈的方向

通过了解自己，明确自己希望通过访谈了解哪些方面的信息，列出与自己实际情况相符的未来可能从事的3～5个职业。

2. 寻找生涯人物

在每个职业领域寻找3位以上的在职人士作为生涯人物，他们既可以是自己的亲人、老师和朋友，也可以是他们推荐的其他人，还可以是通过网络途径寻找到的职场人士。注意每个职业领域的生涯人物的结构，应既有初入职场的人士，也有工作了一定年限的中高层人士。

3. 预约生涯人物

预约方式有电话、微信、QQ、电子邮件等，其中以电话预约方式为佳。预约时应先介绍自己，然后说明自己是如何找到生涯人物的、自己的采访目的、感兴趣的工作类型及进行采访时所需要的时间（通常是30分钟左右）。如果生涯人物能和自己见面，要表示感谢并确认采访的具体时间、地点等；如果无法应约，可以礼貌地征询能否推荐类似的人选，同时致谢。

4. 结合目标职业信息设计访谈问题

为了提高访谈的效率，需要根据不同的访谈对象和内容任务设置不同的访谈提纲。

访谈提纲准备问题举例如下：

◎ 问题1：您是如何找到这份工作的？
◎ 问题2：目前，行业内要求从事这份工作的人应该具备什么样的教育和培训背景？
◎ 问题3：您认为做好这份工作应该具备哪些知识、技能和经验？
◎ 问题4：您认为什么样的个人品质、性格和能力对做好这份工作来讲是重要的？
◎ 问题5：这项工作需要的个人品质、性格和能力同别的工作要求的有什么不同吗？
◎ 问题6：行业内单位对刚进入该领域工作的员工一般会提供哪些培训？
◎ 问题7：行业内，先从什么样的工作岗位做起能学到最多知识，最有利于发展？
◎ 问题8：从事这种工作的人在单位或者行业内发展的前景怎样？
◎ 问题9：最近这个行业和工作因为科技进步、经济的全球化发生变化了吗？
◎ 问题10：您如何看待该单位的组织文化和该领域的工作方式在将来的变化趋势？
◎ 问题11：男女工作者在这份工作上机会均等吗？
◎ 问题12：在工作方面，您每天都在做些什么？
◎ 问题13：您在做这份工作时，什么是最成功的？什么最有挑战性？
◎ 问题14：就这种工作而言，您最喜欢什么？最不喜欢什么？
◎ 问题15：从事这份工作实现了您的人生价值吗？家庭成员对您现在的工作满意吗？
◎ 问题16：在您的工作领域里初级职位和略高级职位的薪水一般是什么水平？
◎ 问题17：据您所知，有什么职业杂志、行业网站或其他渠道能帮助我深入了解这个领域？

四、现代职业观

职业观指的是人们对某一特定职业的根本看法和态度。它是个人对职业的根本观点，是个人的世界观、价值观和人生观在职业上的反映，也是社会对从事某种专业工作的人员较为恒定的角色认定。一般而言，社会生活中职业化程度越高、职业地位越稳固的职业，人们对其从业者的角色认定越清晰。职业观有改善生活、发展个性、服务社会三大要素，不同的结构和功能会形成不同层次的职业观，对个人的择业意向、从业态度、创业效果和转业行为起支配作用。

随着社会职业观的演变，现代职业观逐渐表现出“新三观”的特点，即创业观念、事业观念、志业观念。

1. 创业观念

创业早已不是新鲜名词，党的十七大报告提出了实施扩大就业的发展战略，并强调“以创业带动就业”。作为扩大就业发展战略的重要内容，报告提出在坚持实施积极的就业政策的同时，还要完善支持自主创业、自谋职业政策，加强就业观念教育，有利于使更多劳动者成为创业者。

2. 事业观念

事业观念是指对事业的根本看法和对工作的基本态度，是人生观的重要组成部分。现代职业人在事业观上越来越倾向于做自己感兴趣的事情。把职业作为“事业”，不仅将自己所从事的工作作为谋生的手段，还融入了自己的理想和信念，对自己和社会怀有强烈的责任感，不断追寻自我价值的实现。如果说职业是谋生的手段，那么事业就是甘心奉献的岗位。事业观念使职业成为一种信仰方式，它崇尚在造福社会的同时实现自我价值并将其升华。

3. 志业观念

“志业”最早是由德国著名社会学家韦伯在《学术与政治》演讲中使用的词汇。可以理解为一种心志取向的职业或事业，具有较强的价值内涵。事业观念是人类的需求达到“自我实现”阶段产生的职业观念，但“志业”不仅满足了自我实现的需求，而且实现了“自我超越”，是一种对自我价值的高度肯定，是一种超越了名利、不受外界事物影响的工作观念。“志业”是人生的最高境界。抱持“志业观念”的人通常会将个人的远大理想抱负放在经济利益之前，并将“志业”的发展等同于自己生命的意义，甘愿为之牺牲奉献。

一个人的工作代表了他在这个世界的位置。由此可见，工作是我们实践人生观、世界观的途径，而职业就是实现人生信仰的具体方式。当代大学生应该树立正确的职业观，努力将职业观与人生信仰融为一体，如此才能更好地实现自己的人生价值。

练一练

绘制我的职业家庭树

家庭成员对每个人的职业选择乃至生涯发展都有深远的影响，职业家庭树（Occupational

Family Tree）以图画的形式，帮助你了解家庭对个人职业选择的影响。

训练方式：教师指导，学生独立完成。

训练目的：了解家庭对个人职业的影响，促进对自我生涯的认知。

训练过程：

1．绘制一棵树。

2．在“树梢”处填上本人爱好的职业（可填写数种）。

3．家庭成员中大多数从事的职业。

将家庭中每个人的职业分别填入树的枝干上（各枝干代表家族成员，标出称谓）。由于个人职业可能会有变动，因此可同时填上当前职业和先前从事过的主要职业，并将与自己爱好的职业有密切关系的重要职业圈出来。

4．将家庭成员职业的共同特点填在“树根”处。

5．老师与同学共同讨论“职业家庭树”，可以从下列问题深入：

（1）对家庭中各人的职业有何感觉（骄傲、尴尬、羡慕、不屑、习以为常等）。

（2）如何知道他们希望你选择何种职业。

（3）在兴趣、能力、外貌、体能等方面，你与家庭中的哪位成员最相似？他们从事的职业与你的偏好有何联系。

（4）家庭对工作最满意的是什么（如休闲时间、工作条件、报酬、家庭氛围等）。

（5）家庭中哪些工作习惯与特质构成与满意（或不满意）的因果关系。

6．思考与探讨

经过上述讨论，老师可以进一步引导同学探讨各种职业的优缺点，如普通的职业对个人与社会的价值或高层次职业的负面影响等。

知识拓展

1. 人才培养方案

表6-5为某职业技术学院的人才培养方案，按照该校专业，将其划分为11个行业，每个专业对应职业，梳理了专业、行业和职业的关系，使每位学生都能清楚知道学习本专业后能从事何种工作以及需要学习哪些课程、考取哪些职业资格证书（表6-5）。

表6-5　某职业技术学院人才培养方案

序号	二级学院	专业	行业	职业岗位1	职业岗位2
1	工学院	计算机网络技术	ICT	5G基站运维	网络安全管理
2	工学院	计算机应用技术	ICT	Web前端开发	软件测试

续表

序号	二级学院	专业	行业	职业岗位1	职业岗位2
3	工学院	移动互联应用技术	ICT	Web前端开发	安卓开发（APP开发）
4	工学院	电子技术专业群	ICT	安卓开发（APP开发）	自动化工程师
5	工学院	机电一体化技术	自控	设备工程师	自动化工程师
6	工学院	工业机器人技术	自控	工业机器人应用工程师	自动化工程师
7	工学院	无人机应用技术	自控	工业机器人应用工程师	自动化工程师
8	工学院	数控技术	机械	机械设计工程师	中级数控机床操作员
9	工学院	模具设计与制造	机械	模具钳工	模具制造工
10	工学院	汽车检测与维修技术	汽修	汽车修理工（中级）	汽车修理工（高级）
11	工学院	新能源汽车技术	汽修	汽车修理工（中级）	汽车修理工（新能源）
12	工学院	城市轨道交通运营管理	轨交	汽车修理工（新能源）	车站客运员
13	建筑与设计学院	建筑工程技术	建工	施工员	BIM工程师
14	建筑与设计学院	工程造价	建工	造价员	BIM工程师
15	建筑与设计学院	建筑室内设计	装修	室内设计师	软装设计师
16	建筑与设计学院	广告设计与制作	广告	平面广告设计	视觉造型设计
17	建筑与设计学院	数字媒体艺术设计	广告	媒体广告设计	影视后期
18	建筑与设计学院	动漫制作技术	动漫	影视动画	影视后期
19	管理学院	财务管理	商务	财务管理师	智能财税
20	管理学院	电子商务	商务	电商美工	网店运营
21	管理学院	物流管理	商务	单证员	助理物流师
22	管理学院	市场营销	商务	销售工程师	营销策划师
23	管理学院	工商企业管理	商务	网店运营	销售工程师
24	现代服务学院	高速铁路客运乘务	服务	动车组乘务	车站客运员
25	现代服务学院	酒店管理	服务	客房管理	餐饮及营销管理
26	现代服务学院	幼儿发展与健康管理	服务	幼儿教师	育婴师
27	现代服务学院	老年服务与管理	服务	老年健康照护师	老年社会工作者

2. 应届生应从基层干起

上海市一家民企的员工基本上都是由老板王先生亲自招聘的。他给刚出校门的学生月薪一般定为1500元。但他表示，这一工资数目并不代表对应届大学生现有能力的评价，更不代表对其今后能力的评价，而仅仅代表企业提供的这个岗位的“价码”。

王先生经常与新员工沟通，让他们不要把现有工作作为最终目标。他的想法是，目前的岗位最多干3年，在此期间，视员工能力的表现提升为领班、主管，有的甚至发展为经理、总经理，或者因找到更好、更感兴趣的工作而跳槽“高就”，“但前提是要珍惜机会，认真地学、勤恳地做，企业会让你学到终身受益的东西，不管你以后自己创业当老板还是当高级职业经理人，你都会受益。”事实上，许多民企老板或中高层管理人员自己就是从最基层的岗位干出来的。

王先生对应届毕业生的要求很简单，概括起来有七点：一是认真细心、少出错、有责任感；二是工作中笑脸相迎、和颜悦色、服务意识强；三是具有面对恶言恶语甚至辱骂的良好心理承受能力；四是拥有良好的敬业精神；五是品德高尚、诚信立人；六是善与同事、上司、陌生人沟通，爱说话会发言；七是对数字敏感、心算能力强、会电脑。

王先生曾面试过的不少大学生，对于“愿在基层工作几年”的提问，很多人回答“干几个月”，有些人甚至答以“几个星期”。王先生说，这些大学生没有专业经历，却想一来就干主管以上岗位，“其实我的初衷是将他们当中层干部来培养的，可他们不愿从基层起步。”这一方面说明大学生对自己缺乏正确定位，尚未意识到自身的差距；另一方面也说明他们缺乏自信，生怕被一直安排在基层岗位上。

模块七　创业名片

> 不能等别人为你铺好路，而是自己去走，去犯错，而后，创造一条自己的路。
>
> ——罗伯特

学习目标

1. 了解大学生创业的优劣势
2. 熟悉创业前的准备工作
3. 尝试依据创业项目撰写创业计划书

大学生的困惑与迷茫

张强、李海波、孙涛3人都是某职业技术学院计算机专业的学生，经过业余时间的学习与研究，他们在开发安防系统方面取得了一项技术性突破，这项技术如果能在实际中应用，前景将非常广阔，于是3人准备合伙创办一家以开发安防系统为主的公司。

创办公司首先要有资金，3人通过向亲戚朋友借款共筹集了30万元作为启动资金，然后便开始张罗着给公司命名、选址和注册。在创办公司的过程中，虽然3人在产品的设计开发上都是高手，但是由于3人都没有创办公司的经历，导致在第一步“公司注册”时就遇到了问题，连公司注册登记的程序都搞不清楚，这让他们心里没底。为了了解注册程序，他们到工商管理部门拿了一套注册公司的程序介绍书，深入研究一番后发现光是注册程序和注册问题就非常烦琐，这让3人同时犯了难。经过仔细研究，最终他们发现，要想完成公司注册，必须先弄清楚以下问题：

问题1：像他们这样开发安防系统的公司应该注册什么类型的公司？

问题2：公司选择什么样的组织形式比较合适？

问题3：注册公司需要提供哪些资料？

问期4：进行公司注册的具体流程是什么？

问题5：国家对大学生创业有什么样的优惠政策？

任何一个人或团队在创办企业前都必须先了解所创办企业的类型、组织形式。组织形式应当根据自身实际情况选择，然后熟悉创办企业的各项业务流程以及所选择的企业组织形式，在办理工商登记注册时需要具备的条件、应提交的材料和具体的办理流程，了解大学生如果创业，国家、地方政府会给予什么样的优惠政策。

第一节　开启创业实践的第一步

背景知识

创业是一门艺术，就像画画一样，每个人都能画，但并不是每个人都能画得好，能够称得上大师的只有为数不多的人。创业是一场关于人的胆识、智慧、情商加执行力的综合考验，对创业者的要求不只是简单做好一份工作，一个优秀的创业者心里要装着整个项目，熟悉里面每一个构成元素，并且能够自由驾驭、战略规划、统筹调配、均衡内部关系，使之达到一个最具战斗力的状态。

近些年来，各地不断出台扶持大学生的优惠政策，不少大学生也加入了创业的大军。但是，创业是有风险的，大学生创业在享受成功的预期时也要承担创业可能失败的风险。如何客观估计自己的创业能力，科学评价创业环境和创业机会，通过市场调查获得准确数据，对创业做出尽可能科学的经济分析显得尤为重要。

知识链接

一、大学生创业的优势分析

1. 大学生创业外部优势

（1）国家鼓励大学生创业并给予各项政策支持。高校毕业生是我国宝贵的人力资源。国家鼓励高校毕业生到城乡基层、到中西部地区和中小企业就业，鼓励大学生自主创业，并推出贷款优惠政策、税费减免政策、金融扶持政策以及提供创业培训等切实为大学生创业提供舞台。广大的政策舆论也给想要创业的大学生带来了积极的心理暗示。此外，国务院《关于深化高等学校创新创业教育改革的实施意见》中也明确要强化创新创业实践；促进实验教学平台共享；利用各种资源建设大学科技园、大学生创业园、创业孵化基地和微企业创业基地；建好一批大学生校外创新创业实践基地，举办全国大学生创新创业大赛。

（2）民营企业地位上升。民营企业已经无可争议成为社会主义市场经济的重要组成部分，改革开放以来，民营经济得到了大力发展，在国民经济发展中起到越来越重要的作用。这给创业者带来了福音，也给二次创业者带来了机会，因为成功的民营企业虽然得到了较好的发展，有了一定的规模。但当下企业竞争日益激烈，企业管理落后等问题层出不穷，需要解决更多深层次的问题，因此对拥有丰富理论知识的大学生而言，创业能取得成功的机会日益增多。

2. 大学生创业自身优势

（1）大学生对未来充满希望。大学生有着年轻的血液、蓬勃的朝气以及“初生牛犊不怕虎”的精神，这些都是创业者应该具备的素质。

（2）学科专业优势。大学生在校期间学到了很多理论性的知识，他们有着较高层次的技术优势，而目前最有前途的事业就是开办高科技企业，技术的重要性是不言而喻的。大学生创业一开始就必定会走向高科技领域，大学生创业的特色就是用智力换取资本，一些风险投资家通常就是因为看中了大学生掌握的先进技术而愿意对其创业项目进行投资。除此之外，大学期间开设的课程大都有一定的内在关联性，学生从中学到的是一种理念和一种思维方法，这对大学生创业会有许多帮助。

（3）大学生有创新精神。大学给大学生提供了许多培养创新能力的平台，如大学生社团，学生在经营社团的过程中能够锻炼沟通能力、组织能力、事务处理能力等。此外全国各高校还为广大大学生组织了各种创新比赛，引导大学生的创业创新意识。拥有创新精神的大学生往往对传统观念和传统行业有挑战的信心和欲望，这是大学生创业的动力源泉。

（4）大学生概念性技能强。随着市场经济的规范化、企业决策的科学化，创业并不是头脑一热、毫无准备就能付诸行动的。创业者要拥有足够的知识，对规划分析、注册选择、品牌经营等各流程有所了解。大学生对这些方面的概念性很强，理论方面较社会上其他创业者来说有较强的优势。

（5）大学生创业团队具有组合优势。大学生创业团队多均为年轻人且往往是团队组织者依据自己的关系网组建的，成员间彼此熟悉，因此比较容易互相融合信任，较为容易接受共同的意愿，增加了团队的凝聚力，减少了部分风险。团队中的每个成员都有自身的优势，在团队中担任不同的角色，资源互补，协同共振，具有良好的团队互补性。组建高效的团队是创业成功的开端。

二、大学生创业的劣势分析

大学生自主创业具有积极的意义，但也存在一定的问题：

（1）社会经验不足。大学生由于对创业没有充足的心理准备，常常盲目乐观，面对创业过程中的挫折和失败会感到痛苦茫然甚至一蹶不振。他们心中理想的创业更多的是成功的例子，是理想主义的心态。看得到成功也要看得到失败，真正的市场淬炼才能使创业者变得更加理智。

（2）缺乏市场意识和管理经验。大学生虽然有知识方面的优势，但往往喜欢纸上谈兵，他们的设想大而无当，市场预测普遍过于乐观，眼高手低，好高骛远，看不起蝇头小利。大学生缺乏必要的实践能力和经营管理经验，他们不知道怎样制定公司战略、怎样管理提高效率、怎样进行市场推广等一系列问题。

（3）缺乏真正有前景的创业项目。大学生提交的创业计划书中许多创业点子经不起市场的考验。市场预测普遍过于乐观，许多人试图用一个自认新奇的创业观点来吸引投资，但现在的投资人看重的是创业计划中真正的技术含量有多高、市场盈利有多好。对于这些，大学生必须有一套细致周密的可行性论证与实施计划。

（4）市场观念淡薄。很多大学生创业往往只有一个点子或是几个人的突发奇想，但如何将这些想法转化为商业计划常常被大学生忽略。他们乐于向投资人大谈自己的技术如何独特，却很少涉及这些技术的市场空间，忽略了产品本身的市场价值。

（5）综合素质不足。大学生在综合素质方面有待进一步提升。不少大学生有核心的技术、独特的创意，但在创业第一阶段正常运行后，随着业务量的增多、团队的扩大，可能会在人事财务等方面出现问题。由于没有足够的经验，不少团队因此跌在了创业的路上，需进一步提高大学生的实践能力、组织领导、协调合作、沟通创造的能力。

综合分析大学生创业优劣势，大学生创业相对来说是比较可行的方案，大学生应充分发挥自身优势，不断完善自己，逐渐提高自己的创业水平，选择适合自己的创业方向并持之以恒。在激烈的市场竞争环境下，创业之路不会一帆风顺，大学生创业者要有忍耐力和承受压力的能力，理智地面对企业发展过程中的各种问题，虚心接受别人的意见，敢于面对挫折。只要拥有适合自己的选择和永不放弃且坚韧的心，成功之日并非遥远。

创业实践任务一：

运用前面所学的个人SWOT分析法，创业之前对自身进行SWOT分析（表7-1）。

表7-1　个人创业SWOT分析

优势S：可利用的内在积极因素		劣势W：可以努力改善的内在消极因素
内部因素		

续表

	机会O：可利用的外在积极因素	威胁T：可以使其弱化的外部消极因素
外部因素		

三、大学生创业的准备工作

大学生创业前，需要做好哪些方面的创业准备呢？以下两方面供参考。

1. 创业准备第一阶段（前期调查）

（1）心理准备。创业首先是一种新的选择，与以往当雇员存在质的差别。这就要求创业者不但要有从头开始的信念，而且只要是涉及企业的事情一切都要想到做到，很多方面差一点都会对企业造成很大影响。其次，创业要有承担各种可能发生风险的心理准备。当然，成功也会享受到别人无法想象的喜悦和成就感。

（2）项目准备。创业之前就应该有项目准备，也就是要准备一个或若干个可行项目。一个好项目应该是市场需求量大、竞争对手少、能充分发挥自己优势的项目。确定好的项目不仅要经专家论证，还要进行市场调查。

（3）资金准备。办公司必须要准备一笔启动资金，有足够资金是幸运的，如果没有，就必须通过各种途径来筹集资金。

（4）知识准备。创业人不仅要有生产产品和提供专项劳动技能的专业知识，还应具有筹资理财知识。如果你从未经过商，就应学习商业知识、经商的经验和技巧。

（5）社会关系准备。经商办公司除了要与顾客打交道，还需同工商、税务、银行、人才市场等各方面人士打交道。想要迅速打开局面，少不了借助各方面的力量，因此就要花些时间与各方面朋友沟通。

（6）法律知识准备。需要阅读一些法律方面的书籍，例如《公司法》《合伙企业法》《独资企业法》《商标法》《消费者保护条例》《合同法》《税法》等。如果阅读与自学有困难，可以报名参加创业培训或者向专业人士进行法律咨询。

2. 创业准备第二阶段（创业评估）

（1）创业前要慎思，问自己以下问题并得到确定的答案。

①我为什么要创业？ 是否有足够的决心、愿意承担风险吗？

②我是否具备创业者应有的能力与素质、是否能承受挫折、是否具有综合全面的素质还是有专项技术特长？

③我创业的核心资源优势是什么：足够的资本？行业经验？客户资源？技术创新？商业运作能力？与即将面对的竞争对手相比是否有明显的优势？

④我是否有足够的耐心度过创业期的消耗？估计通过多长时间走过创业瓶颈阶段？自己有多长时间的准备？

⑤创业最大的风险是什么？最坏的结果是什么？我是否能承受？

（2）创业的资源包括很多方面，要问自己以下问题并给出结果。

①业务资源：赚钱的模式是什么？

②客户资源：谁来购买？

③技术资源：凭什么赢取客户的信赖？

④财务资源：是否有足够的启动资金？

⑤行业经验资源：对该行业资讯与常识的积累足够吗？

⑥行业准入条件：某些行业受到一些政策保护与限制，是否具备进入的资格条件？

⑦人力资源条件：是否有合适的专业人才？

（3）创业的核心能力包括以下两点：

①创业前一定要积累一些该行业的经验，收集相关的资讯。如果有可能，可以先考虑进入该行业为别人打工，通过打工的经历来积累经验与资源，行业知识、客户资源渠道、盈利模式都有了，再创业成功就指日可待了。

②要具备非常出色的经营能力。自然会找到投资者，很多投资者天天都在找好项目投资，创业条件中最至关重要的是创业者个人的经营能力，特别是业务能力。

（4）创业的行业选择。永远选择自己最擅长的行业做，创业必须要求创业者贡献出时间、付出努力、承担相应的财务的、精神的和社会的风险，并获得金钱的回报、人的满足和独立自主。对于一个真正的创业者来说，创业过程不但充满了激情、艰辛、挫折、忧虑、痛苦和徘徊，而且需要付出坚定、坚持不懈的努力。当然，渐进的成功过程也将带来无穷的欢乐与享用不尽的幸福。

四、开启创业实践的第一步——撰写创业计划书

创业计划是创业者叩响投资者大门的“敲门砖”，一份优秀的创业计划书往往会使创业者达到事半功倍的效果。

（一）创业计划书的含义

创业计划书是创业者计划创立的业务的书面摘要。它是用以描述与拟创办企业相关的内外部环境条件和要素特点，为业务的发展提供指示图和衡量业务进展情况的标准。通常创业计划是市场营销、财务、生产、人力资源等职能计划的综合。

撰写创业计划书需要思考的问题包括：关注产品、敢于竞争、了解市场、表明行动的方针、展示你的管理队伍、出色的计划摘要。

（二）创业计划书的内容

一般来说，创业计划书中应该包括创业的种类、资金规划及基金来源、资金总额的分配比例、阶段目标、财务预估、行销策略、风险评估、创业的动机、股东名册、预定员工人数。具体内容一般包括以下10个方面。

1. 封面

创业计划书封面的设计要有审美观和艺术性，一个好的封面会使阅读者产生最初的好感，形成良好的第一印象。

2. 计划摘要

它是浓缩了的创业计划书的精华。计划摘要涵盖了计划的要点，以求一目了然，以便读者能在最短的时间内评审计划并做出判断。

计划摘要一般包括以下内容：

（1）公司介绍；

（2）管理者及其组织；

（3）主要产品和业务范围；

（4）市场概况；

（5）营销策略；

（6）销售计划；

（7）生产管理计划；

（8）财务计划；

（9）资金需求状况等。

摘要应尽量简明、生动，特别要说明的是企业与竞争者的不同之处以及企业获取成功的市场因素。

3. 企业介绍

这部分的目的不是描述整个计划，也不是提供另外一个概要，而是对你的公司做出介绍，因而重点是你的公司理念和如何制定公司的战略目标。

4. 行业分析

在行业分析中，应该包括正确评价所选行业的基本特点、竞争状况以及未来的发展趋势等内容。

关于行业分析的典型问题有以下几个：

（1）该行业发展程度如何？现在的发展动态如何？

（2）创新和技术进步在该行业扮演着怎样的角色？

（3）该行业的总销售额有多少？总收入为多少？发展趋势如何？

（4）该行业产品的价格趋向如何？

（5）经济发展对该行业的影响程度如何？政府是如何影响该行业的？

（6）是什么因素决定行业的发展？

（7）竞争的本质是什么？你将采取什么样的战略？

（8）进入该行业的障碍是什么？你将如何克服？该行业典型的回报率有多少？

5. 产品（服务）介绍

产品介绍应包括以下内容：产品的概念、性能及特性，主要产品介绍，产品的市场竞争力，产品的研究和开发过程，发展新产品的计划和成本分析，产品的市场前景预测，产品的品牌和专利等。

在产品（服务）介绍部分，创业者要对产品（服务）做出详细的说明，说明要准确，也要通俗易懂，使不是专业人员的投资者也能明白。一般而言，产品介绍都要附上产品原型、照片或其他介绍。

6. 人员及组织结构

企业的生产活动中存在人力资源管理、技术管理、财务管理、作业管理、产品管理等环节或流程，而人力资源管理是其中很重要的一个环节。在创业计划书中，必须要对主要管理人员加以阐明，介绍他们所具有的能力、他们在本企业中的职务和责任、他们过去的详细经历及背景。此外，在这部分创业计划书中，还应对公司结构做简要介绍，包括公司的组织架构图、各部门的功能与责任、各部门的负责人及主要成员、公司的报酬体系等。

7. 市场预测

应包括以下内容：对市场需求进行预测、市场现状综述、竞争厂商概览、目标顾客和目标市场、本企业产品的市场地位等。

8. 营销策略

对市场的错误认识是企业经营失败的主要原因之一。

在创业计划书中，营销策略应包括以下内容：市场机构和营销渠道的选择、营销队伍和管理、促销计划和广告策略、价格决策。

9. 财务规划

财务规划一般要包括以下内容：重点是现金流量表、资产负债表以及损益表的制备。流动资金是企业的生命线，因此企业在初创或扩张时对流动资金要预先有周详的计划和进行过程中的严格控制。损益表反映的是企业的盈利状况，它是企业在一段时间运作后的经营结果。资产负债表则反映在某一时刻的企业状况，投资者可以用资产负债表中的数据得到的比率指标来衡量企业的经营状况以及可能的投资回报率。

10. 风险与风险管理

（1）你的公司在市场、竞争和技术方面都有哪些基本的风险？

（2）你准备怎样应付这些风险？

（3）就你看来，你的公司还有一些什么样的附加机会？

（4）在你的资本基础上如何进行扩展？

（5）在最好和最坏的情形下，企业会有怎样的5年计划和表现？

如果你的估计不能很准确，那么也应该估计出误差范围有多大。如果可能的话，对关键性参数做最好和最坏的设定。

（三）创业计划书的撰写步骤

准备创业方案是展望项目的未来前景、细致探索其中的合理思路、确认实施项目所需的各种必要资源再寻求所需支持的过程。

需要注意的是，并非任何创业方案都要完全包括上述大纲中的全部内容。创业内容不同，相互之间差异也就很大。

写好全文，加上封面，将整个创业要点抽出来写成提要，然后要按下面的顺序将全套创业方案排列起来：

（1）市场机遇与谋略。

（2）经营管理。

（3）经营团队。

（4）财务预算。

（5）其他与听众有直接关系的信息和材料，如企业创始人、潜在投资人甚至是他们的家庭成员和配偶。

（6）最后修饰阶段。首先，根据你的报告，把最主要的内容做成一个一两页的摘要，放在前面；其次，检查一下，千万不要有错别字之类的错误，否则投资人会对你是否做事严谨有所怀疑；最后，设计一个漂亮的封面，编写目录与页码，然后打印、装订成册。

（7）检查。可以从以下几个方面加以检查：

①你的创业计划书是否显示出你具有管理公司的经验。

②你的创业计划书是否显示了你有能力偿还借款。

③你的创业计划书是否显示出你已进行过完整的市场分析。

④你的创业计划书是否容易被投资者所领会。创业计划书应该备有索引和目录，以便投资者可以较容易地查阅各个章节。还应保证目录中的信息流是有逻辑的和现实的。

⑤你的创业计划书中是否有计划摘要并放在了最前面，计划摘要相当于公司创业计划书的封面，投资者首先会看它。为了保持投资者的兴趣，计划摘要应写得引人入胜。

⑥你的创业计划书是否在文法上全部正确。

⑦你的创业计划书能否打消投资者对产品（服务）的疑虑。

创业计划书的撰写在经历了以上步骤后，一定是相对完善的。现在在创业阶段你已经成功开启了第一步，接下来更多就靠你的实践了，相信好的开始将助你走向未来的成功！

创业实践任务二：

根据创业计划书的主要内容及创业计划书撰写的基本步骤，对于你即将要创业的项目做一个深度思考，交出一份内容不少于5000字的《创业计划书》。

知识拓展

俞敏洪24年创业经验心得：输了再来，少谈情怀

历经24年，俞敏洪先生经历了创业路上的种种磨难。丰富的经历让他对早期项目有着异于常人的直觉。《中国合伙人》的故事虽然广为人知，但我们发现，在实际生活中创业者还是会在同一个地方上绊倒。

直抵创业内核，相信俞敏洪先生的经验会对朋友们有所帮助。接下来，我们一起来倾听一下俞敏洪先生的经验分享。

不要伪创新、伪创业

我觉得现在的创业大环境有一定的误导性。我最近碰到很多不靠谱的创业者，说不好听的，有的连做人的基本道理都不懂的人还在创业。

异想天开的人特别的多，完全没有任何经验就要创业的这种人也很多，或者拿着商业计划书缠着你就想骗钱的人也有一堆。你想，我们这些人又不是眼睛瞎的，哪能随便给你钱啊，所以100份商业计划书99份基本都被拒掉。现在的创业者，有一点点想法就可以要几个亿的估值给你看。

现在很多所谓移动互联网的创新在我看来都是伪创新。理由非常简单的，他实际上就是通过移动互联网把原有商业模式去中间化，搞流量，然后再找商业模式。这点事大家都

会。都是做培训机构，都是弄个地方开班就可以，为什么新东方能做到现在，和我同期的一些人还是几个班的规模？商业模式很容易复制，最后拼的是人和他调动资源的能力、速度。

人生总要有几次全身心投入的机会，这样才能淋漓尽致地体会人生。我鼓励大家去创业，但是不鼓励大家盲目创业。我比较主张创业人士积累一定的经验以后再去创业。大学还没毕业或者刚毕业就去创业，失败率会高很多。工作几年之后，有了一定经验和成熟的个性，与人相处比较圆润，对社会和想要创业的项目有相对透彻的了解，会更加容易成功一些。总而言之，创业是一件让人兴奋的事情，但也是一件极具挑战的事情，希望大家投入之前做好充分准备。

急事慢做

只有少数公司能成为平台公司，90%的公司都是内容公司或者产品公司。如果是产品公司，那么，只有把产品做到极致，做到极其符合人性的程度，才会有人不断购买。而产品的打磨是需要时间的，急事慢做，就是任何事情，可以加速，但不能省略过程。

近悦远来

把你身边的人服务好，其他人自然就来了。还是以教育为例，服务好100个学生和100个家长，服务到他们完全认可你，最后会有越来越多的学生和家长也会来购买你的服务。用我自己的话说是："把眼前的做好，一切就都好了。"

要活下去、要有大市场

大家开始创业的时候，我认为有两个要素很重要，第一是眼前你做的商业模式和眼前你所做的事情能不能活下去；第二，你这个商业模式未来到底有怎样的大市场等着你。

我现在想，在今后的日子里，说不定能追马云一把，因为中国的教育领域是一个接近2万亿的市场，尽管没有中国的商品市场那么多，但它绝对是一个大市场，只不过教育市场的整合比开个淘宝店让大家上来买卖东西要更加难一点，因为教育更多的是个性化的选择。

我的个人体会是，一旦你走上了创业这条道，你就永远没有停止的时候，你最多就像一架飞机一样，难得检修一下自己，加点油，就得要再次冲上天空。我觉得（自己）现在还是个创业者，某种意义上也是在一次次冲上天空。本来新东方上市后大家认为万事大吉了，结果教育模式在高科技的引领下不断改变，现在，在高科技引领教育的时代，新的创业者和新的投资不断涌入教育领域，最后说不定哪天就会出现一家教育机构，用新的最符合科技和教育相结合的模式把新东方给颠覆了。

很多创业者喜欢谈情怀，我们可以谈情怀，但情怀一定是基于商业模式能够走通的前提之下。你讲故事讲了半天，最后你连盈利的模式都没有摸索出来，还谈什么创业呢？

总之，如果你抱着"别人做了我也做，说不定我会比别人做得更好"的心态来做，说明你对这个行业、这个事业根本不了解，或者根本就不喜欢。这样的话，即便你拿到投资，死掉的可能性也会多于活下来的可能性。因此，创业是一个持续竞争的过程，不断学习、思考，找准市场机遇，跟上时代的步伐，拥有自己硬核的竞争力，才是制胜的法宝。

思考：

1. 你是否想创业，理由是什么？

____

____

2. 如果选择创业，你是否已经对自身优劣势进行了分析？

____

____

3. 你的创业想法是否充分听取了行业相关人士的意见？

____

____

4. 你的创业计划是什么？实施步骤如何？是否能列出一份详细的创业计划来论证创业的可行性？

____

____

第二节　创办公司流程

学习目标

1. 熟悉新企业注册流程
2. 了解新企业选址的策略
3. 掌握新企业的管理方法

一、新企业注册前的准备

（一）新企业组织形式的选择

在创建新企业前，创业者应该事先确定企业的法律组织形式。目前，我国企业主要有3种基本的组织形式：个人独资企业、合伙企业和公司制企业。创业者在创建企业时，可以依据不同组织形式的要求建立不同组织形式的企业（图7–1）。创业者可以个人独立创办个人独资企业，也可以由创业团队一起创办合伙制企业，或者成立有限责任公司或股份有限公司。企业的各种法律组织形式没有绝对的优劣之分，对创业者来说各有利弊，但无论选择哪种形式，都必须根据国家法律法规要求和初创企业的实际情况，科学衡量各种组织形式的利弊。

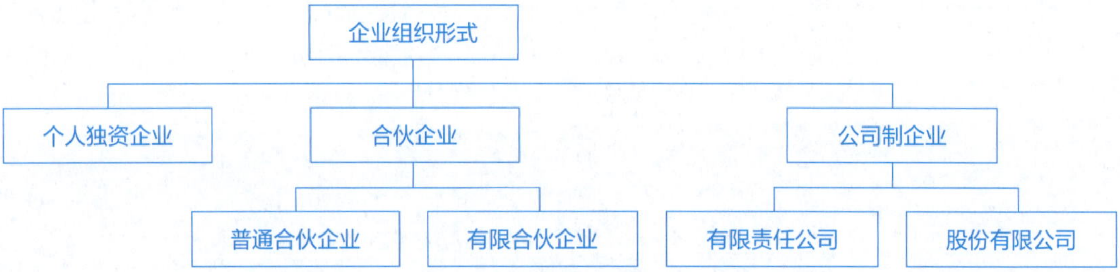

图 7–1　企业组织形式

（二）新企业的名称设计

企业名称是企业形象的首要元素，是企业文化浓缩的符号。有了好名称，才利于建立起长久发展的企业。企业命名是企业文化、市场战略的识别系统，也是企业经营的重要形象设计。新企业的创建需要一个代表和承载企业理想的名称并与之共同成长。

1. 企业命名的原则

企业名称是一个企业区别于其他企业或组织的特定标志，所以从总体上来说，新企业的名称要有高度的概括力和强烈的吸引力，做到“名正言顺”。所谓“名正”，是指企业的名称首先要合法，需要遵循《企业名称登记管理规定》和《企业名称登记管理实施办法》，到工商行政管理部门申请注册。“言顺”是指企业名称要顺口、响亮，从传播的角度来看要尽可能朗朗上口。具体说来，企业的命名要注意以下原则：

（1）应符合企业理念、服务宗旨，这样有助于企业形象的塑造。

（2）应简短明快。名称字数少、笔画少，易于和消费者进行信息交流，便于消费者记忆，同时还能引起大众的联想，寓意更加丰富。

（3）应具备自己的独特性。具有个性的企业名称可避免与其他企业名称雷同，以防大众记忆混淆，并可加深大众对企业的印象。

（4）应具有冲击力和气魄，给人以震撼。

（5）企业名称要响亮，易于上口，易于记忆和传播。

（6）企业名称要符合区域文化，富有吉祥色彩。

（7）企业名称要富有时代感。富有时代感的名称具有鲜明性，符合时代潮流，并能迅速为大众所接受。

（8）企业名称要考虑世界各地的通用性。

2. 企业命名的方法

（1）人名地名命名法。人名和地名一般具有特殊的含义，以人名和地名命名的企业名称，朴素简洁，响亮大方，寓意丰富，如“长江集团”“青岛啤酒”“茅台”“王麻子”等。

（2）寓意起名法。寓意起名法的核心是关注企业名称的寓意，大多运用寓意美好的字词、如祥、康、福、泰、恒、兴、庆、和、富、德、隆等。例如。“全聚德”烤鸭、“老凤祥”银楼、“同仁堂”药店等都运用了吉祥美好的字词。

（3）别名俗语命名法。很多企业在长期的经营过程中，虽然没有正式明确的商标和品牌的标识，但是拥有较强的社会影响力，潜移默化地形成了各自的品牌，这些品牌多是口语俗语。例如，“狗不理”包子、“老孙家”牛羊肉泡馍、“老干妈”辣椒酱等。俗语贴近生活，十分亲切自然，传播速度快、范围广，社会影响力大，生命力强，具有很多优点。

（4）功能特点命名法。这是根据企业或者产品的特点来对企业或者产品进行命名的方法。这种命名方法直接明了，让人一眼就能了解企业或者产品的功能和特点。例如，“感冒通”“肠炎宁”，这些名字简单明确、易读易记，容易打造优秀品牌。

（5）原料命名法。这是一种特殊的命名方法，特点是个性独特、引人注目。这样命名的企业和产品也不在少数，其中最具有代表性的就是“五粮液”了。“五粮液”是我国著名白酒品牌，是由高粱、玉米、小麦、大米、糯米5种粮食酿制而成的，故而名为“五粮液”。

（6）商标命名法。这是根据产品商标来命名生产商品的企业的方法。这类命名法多是由于产品商标的品牌知名度和社会影响力大大超越了企业本身。为了企业有更好的发展，用商标名称逐步取代原来的公司名称，如“乐百氏”。

（7）音韵命名法。这种方法根据发音来评判企业名称的好坏，而不太考虑其他方面的因素。最著名的例子就是“CocaCola”（可口可乐）。“CocaCola”是将“Cock”（公鸡）和“Cold”（冷）这两个单词各变换一个字母，即将“k”和“d”都变成“a”。“CocaCola”这个词本身并没有什么含义，但是它的字母结构很有意思，不仅好拼好念，更容易记忆，令人一下子就能记住这个名称。

（三）新企业的地址选择

企业选址是关系到企业成败的一个至关重要的因素，也是创业初期一定会涉及的几个问题之一。好的地理位置可以使一个普通的企业生存下去，糟糕的地理位置则可以使一个优秀企业失败。企业位置决定着消费者是否易于接触企业。企业选址不同，给消费者的印象也会不同。虽然随着经济和技术的发展，空间上的差异对企业经营的影响逐渐减小，但其依旧是影响企业发展的一个重要因素。因此，创业者要了解影响企业选址的主要因素。

1. 经济因素

在决定把一个企业设立在哪个区域时主要应考虑区域经济情况。为什么人们居住在这个区域？他们的生活水平如何？其他企业为什么要设在这里？要对区域进行行业分析。是80%的人集中在同一个企业或少数几个企业呢？还是这个区域有很多企业？该区域各行业兴旺吗？该区域的企业活动具有季节性特点吗？企业正在搬出或者迁入吗？分析一下这些问题将会对初创企业产生的影响。

人们收入的多少决定其对商品（或服务）的需求，创业者要收集有关所选区域人们收入的信息，包括家庭平均收入多少、收入水平如何、就业情况如何等，另外交通情况也是重要的考虑因素。

2. 政治因素

政府对市场的限制与管理也是值得创业者重视的一个方面。创业者要评估现在已经存在的以及将来有可能出现的、影响产品或服务的分销渠道、价格及促销策略等方面的法律和法规问题，将企业建在政府支持该产业的地区。当投资者到国外设厂时更应该考虑不同国家的政治环境，如国家政策是否稳定、有无歧视政策等。

3. 技术因素

新技术对高科技初创企业能否成功的作用是显而易见的，但技术本身的进步却难以预测。从某种意义上说，技术市场的变化是最为剧烈和最具不确定的因素。因此，为了能够了解和把握技术变化的趋势，许多企业在创业选址时常常考虑将企业建在技术研发中心、科技孵化器附近，或建在新技术信息传递比较迅速、频繁的地区。例如，美国加利福尼亚州的硅谷在20世纪50年代以后逐渐成为美国电子工业的基地，那里后来不仅是高科技初创企业的“摇篮”，而且以电子工业为基础所形成的“高科技风险企业团簇”被认为是20世纪产业集群的典范。

4．人口因素

创业者应该对可能成为其消费者的人群有所了解。例如，如果要开一家文具店，就要了解哪里学生最多，因为这个群体购买文具最多。其他人口问题还包括：人口稳定性怎么样？人口搬进搬出正常吗？人口数量是上升还是下降？如果某地区人口增长迅速，很可能有较多的年轻家庭。选址时，对这些问题都要予以考虑。

5．竞争因素

收集竞争者的相关信息，对竞争者进行研究。要知道你有多少竞争者、他们都在哪里；还要知道过去两年内有多少跟你业务相似的企业开张和关闭了；对间接竞争者（产品或服务与你近似的企业）的情况也要做些研究。有三种情况有利于开一家新企业：该区域内没有竞争者；竞争者企业的管理很糟；消费者对该产品的需求正在增加。

6．发展规划

选择企业地址要搞清楚城市建设的规划，既包括短期规划，又包括长期规划。有的地点从当前分析是最佳位置，但是随着市场的改造和发展将会出现新的变化而不适合开店；反之，有些地点从当前来看不理想，但从规划前景看会成为有发展前途的新的商业中心区。因此，经营者必须从长考虑，在了解地区内的交通、街道、市政、绿化、公共设施、住宅及其他建设或改造项目规划的前提下，做出最佳地点的选择。

除以上需要考虑的因素外，自然因素、社会文化因素等都可能影响创业者选址，这需要创业者根据自身的条件和创业项目的具体情况来决定。

实训项目——新创企业门店选址

一、实训项目名称

新创企业门店选址。

二、实训项目任务

通过此项目的实训，让学生了解新创企业门店选择的重要性，同时了解如何进行新创企业厂店的地址选择。

三、实训项目内容与要求

1．内容与要求

根据所学知识和收集的信息资料，以自愿的原则，将学生分为若干小组，每组6~8人，每个小组自定经营内容。

假定以小组为单位开设门店，根据不同经营内容制定一份门店的选址方案。方案中应涉及以下内容：

（1）多个选址策略的比较分析过程。

（2）最终决策理由。

（3）选址结果。

2．参考与提示

（1）根据门店的经营内容选址。例如，服装店、小超市要开在人流量大的地段；保健用品门店和老人服务中心应开在稍微偏僻、安静的地方等。

（2）选择自发形成某类市场的地段。

（3）选择有广告空间的店面。

（4）把店铺开在著名连锁店或强势品牌店的附近。因为这些著名品牌店在选址前做过大量细致的市场调查，挨着它们开店不仅可省去考察场地的时间和精力，还可以借助它们的品牌效应“拣”到顾客。

四、实训项目评价

1．各小组互相评判，评出两个优胜小组。

2．由教师给每组方案打分，对优胜小组进行点评。

二、新企业注册流程

设立新创企业的第一步是公司注册。一般来说，公司注册的流程为：企业核名→提交材料、领取执照→刻制印章→税务登记→银行开户。

1. 企业核名

企业注册第一步就是公司名称审核，即核名。创业者或经办者须到当地的工商局进行公司名称注册申请。核名时首先要选择企业类型，然后准备3～5个企业名称，由工商局上网检索是否有重名，如果没有重名，便会核发《企业名称预先核准通知书》。申请时填写准备申请的企业名称、注册资本、企业类型、住所所在地、委托代理人等信息。

进行企业名称核准后，如果办理注册申请的申请人没有厂房或办公室，还须租房。办理租房手续需要签订房屋租赁合同，签订合同后应到税务局办理印花税缴纳手续。

2. 提交材料、领取执照

办证人通过工商网报系统填写《新设企业五证合一登记申请表》，然后持申请审核通过后打印的《新设企业五证合一登记申请表》，前往办证大厅多证合一受理窗口进行办理，窗口工作人员核对信息、资料无误后，将信息导入工商准入系统，生成工商注册号，并在“五证合一”打证平台生成各部门号码，补录相关信息。同时，由工商局工作人员扫描企业材料，并将《工商企业注册登记联办流转申请表》传递至质监、国税、地税、人力社保、统计5部门，由5部门分别完成后台信息录入。最后打印出《营业执照》。

就新创企业而言，要想顺利完成“五证合一”的办理，需要准备如下资料：

（1）法定代表人身份证原件，全体股东身份证复印件；

（2）各股东间股权分配情况；

（3）《企业名称预先核准通知书》原件；

（4）由工商局审核通过的企业经营范围资料；

（5）企业住所的租赁合同（租期1年以上）一式两份及相关产权证明（非住宅）；

（6）如果企业为生产型企业，还要有公安局消防科的消防验收许可证。

对于个体工商户，由工商部门个体工商户核发加载18位数字的“统一社会信用代码”营业执照。该营业执照具有原营业执照和税务登记证的功能，税务部门不再发放税务登记证。个体工商户办证所需的资料包括从业人员证明、经营场地证明、家庭经营的家庭人员的关系证明。食品、餐饮、特种养殖、烟酒等行业还需要健康证和许可证。

3. 刻制印章

印章具有法律效力，不能随意刻制。新创企业申请刻制相应的印章，需持营业执照复印件、法定代表人和经办人身份证复印件各一份，以及由企业出具的刻章证明、法人代表授权委托书，工商局出具的《开业通知书》或《介绍信》到公安局指定的机构进行刻章。

一般说来，公司常用的印章有如下几种：

（1）公章。公章是公司所有印章的权威，代表公司最高权力。不管对内、对外它都代表了公司法人的意志，使用公章可以代表公司对外签订合同、收发信函、开具公司证明。

（2）合同专用章。合同专用章是公司对外签订合同时使用的。相关合同的签订在公司经营签约范围内必须盖上合同专用章才能生效，因此，它代表着公司需承受由此产生的权利和义务。一般公章可以代表合同专用章使用。

（3）财务专用章。财务专用章的用途比较专业化，一般针对单位会计核算和银行结算业务使用。

（4）法人章。法人章就是公司法人的个人用章，它对外具备一定的法律效力，可以签订合同、出示委托书文件等。

4. 税务登记

新创企业领取由工商行政管理部门核发的加载有统一社会信用代码的营业执照（即“五证合一”）后，虽然无须再次进行税务登记、办理税务登记证，但仍需要前往税务机关办理相应的后续事项，才能进行正常缴税。

新创业期纳税人需要办理国税地税一户通。国税地税一户通实际上是企业、银行与税务机关三方签订的扣款协议，用于企业网上申报税扣款。办理方法比较简单，到税务机关的办公地点（行政服务中心的地方税务局登记窗口、所在地主管税务机关）取得《委托银行划缴税（费）款三方协议书》（一式3份），加盖本单位公章后，到银行开设缴税（费）款专用账号（一般就是企业的基本存款账户），银行在协议书上盖章并退回两联。纳税人将银行盖章的协议书送到主管税务机关办理划缴税（费）款登记手续。

另外，新创企业在办完首次涉税业务后，按期持续申报是今后要注意的关键事项。

5. 开立企业银行账户

新创企业需要设立基本账户，可根据企业的具体情况选择开户银行。银行开户应提供的材料包括营业执照正本、公司公章/法人章/财务章、法人身份证等。

实训项目——大学生创业公司注册

一、实训项目名称

大学生创业公司注册。

二、实训项目任务

通过项目实训，让学生了解创业公司的类型，了解创业注册的程序和相关政策法律。

三、实训项目内容

根据所学知识和收集的信息资料，以自愿的原则将学生分为若干小组，每组6~8人，每个小组拟定创业公司类型。

假定以小组为单位注册公司，根据不同创业公司类型和经营范围，制定一份公司注册流程和企业登记（含工商登记、税务登记等）方案。

四、实训项目评价

1．由注册小组进行集中汇报。

2．各小组互相评判，并评出两个优胜小组。

3．由教师给各组方案打分，对优胜小组进行点评。

第三节　大学生创业扶持政策

近年来，为了鼓励和支持大学生创业，中央和各省、自治区、直辖市人民政府先后出台了一系列针对大学生的创业优惠政策，主要涉及融资、开业、税收、创业培训、创业指导等诸多方面。

一、国家促进高校毕业生创业政策

1. 优惠政策

（1）税收优惠。持人社部门核发《就业创业证》（注明“毕业年度内自主创业税收政策”）的高校毕业生在毕业年度内（指毕业所在自然年，即1月1日至12月31日）创办个体工商户、个人独资企业的，3年内按每户每年9600元为限额，依次扣减其当年实际应缴纳的营业税、城市维护建设税、教育费附加和个人所得税。对高校毕业生创办的小型微利企业，按国家规定享受相关税收支持政策。高校毕业生直接从事种植业、养殖业、林业、牧业、水产业生产的，其销售自产的初级农产品免征增值税；从事农、林、牧、渔业项目的所得税免征或减半征收企业所得税。

（2）创业担保贷款和贴息支持。创业的在校大学生和高校毕业生可在创业地申请期限最长3年、最高额度不低于30万元的创业担保贷款，合伙经营或创办企业还可适当提高贷款额度，在贷款基础利率上上浮3个百分点以内的，由财政据实全额贴息。开办网店的高校毕业生可同等享受高校毕业生自主创业担保贷款和贴息政策。

（3）免收有关行政事业性收费。毕业2年以内的普通高校毕业生从事个体经营（除国家限制的行业外）的，自其在工商部门首次注册登记之日起3年内，免收管理类、登记类和证照类等有关行政事业性收费。

（4）享受培训补贴。对高校毕业生在毕业学年（即从毕业前一年7月1日起的12个月）内参加创业培训的，根据其获得创业培训合格证书或就业、创业情况，按规定给予培训补贴。

（5）免费创业服务。有创业意愿的高校毕业生可免费获得公共就业和人才服务机构提供的创业指导服务，包括政策咨询、信息服务、项目开发、风险评估、开业指导、融资服务、跟踪扶持等“一条龙”创业服务。各地在充分发挥各类创业孵化基地作用的基础上，因地制宜建设一批大学生创业孵化基地，并给予相关政策扶持。对基地内大学生创业企业要提供培训和指导服务，落实扶持政策，努力提高创业成功率，延长企业存活期。

（6）取消高校毕业生落户限制，允许高校毕业生在创业地办理落户手续（直辖市按有关规定执行）。

2. 自主创业大学生学籍管理规定

根据教育部有关文件规定，对有自主创业意愿的大学生实施弹性学制，放宽学生修业年限，允许调整学业进程、保留学籍休学创新创业。

3. 高校对自主创业大学生可提供的条件

（1）学生参加创新创业、社会实践等活动以及发表论文、获得专利授权等与专业学习、学业要求相关的经历、成果，可以折算为学分，计入学业成绩。具体办法由学校规定。学校应当鼓励、支持和指导学生参加社会实践创新创业活动，可以建立创新创业档案，设置创新创业学分。

（2）学校可以根据情况建立并实行灵活的学习制度。对休学创业的学生可以单独规定最长学习年限，并简化休学批准程序。

（3）休学创业或退役后复学的学生，因自身情况需要转专业的，学校应当优先考虑。

（4）各地各高校建设一批大学生创业示范基地，继续推动大学科技园、创业园、创业孵化基地和实习实践基地建设，高校开辟专门场地用于学生创新创业实践活动，教育部工程研究中心、各类实验室、教学仪器设备等原则上都要向学生开放。

（5）各高校要优化经费支出结构，多渠道统筹安排资金，支持创新创业教育教学，资助学生创新创业项目。

4. 申请创业担保贷款

创业担保贷款按照自愿申请、社区推荐、人力资源和社会保障部门审查、贷款担保机构审核并承诺担保、商业银行核贷的程序，办理贷款手续。

各国有商业银行、股份制商业银行、城市商业银行和城乡信用社都可以开办创业担保贷款业务，各地区根据实际情况确定具体经办银行。在指定的具体经办银行可以办理创业担保贷款。

二、江苏省促进高校大学生创业政策

入驻江苏省大学生创业园的企业可以享受第一年房租全免、第二年房租减半的优惠。此外，持“大学生创业证”的企业还可以申请创业成功奖、带动就业奖、场租补贴、社会保险补贴、企业稳定岗位补贴、创业小额担保贷款、优秀创业项目等优惠政策。

（1）一次性创业补贴。对首次成功创业（在本省领取营业执照或其他法定注册登记手续）并带动其他劳动者就业、正常经营6个月以上、依法申报纳税的高校毕业生（在校及毕业2年内），给予一次性创业补贴。

（2）创业带动就业补贴。高校毕业生（在校及毕业2年内）初次创办经营主体吸纳其他劳动者就业并与之签订1年以上期限劳动合同，按规定为其缴纳社会保险费的，可按实际带动就业人数给予创业带动就业补贴。

（3）创业场地租金补贴。高校毕业生（在校及毕业2年内）初次创业租用各类创业孵化基地（含大学生创业园、农民工返乡创业园及众创空间等新型孵化机构），可享受不超过3年的创业场地租金补贴。

（4）创业基地运营补贴。对依法成立达到相应建设服务标准并在人社部门备案，为初次创业经营主体提供服务的城乡各类创业孵化基地、创业培训（实训）基地以及利用自有住房初次创业、生产或服务运营正常的创业者，可给予创业基地运营补贴。

（5）创业项目补贴。毕业5年内的高校毕业生（含留学回国）或在校生在江苏省行政区域范围内已经实施的创业项目，可以参加省和地方每年举办的大学生优秀创业项目遴选，对入选为江苏省大学生优秀创业项目的，江苏省给予10万元的一次性创业项目奖励。

（6）社会保险补贴。有劳动能力和就业愿望的就业困难人员、符合条件的高校毕业生和创业者从事个体经营，对按照企业缴费办法缴纳社会保险费的，给予最长不超过3年全额社会保险补贴（不包括个人应缴纳的部分）；对在工商部门首次注册登记起3年内创业失败、企业注销后登记失业并以个人身份缴纳社会保险费6个月以上的（不含领取失业保险金时间），按其实际纳税总额的50%、最高不超过1万元的标准给予一次性补贴，用于个人缴纳的社会保险费。

三、昆山市促进高校大学生创业政策

昆山市对不同时期的创业大学生有不同的政策，主要分创业前期、创业中期、创业后期。创业前期的政策主要包括一次性开业补贴、入驻创业孵化基地租金补贴、其他资金补贴、创业运营补贴等。

1. 创业前期主要优惠政策

（1）一次性开业补贴。

①补贴对象：毕业5年内高校毕业生。

②补贴标准：给予一次性开业补贴6000元。

③办理流程：提出申请—所在社区村审核—区镇劳动保障所审核—市就业促进中心审核—审核公示—补贴发放。

④补贴条件：在昆山市范围内领取营业执照并正常经营6个月以上，有固定的经营场所；在自办实体名下依法缴纳社会保险或以灵活就业人员参保；申请人与领取的营业执照上的法人代表一致；已参加昆山市人社部门组织的创业培训并取得创业培训合格证书或具有国家相关机构认可的创业培训合格证；申请人须在自办实体注册3年内（以成立日期为

准）提出补贴申请。

⑤申报资料：《营业执照》；《昆山市一次性开业补贴申请表》；《创业培训合格证书》，毕业5年内高校毕业生提供《毕业证书》；在校大学生提供《在校参保证明》。

（2）入驻创业孵化基地租金补贴。

①补贴对象：进驻经昆山市人社部门认定的创业孵化基地的创业实体。

②补贴标准：据实给予创业租金补贴，每年最高不超过5000元，补贴期限最长为3年，每年兑付一次。

③办理流程：租赁满一年的创业实体—市就业促进中心—审核公示—补贴发放。

④补贴条件：在创业孵化基地内登记注册，入驻孵化基地稳定经营，在自办实体名下依法缴纳社会保险满1年，到税务部门进行纳税申报。

⑤申报资料：《营业执照》《完税证明》，与孵化基地签订一年及以上租赁合同、租金发票等相关证明；《昆山市入驻创业孵化基地租金补贴申请表》。

（3）其他租金补贴。

①补贴对象：毕业5年内高校毕业生。

②补贴标准：补贴金额根据经营场所年租金据实给予补贴，每年最高不超过5000元，补贴期限最长不得超过3年。

③办理流程：租赁满一年的创业实体—区镇劳动保障所—市就业促进中心—审核公示—补贴发放。

④补贴条件：依法纳税，在自办实体名下缴纳社会保险费满1年。注册地址、实际经营地址与租用场地地址一致。

⑤申报资料：《营业执照》《租房合同》、租金发票（税务发票）；《完税证明》；经营场地实景图片；《昆山市创业实体租金（运营）补贴申请表》；毕业5年内高校毕业生提供《毕业证书》。

（4）创业运营补贴。

①补贴对象：毕业5年内高校毕业生。

②补贴标准：按月给予水、电、宽带等创业基本运营补贴200元，补贴期限最长不得超过3年。

③办理流程：租赁满一年的创业实体—区镇劳动保障所—市就业促进中心—审核公示—补贴发放。

④补贴条件：进行纳税申报，在自办实体名下缴纳社会保险费满1年；注册地址、实际经营地址与自有产权地址一致，实体经营者（法人代表）须与房屋产权所有人一致。

⑤申报资料：《营业执照》《自有房屋产权证明》《完税证明》《昆山市创业实体租金（运营）补贴申请表》；毕业5年内高校毕业生提供《毕业证书》。

2. 创业中期主要优惠政策

（1）创业社保补贴。

①补贴对象：毕业5年内高校毕业生。

②补贴标准：按照创业实体企业（雇主）缴费部分按月据实给予补贴，不包括个人应缴纳的社会保险费。补贴金额最高不超过当年各险种参保缴费基数下限计算单位缴纳部分总和的120%。补贴期限最长不得超过3年。

按“先缴后补、次月拨付”的原则发放，欠缴、补缴或中断社会保险费期间，不享受社会保险补贴。创业社保补贴与其他类别社会保险补贴不得同时享受。

③办理流程：创业实体—区镇劳动保障所—市就业促进中心—审核公示—补贴发放。

④补贴条件：依法注册，正常经营并在自办实体名下依法缴纳社会保险。

⑤申报资料：《营业执照》《昆山市创业社会保险补贴申请表》；毕业5年内高校毕业生提供《毕业证书》。

（2）创业带动就业补贴。

①补贴对象：毕业5年内高校毕业生、在校大学生及参加本市社会保险缴费满3年的外地户籍人员。

②补贴标准：按每年每新增带动1人就业给予一次性3000元的创业带动就业补贴，3年累计享受补贴不超过10万元。同一企业对带动就业的同一人只享受一次补贴。

③办理流程：创业实体—区镇劳动保障所—市就业促进中心—审核公示——补贴发放。

④补贴条件：开业3年内招录本市户籍的登记失业人员，毕业5年内的高校毕业生就业，与其签订1年以上劳动合同且缴纳1年以上社会保险。

⑤申报资料：《营业执照》《完税证明》，招录高校毕业生《毕业证书》《昆山市创业带动就业补贴申请表》；毕业5年内全日制高校毕业生提供《毕业证书》；在校大学生提供所在高校开具的《在读证明》。

（3）创业担保贷款担保费补贴。

①补贴对象：毕业5年内的全日制大中专院校毕业生、经人社部门认定的就业困难人员。

②补贴标准：按担保公司向借款人收取的1%担保服务费给予补贴。

③办理流程：个人申请—区镇富民办—区镇劳动保障所—市就业促进中心—审核公示—补贴发放。

④补贴条件：首次申请创业担保贷款中“初创型”贷款，并按时还本付息的。

⑤申报资料：《昆山市创业担保贷款担保费补贴申请表》、贷款结息清单、担保费发票原件；毕业后5年内的全日制大中专院校毕业生提供毕业证复印件。

3. 创业后期主要优惠政策——创业注销补贴

①补贴对象：在昆首次注册登记3年内的创业者，其本人名下企业注销后登记失业并以个人身份缴纳社会保险费（灵活就业分身参保，且同时缴纳养老和医疗保险费）6个月（不含领取失业保险金时间）以上。

②补贴标准：按符合条件的创业者本人名下企业存续期间纳税总额的50%给予一次性补贴，补贴总金额最高不超过1万元。

③办理流程：申请人—市就业促进中心—审核公示—补贴发放。

④申报资料：创业企业注销补贴申请表；注销核准通知书；注销前企业注册登记查询证明。

4. 创业孵化基地建设资金补贴

经评估认定为昆山市创业孵化基地（大学生创业园），给予10万元建设资金补贴；

被认定为苏州市级孵化基地，给予20万元建设资金补贴；

被认定为省级创业孵化基地，给予30万元建设资金补贴。

四、政策索引

（1）《中华人民共和国劳动合同法》。

（2）《中华人民共和国就业促进法》。

（3）《江苏省劳动合同条例》。

（4）《江苏省实施〈中华人民共和国就业促进法〉办法》。

（5）《人力资源社会保障部 教育部 卫生部关于进一步规范入学和就业体检项目维护乙肝表面抗原携带者入学和就业权利的通知》（人社部发〔2010〕12号）。

（6）《江苏省人力资源和社会保障厅 江苏省财政厅关于落实小型微型企业招用高校毕业生就业扶持政策有关问题的通知》（苏人社发〔2013〕58号）。

（7）《国务院关于进一步做好新形势下就业创业工作的意见》（国发〔2015〕23号）。

（8）《江苏省政府关于进一步做好新形势下就业创业工作的实施意见》（苏政发〔2015〕90号）。

（9）《江苏省委江苏省政府关于聚焦富民持续提高城乡居民收入水平的若干意见》（苏发〔2016〕49号）。

（10）《中共中央办公厅、国务院办公厅印发关于进一步引导和鼓励高校毕业生到基层工作的意见》（中办发〔2016〕79号）。

（11）《江苏省人社厅、江苏省财政厅关于印发江苏省高校毕业生就业见习基地管理办法的通知》（苏人社发〔2016〕90号）。

（12）《江苏省人社厅、江苏省财政厅关于印发江苏省就业补助资金管理暂行办法的通知》（苏财规〔2017〕4号）。

（13）《江苏省政府办公厅关于印发全民创业行动计划（2017—2020年）的通知》（苏政办发〔2017〕42号）。

（14）《江苏省政府关于做好当前和今后一段时期就业创业工作的实施意见》（苏政发〔2017〕121号）。

（15）《江苏省委办公厅、江苏省政府办公厅印发关于进一步引导和鼓励高校毕业生到基层工作的实施意见的通知》（苏办发〔2018〕4号）。

（16）《江苏省政府关于做好当前和今后一个时期促进就业工作的实施意见》（苏政发〔2018〕149号）。

（17）《2019江苏省促进高校毕业生就业创业服务指南》。

参考文献

［1］王瑛，蒋晋红．大学生职业发展与就业指导[M]．北京：高等教育出版社，2015.

［2］瞿立新，孙爱武．职业生涯规划[M]．北京：高等教育出版社，2016.

［3］李怀康，梁美娜．职业发展和就业创业指导[M]．北京：高等教育出版社，2018.

［4］龚永坚，戴艳，吴乐央．大学生职业生涯规划[M]．北京：高等教育出版社，2016.

［5］罗二平，艾军．大学生就业指导[M]．北京：高等教育出版社，2014.

［6］段丽华，尤佳．大学生就业指导[M]．北京：高等教育出版社，2019.

［7］刘莲花，张剑波．创新创业教育与就业指导[M]．北京：高等教育出版社，2017.

［8］张立新，王晓典，等．大学生就业指导[M]．北京：高等教育出版社，2018.

［9］许春蕾．大学生就业指导[M]．北京：高等教育出版社，2018.

［10］项甜美，秦雪莲．大学生职业发展与就业指导[M]．北京：高等教育出版社，2019.

［11］田蜜，陈肖霖．大学生就业指导理论与实务[M]．北京：高等教育出版社，2017.

［12］王祖莉．就业与创业指导[M]．北京：高等教育出版社，2017.

［13］黄必义．大学生职业发展与就业指导教程[M]．北京：高等教育出版社，2018.

［14］方法林．大学生创新创业实训教程[M]．北京：中国旅游出版社，2017.

［15］黄必义．大学生创新创业实训教程[M]．北京：高等教育出版社，2018.

［16］喻科，黄林．大学生创新创业仿真实训教程[M]．北京：中国石化出版社，2017.

［17］徐炜，屈茹．大学生创新创业教程[M]．北京：人民邮电出版社，2018.

[18] 徐伟. 职涯导航[M]. 北京：北京理工大学出版社，2018.
[19] 钟谷兰，杨开. 大学生职业生涯发展与规划. 第2版[M]. 上海：华东师范大学出版社，2016.
[20] 王丽，武海燕. 职业生涯规划训练手册[M]. 北京：北京理工大学出版社，2017.
[21] 魏国江. 大学生创新创业基础[M]. 北京：清华大学出版社，2019.
[22] 孙洪义. 创新创业基础[M]. 北京：机械工业出版社，2020.